2018
상상하라!
주택투자

2018 상상하라! 주택투자

2016년 11월 16일 초판 1쇄 인쇄
2016년 11월 23일 초판 1쇄 발행

지은이 | 고현철
펴낸이 | 이준원
펴낸곳 | (주)황금부엉이

주소 | 서울시 마포구 양화로 127 (서교동) 첨단빌딩 5층
전화 | 02-338-9151
팩스 | 02-338-9155
인터넷 홈페이지 | www.goldenowl.co.kr
출판등록 | 2002년 10월 30일 제 10-2494호

본부장 | 홍종훈
편집/교정교열 | 주경숙
본문디자인 | 윤선미
전략마케팅 | 구본철, 차정욱, 나진호, 이동후, 강호묵
제작 | 김유석

ISBN 978-89-6030-473-4 13320

황금부엉이에서 출간하고 싶은 원고가 있으신가요? 생각해보신 책의 제목(가제), 내용에 대한 소개, 간단한 자기소개, 연락처를 book@goldenowl.co.kr 메일로 보내주세요. 집필하신 원고가 있다면 원고의 일부 또는 전체를 함께 보내주시면 더욱 좋습니다. 책의 집필이 아닌 기획안을 제안해 주셔도 좋습니다. 보내주신 분이 저 자신이라는 마음으로 정성을 다해 검토하겠습니다.

시장의 대변혁을 가져올 10가지 변수가 지배하는 세상

2018 상상하라! 주택투자

고현철 지음

BM 황금부엉이

지금 집 사지 마라!

단도직입적으로 결론부터 말하면 무리한 빚으로 집을 구입한 사람들은 '그 집'을 빨리 팔라고 당부하고 싶다. 정부가 띄워주고 언론이 밀어주는 바로 지금이 매도할 기회다. 앞으로 설명할 '국내외 변수 10가지'로 인해 집값은 하락하고 대출비용이 늘어날 가능성이 높은데, 그렇게 되면 현재보다 집을 팔기가 더 어려워질 것이다. 집값이 계속 떨어질 텐데 굳이 지금 집을 사려는 사람들이 있을까. 게다가 집주인도 본전 생각이 나서 매도하려고 하지 않을 공산이 크다. 수천에서 수억 원이 사라지는 시점에 손절매하기란 누구에게나 쉽지 않은 일이다. 매도인은 집값이 다시 회복되리라는 기대심리로 버티기 모드로 돌입할 확률이 높다. 문제는 빚으로 집을 산 사람들이다. 특히 무리하게 대출을 끌어다 쓴 경우라면 최악의 시나리오가 연출될 개연성이 높다. 손해 보면서 팔거나 아니면 채권자에게 집을 빼앗기거나 할 테니 말이다.

대체로 전·월세로 고생한 사람들이 집을 구입하는 경로는 다음과 같다. '어차피 대출을 받아서 부담할 보증금과 월세라면 차라리 집을 매입해서 편하게 살자.'라는 생각이 든 참인데, 정부와 언론이 합세해 그 마음에 불을 지핀다. 일례로 정부는 '기준금리인하, 저리대출상품 출시, 대출규제 완화, 분양가상한제 폐지, 동시다발적 재건축 이주, 100만 원대 기업형임대주택(뉴스테이) 도입 등'으로 주택 시장에 불씨를 당겼다. 언론은 이에 뒤질세라 '청약 광풍, 재건축 이주, 전세 대란, 전·월셋값 고공행진, 거래량 최대, 집값 상승 등' 사람들의 불안 심리에 기름을 끼얹었다. 정부가 붙인 불에, 언론이 기름마저 끼얹으니 사람들은 동요하기 시작했다. 프로(정부, 언론)가 만들어 놓은 프레임에 갇혀 휘둘리게 된 것이다.

요즘 아마추어(서민, 중산층)들은 생계조차 꾸리기가 녹록하지 않다. 지금과 같은 불황기에는 먹고 사는 문제마저 힘들다. 직장인이나 자영업자 입장에서 보면 언제 어떤 이유로 소득이 줄거나 끊길지 모르는 불확실한 시대다. 이런 상황에서 아마추어가 프로의 프레임을 이해하기는 어렵다. 앞으로 살아갈 방도조차 막연한 형편에서 정부나 언론이 쏟아내는 사안의 옳고 그름을 따져보는 것 자체가 힘들다. 그러다 보니 프로와 아마추어 싸움에서 아마추어가 당할 공산이 크다. 해당 사안에 대해 속내를 파악할 만한 여력이 없기 때문이다. 결국 일부 사람들은 집을 매수하자는 쪽으로 생각을 바꿀 것이다. 프로의 말을 진실로 받아들이고 집을 구입한다. 사실 신문·잡지·방송 등 미디어의 힘은 대단하다. 사람들의 심리를 마음대로 조정할 만큼 굉장하다. 제아무리 거짓 정보라도 반복적으로 세뇌시키면 대부분의 사람들은 진실이라 받아들이는 경향이 있다.

한편 2015년은 공급자와 수요자 모두가 들썩대는 분위기였다. 공급자는 2000년 이후 사상 최대의 주택물량을 밀어냈다. '지금 집을 못 팔면 영영 팔 수 없을지도 모른다'는 생각에 쫓기는 것처럼 엄청난 공급물량을 쏟아냈다. 수요자 역시 전·월세 대란에 지칠 대로 지쳐 자포자기 상태에서 주택매입에 나섰다. 전·월세로 부담해야 하는 지출이나 주택 구입에 따른 대출 비용이나 엇비슷하다고 생각했기 때문이다. 하지만 여기에는 커다란 함정이 두 개나 숨어 있다. 주택을 구입하면서 부담하는 대출비용은 '① 변동성' 못지않은 '② 지속성'이라는 문제를 가지고 있다.

예를 들어 미국의 금리인상은 대출비용 부담을 증가시킬 것이다. 평소에 내던 이자보다 더 오를 테니 말이다. 물론 전·월세에 따른 대출이 있다면 이 또한 매한가지다. 그러나 전·월세는 임대차 계약기간(2년)을 버티고 형편에 맞는 집으로 이사할 경우 비용 부담을 끝낼 수 있다. 반면에 자기 집은 팔 때까지 대출 부담이 지속된다. 이렇게 얘기하면 부담스러운 대출을 상환하기 위해 '집을 팔아서 갚으면 되지.'라고 생각할 수 있지만, 앞으로 설명할 '국내외 변수 10가지'로 인해 집값마저 하락할 경우 끝 모를 난관에 부닥치게 된다. 집을 팔기조차 어려워지는 상황이 될 것이다. 본전 생각에 시세보다 싸게 파는 것이 내키지 않아 망설이다가 결국 늘어난 대출비용 부담과 매도조차 어려운 현실에 이러지도 저러지도 못하는 진퇴양난에 빠진다. 무리한 대출로 집을 매수할 경우가 위험하다고 말하는 이유이기도 하다.

물론 대출 없는 1가구1주택이라면 보증금, 월세, 대출비용, 이사 등에 대한 아무런 걱정 없이 편안하게 살면 된다. 시세차익을 위한 번거로움을 감수할 마음이 있다면 살던 집을 매도하고 전셋집에 살면서 2년 후에 다른 집의 매수를 시도해도 좋다. 시세차익을 얻을 수 있는 확률이 높기 때문이다. 하지만 이런 방법을 굳이 융자 없는 1가구1주택인 분들에게 권하고 싶지는 않다. 살던 곳에서 마음 편하게 살면서 생업에 매진하는 게 장기적으론 더 유리할 수 있다.

결론적으로 집을 구입하려는 사람들에게 부탁한다. "지금 집을 사지 마라!" 물론 필자가 신이 아닌 이상 미래를 단정할 수는 없다. 다만 수년간 수많은 정보에 입각해 집에 대해 고민하고 연구한 안목을 기준으로 전망해보면 어느 정도 확신할 수는 있다. 분명히 '지금보다 집값이 더 떨어질 것'이라고 말이다. 집값하락의 주요원인은 무려 '10가지'나 된다. '2부'에서 자세히 살펴보기로 하자. 그중에 하나를 간단하게 소개하면 '주택공급 과다'의 문제다. 어떤 상품이든지 수요보다 '공급'이 많으면 가격은 떨어진다. 2000년 이래 사상 최대물량인 주택공급이 집값하락의 원인이 될 수밖에 없는 이유다. 게다가 신규분양주택가격은 더 떨어질 공산이 크다. 정부가 2014년 12월에 실시한 분양가상한제 폐지로 인해 분양가를 현재의 집값보다 더 올려놓았기 때문이다. 결국 2년 후에는 '입주물량 과다'와 '국내외 변수 9가지'마저 합세해 집값을 떨어뜨릴 것으로 판단된다. 물론 양극화는 존재할 수 있다. 집값이 엄청 떨어지는 지역과 덜 떨어지는 곳이 있을 테니 말이다. 중요한 것은 '지금보다 집값이 더 하락할 확률이 높다'는 점이다. 좀 더 인내심을 가지고 기다린다면 주택투자에 들어가는 비용을 수천에서 수억 원까지 아낄 수 있다. 모쪼록 이 책이 당신의 재산과 가족을 지키는 데 일조했으면 좋겠다. 건투를 빈다!

이 책이 나오기까지 곁에서 응원해준 사랑스런 아내와 아이들(솔·몬)에게 고맙다. 원고를 쓰는 내내 물심양면으로 도와준 든든한 지원군이었다. 가족이 있었기에 의지가 생겼고, 또 다른 사람을 생각할 수 있었다. 노구의 몸으로 열심히 살고 계신 아버지, 어머니께도 '진심으로 감사하다'는 말씀을 올린다. 끝으로 이 책을 읽어줄 미래의 독자들에게 고마움을 전한다.

2016년 가을 녘, 연구소에서

고현철Dream

1부 당신이 속고 있는 '부동산 상식' 바로잡기

2부 지금 집을 사지 말아야 할 '국내외 변수 10가지'

주택투자에 까막눈인 당신을 위한 '알짜' 지식

손품은 필수! 핵심 정보 사이트 TOP 10

당신이 속고 있는 '부동산 상식' 바로잡기

2년 후, 집 살 기회가 온다!

정부 정책 믿지 마라!

언론 보도 믿지 마라!

믿을 건 안목과 종잣돈뿐이다!

2년 후, 집 살 기회가 온다!

2014년부터 과잉공급된 주택은 입주하는 시점인 '3년 후'부터 집값하락의 결과로 나타날 것이다. 필자가 2년 후에 주택을 구입하라고 권하는 근거다. 물론 이후에도 집값하락을 배제할 수는 없다. 다만 지금보다 2년 후의 집값이 더 떨어질 것은 분명하다. 앞으로 설명할 2부의 '국내외 변수 10가지'가 영향을 미칠 게 확실하기 때문이다.

물론 2년 후가 아니라 그 이전에 집을 살 기회가 올 수도 있다. 만성적인 변수가 갑자기 돌발적으로 크게 영향을 끼칠 수도 있기 때문인데, 분명한 것은 지금보다 앞으로 집값이 더 떨어질 확률이 높다는 점이다. 저성장·저출산·고령화 등 국내외 변수가 집값을 떨어뜨릴 게 뻔하다. 물론 이외에도 여러 가지 변수가 집값하락에 언제든 가세할 수 있다. 이런 변수들 10가지에 대해서는 2부에서 자세히 살펴볼 예정이다. 가장 먼저 정부가 추진한 정책과 이에 따른 기업의 움직임부터 파악해보자. 겉으로 드러나지 않는 정부나 기업의 동향과 속내를 볼 수 있어야 가계가 올바른 선택을 할 수 있다.

정부의 주택 정책 동향

최근 정부는 주택부양에 몰두하고 있다. 경기침체를 살린다는 명분으로 각종 주택 정책을 펼치고 있는데, 그중 가계와 밀접한 정책은 다음과 같다.

첫 번째, 정부의 동시다발적인 재건축·재개발의 유도다. 이로써 전·월세대란은 설상가상으로 치닫고 있다. 정부는 2014년 12월 부동산 3법을 발표했는데, 각각 어떤 영향을 미쳤는지 살펴보자.

① 재건축초과이익에 대한 환수를 3년간 연기했다.

재건축초과이익(소득)이 발생해도 세금을 걷지 않겠다고 법으로 공식 발표했다.

② 재건축조합원에겐 소유주택 수만큼 3주택까지 공급을 허용했다.

조합원 1가구가 재건축아파트 3채까지 소유해도 된다고 용인했다. 이로써 경제적인 여유가 없는 사람들이 삶의 터전에서 쫓겨났고, 정부가 이들의 재정착을 유도하기는커녕 그곳을 투기장으로 조장한 꼴이 되었다.

③ 분양가상한제를 폐지해 집값을 올릴 수 있는 여건을 조성했다.

분양가상한제를 폐지해 주택경기를 살리겠다는 의도는 불순하기 짝이 없다. 가뜩이나 비싼 집값 때문에 서민과 중산층이 고통받고 있는

데 말이다. 분양가상한제를 폐지하지 말았어야 했다. 결과적으로 보면 그렇지 않아도 비싼 집값을 더 올릴 수 있도록 정부가 도와준 꼴이 되었다. 실제로 분양가는 지속적으로 오르고 있다. 당초 정부는 경기침체 때문에 집값이 오를 일이 없으니 분양가상한제를 폐지하겠다고 주장했었다. 이 얼마나 어처구니없는 일인가? 정부당국의 무지·무능·무치함을 개탄하는 이유다.

더욱이 동시다발적인 재건축·재개발 이주가 이미 도를 넘어섰다. 2016년까지 서울에서만 약 6만 2천 가구나 이주를 하는데, 가구당 3인으로 추정하면 약 19만 명이 살던 곳을 떠나야 한다. 경기도의 작은 '시' 규모 하나가 통째로 사라지는 셈이다. 사실 재건축·재개발지역에 사는 사람들 대부분은 경제적인 여건이 녹록하지 않은 서민이다. 그들은 정부의 재건축·재개발정책으로 살던 터전에서 동시다발적으로 떠날 수밖에 없는데, 바로 여기에 문제의 심각성이 있다. 일단 그들이 갈 수 있는 곳이 주변에 거의 없다. 그렇지 않아도 전·월세대란으로 나라 전체가 곤욕을 치르고 있는데, 재건축·재개발로 있던 집마저 사라지고 있기 때문이다. 그들의 보증금으로는 더 열악한 주택이나 살던 곳에서 더 멀리 떨어진 집을 구할 수밖에 없다. 하지만 그마저도 동시다발적인 이주와 전·월세대란이 겹쳐 더 어려워졌다. 이 지경에 이르게 한 원인 중 하나는 정부다. 재건축·재개발이 더 빨리 진행될 수 있도록 정책을 통해 유도했기 때문이다. 세입자들은 정부 덕분(?)에 집 없는 설움을 톡톡히 겪고 있다.

두 번째, 동시다발적인 재건축·재개발의 유도 외에도 기준금리인하, LTV·DTI 규제완화, 저리대출상품 출시 등의 정부 정책이 전·월세대란을 부채질했다. 기존 대출보다 이자가 쌀뿐 아니라 더 많은 돈을 빌릴 수 있게 되어 전·월셋값을 상승시켰기 때문이다. 역시 하나하나 살펴보자.

① 기준금리인하

부담하는 이자율이 떨어져 금융비용이 줄었다.

② LTV·DTI 규제완화

기존의 담보주택과 소득으로 더 많은 돈을 빌릴 수 있게 되었다.

③ 이자가 싼 저리대출상품 출시

이자부담이 줄어 대출에 관심을 갖게 만들었다.

결국 이 정책들은 전·월셋값을 오르게 한 주범이 되었다. 왜 그런지 따져보자.

세입자는 보증금이나 월세가 오르면 대개는 그냥 올려준다. 돈을 아예 빌릴 수 없다면 모를까 직장이나 아이들 교육 문제 등으로 선뜻 익숙한 곳을 떠나 이사하기가 어렵기 때문이다. 그래서 돈을 빌릴 수 있으면 가능한 한 빌린다. 물론 이런 돈은 전·월셋값을 올려주는 데 쓰인다. 반면 집주인은 정부의 기준금리인하 때문에 그동안 전세보증금을 은행에 맡기고 받던 예금이자가 상당히 줄었다. 다시 말해 은행이자가 월세를 받는 것만 못하게 된 것이다. 집주인 입장에서는 당연히 전세를 반전세나 월세로 돌릴 확률이 높다. 조금이라도 이익이 있는 선택을 하는 게 인지상정이니 말이다. 상황이 이렇다 보니 전세의 월세화가 가속화되었다.

문제는 여기서 시작된다. 전세의 월세화가 전세품귀현상을 촉발해 전셋값과 집값을 밀어 올리기 때문이다. 자세히 보자. 집주인이 전세를 월세로 돌리면 당연히 전셋집은 줄어든다. 세입자는 평소 내지 않던 월세를 내는 게 아까워 전세를 찾는다. 전셋집의 공급이 줄고 수요가 늘면 자연히 전셋값은 오르고, 오르고 오르다 보면 급기야 집값마저 떠밀어 상승시킨다. 작금의 집값상승이 전세가율의 영향으로 올랐다고 보는 견해가 이것이다. 이런 상황에서 주택투자는 더 수월해졌다. 주택을 담보로 받을 수 있는 대출조건이 좋아져 대출자에게 유리해졌기 때문이다. 즉 기존과 동일한 조건인데도 은행에서 돈을 더 많이, 더 싼 이자로 빌릴 수 있게 되었다. LTV·DTI 규제완화와 저리대출상품 출시를 통해 정부가 도와준 덕택(?)이다.

기업의 동향

그렇다면 이런 상황을 예의주시하고 있는 기업은 어떻게 움직이고 있을까? 기업의 속성을 이해하면 금방 알 수 있다. 기업은 '이익'을 목적으로 운영된다. 이것이 핵심이다. 기업의 본성을 잊지 말자. 그러면 기업이 아무리 그럴싸한 마케팅으로 당신을 유혹해도 쉽게 흔들리지 않을 수 있다. 이런 인식은 당신이 일생을 바쳐 일궈 놓은 재산을 지킬 수 있는 방패다. 그런데 이를 인지하지 못하고, 기업의 술수에 휘말리는 사람들이 늘고 있다. 정교하게 만들어진 기업의 광고에 속수무책으로 당하고 있는 것이다.

더욱이 정부의 주택부양 정책은 기업을 과다한 주택공급 대열에 나서게 하고 있다. 정부가 정책으로 주변 여건을 만들어줬는데, 가만있으면 바보란 생각에 분양물량을 쏟아내고 있다. 게다가 국내외 여러 가지 변수로 언제 주택 시장이 가라앉을지 모른다는 위기의식에 몰려 공급물량을 더더욱 늘리고 있다. 자칫 이번 기회를 놓치면, '이전에 구입했던 땅을 묵히거나 팔려고 계획했던 집을 못 팔 수 있다'는 위기감의 발로에서다. 그래서 주택분양을 무지 서두른다. '지금 못 팔면 팔 수 없을지도 모른다'는 불안 때문에, 너도나도 공급물량을 늘린다. 더구나 한 기업이 분양물량을 쏟아내자 다른 기업도 덩달아 주택물량을 늘리고 있다. 2000년 이후 사상 최대의 주택공급물량이 나온 배경이 이것이다.

이에 뒤질세라 정부는 주택관련 인허가·분양·착공을 승인했고, 언론은 대대적으로 홍보에 나섰다. 정부나 기업 모두가 '지금이 집 살 때'라고 부추기는 모양새다. '월세를 내느니 그 돈으로 집을 사라'고 선동한 것이나 진배없다. '이자가 싸고 더 많이 빌릴 수 있는데, 못 사면 영영 집을 살 기회를 놓칠 수도 있다'고 조장한 꼴이다. 더욱이 2016년부터 대출규제가 빡빡해지니 지금이 빚을 더 많이 받을 수 있는 마지막 기회라고 들쑤시기까지 했다. 여기저기서 청약경쟁률이 수십 대, 수백대 일이라고, 신문·잡지·방송 등 언론에서 난리법석을 떠는 건 당연한 수순이었다. 광고료로 운영되는 언론의 한계를 보는 것 같아 씁쓸하기 짝이 없다. 언론을 신뢰할 수 없는 이유이기도 하다. 오죽하면 집에 대한 안목을 갖춘 지인조차 '지금 집을 사야 되는 것 아니냐'고 상담을 요청할 정도였으니 말이다. 물론 이 같은 현상은 일부 기업의 로비가 작용했음을 짐작하게 한다.

결론적으로 2014년부터 과잉공급된 주택은 입주하는 시점인 '3년 후'부터 집값하락의 결과로 나타날 것이다. 필자가 2년 후에 주택을 구입하라고 권하는 근거다. 물론 이후에도 집값하락을 배제할 수는 없다. 다만 지금보다 2년 후의 집값이 더 떨어질 것은 분명하다. 앞으로 설명할 2부의 '국내외 변수 10가지'가 영향을 미칠 게 확실하기 때문이다. 일례로 변수 중 하나인 미국의 금리가 급작스럽게 인상할 경우 집값하락 시기는 필자의 예측보다 더 앞당겨질 수도 있다. 일단 집값이 하락한 후에는 한동안 집값 하락이나 반등이 크지 않을 것으로 판단된다. 이를 'L자형'으로 표현할 수 있는데, 집값이 떨어진 후 보합세를 유지하는 형태다. 향후 집값은 최소한 물가상승률만큼은 오를 것이다. 주택도 물건인 만큼 물가는 시간이 지날수록 상승하기 때문이다. 단, 도심을 벗어난 집은 예외일 공산이 크다. 이 점만은 꼭 기억해두자!

정부 정책
믿지 마라!

정부가 집값과 임대료를 상승시킨 주범이라고 말하는 이유가 있다. 여기에 기업은 정부가 깔아준 멍석을 놓칠세라 주택물량을 밀어내기식으로 과잉공급하고 있다. 물론 정부도 이를 허용하고 있다. 게다가 일부 언론은 이를 선동하기까지 한다. 광고주인 기업의 입맛에 맞춰 광고수입을 챙기려는 의도다. 이런 상황에서 안목이 부족한 가계는 어찌할 바를 모르고 '잘못된 선택'을 하고 있다.

경제주체는 '가계·기업·정부' 이렇게 3개다. 가계가 잘 살면 기업과 정부도 더불어 잘 운영될 수 있다. 가계의 소비와 지출이 기업의 생산과 투자로 연계되고, 이는 자연히 정부의 세수 증가로 이어져 걱정할 게 없기 때문이다. 물론 정부는 별도의 정책을 만들어낼 수고도 필요 없을 것이다. 가계가 잘사는 상태를 기존 정책으로 그대로 유지하면 될 테니 말이다. 하지만 2008년 금융위기 이후 우리나라 경제가 경기침체일로인 상황이 지속되자 모든 게 달라졌다. 우선 가계는 소비와 지출을 심각한 수준으로 줄이고 있다. 불황기라 미래가 불안하니 절약부터 먼저 해야 한다는 인식이 생겼기 때문이다. 이에 따라 기업 역시 생산과 투자를 줄이고 있다. 수요가 줄어들어 공급을 늘려봐야 아무 소용이 없기 때문이다. 이런 상황인지라 정부도 세수 확보가 어려워졌고 재정압박을 받다 보니 해결책을 내놓으려 안간힘을 쓰고 있다. 이처럼 가계의 소득과 지출은 한 나라의 경제에 대단히 중요하다. 가계라는 첫 단추가 잘못 끼워지면 기업과 정부라는 다른 단추까지 어긋날 수밖에 없다. 여기까지가 경제주체 간의 관계적 특성이다.

문제는 정부나 기업이 가계를 도외시하는 데서 발발한다. '경제주체'를 축구와 비유하자면 정부는 '심판'이다. 기업과 가계는 상대편 '선수단'이다. 심판의 본분은 선수들이 규칙을 지키는지 반칙은 하지 않는지를 엄격하고 공정하게 판정하는 것이다. 그렇지 않을 경우 열심히 준비해 최선을 다한 선수단이 패하거나, 시합이 전혀 엉뚱한 방향으로 진행될 수 있다. 더구나 재미는 고사하고 선수들끼리 치고 박고 싸워 경기를 제대로 관전할 수조차 없을지도 모른다. 따라서 경기에 비견되는 '경제'에서도 무엇보다 중요한 주체가 심판격인 '정부'다.

가계와 기업은 정부가 어떻게 하느냐에 따라 공생할 수도 공멸할 수도 있다. 물론 양 선수단(가계, 기업) 중 어느 한 쪽이 심판에게 로비를 해 잘못된 판정을 유도할 수도 있다. 그렇더라도 심판은 공정한 시합을 위해 상황과 문제를 자세히 들여다보고 잘잘못을 제대로 밝혀야 한다. 그래야 문제해결을 위한 올바른 정책을 도출하고 추진할 수 있다. 성공적인 결과를 얻을 것은 당연하다.

그러나 요즘 정부의 주택 정책을 보면 한숨이 절로 나온다. 정부가 공정한 정책을 추진하지 않는 것처럼 보이기 때문이다. 과연 정부는 누구를 위해 주택 정책을 펴고 있을까? 서민과 중산층을 고려하기는 하는 걸까? 오히려 기득권층을 더 염두에 두는 건 아닐까? 작금의 주택 정책을 한마디로 표현하면 '저금리로 대출을 유도해 주택 경기 살리기'다. 속된 말로 '빚내서 집 사라'는 게 정책의 민낯이다. 이로 인한 후유증인 하우스푸어나 렌트푸어 등은 정부의 관심사가 아닌 듯하다. 가계부채 폭증과 미국 금리인상으로 가계가 풍전등화의 위기에 처했는데, 대출받아 집사고 빚내서 전·월세에 살라고 부추기고 있으니 말이다.

정부가 2013년부터 발표한 13번의 부동산 대책을 보면 이 같은 현실을 충분히 짐작할 수 있다. 기준금리인하, LTV·DTI 규제완화, 저리대출상품 출시, 분양가상한제 폐지, 동시다발적인 재건축·재개발 이주, 100만 원대 기업형임대주택 등이 주요 정책들이다. 각각에 대해 주요쟁점을 살펴보자.

우선 기준금리인하다. 제아무리 세계추세가 저금리라도 자국의 경제상황을 무시한 금리인하는 부작용이 클 수밖에 없다. 특히 정부가 연달아 금리를 내릴 때는, 시장상황을 면밀히 검토하고 확인한 후 시행해야 한다. 그렇지 않을 경우 다수의 국민이 피해를 입을 수 있고, 그 결과도 신통치가 않다. 정부의 기준금리인하는 시중금리를 떨어뜨린다. 즉 대출이자나 예금이자를 하락시킨다. 집주인은 전세보증금을 은행에 맡겨본들 예전의 이자를 확보할 수 없다. 결국 집주인 입장에서는 전세를 월세로 돌려 은행이자보다 많이 받고 싶어 한다. 이로써 전세물량은 감소한다. 반면에 세입자는 월세가 아깝다. 평소 내지 않던 생돈을 날리는 느낌일 테니 말이다. 그래서 전세를 선호한다. 결국 전세공급은 감소하고 수요는 증가한다. 전셋값이 오르는 배경이다. 결국 전세물량은 부족해져, 전셋값이 뛸 수밖에 없게 되는 것이다. 그나마 전셋값이 차차 오르면 나을 텐데 공급보다 수요가 많으니 그 속도는 매우 빨라진다. 이것이 전세대란이 발생하는 과정이다.

게다가 전셋값에 연동되어 월셋값도 상승한다. '전·월세 전환율'이라는 걸 사용해, 해당 전세보증금을 월세로 전환하기 때문이다. 그래서 전셋값이 오르면 월세도 덩달아 오른다. 고공 행진하는 전셋값에 떠밀려 집값마저 상승한다. 전셋값이 원인이 되어 월셋값과 집값까지 끌어올리는 것이다. 서민과 중산층은 너무 빠르게 오르는 주거비에 깜짝 놀란다. 그렇게 그들은 살던 집에서 쫓겨나 열악한 주택이나 외곽으로 밀려나간다.

이런 현실을 지켜보던 정부가 정책을 발표했다. 하지만 주거문제를 해결하는 대책이 아니라 엉뚱하게도 'LTV·DTI 규제완화, 저리대출상품 출시, 분양가상한제 폐지, 동시다발적인 재건축·재개발 이주, 100만 원대 기업형임대주택'이었다.

정부는 LTV·DTI 규제를 완화하지 말았어야 했다. 가뜩이나 가계가 부채폭증으로 위태위태한 상황인데 말이다. 정부는 2014년 8월에 대출을 더 많이 받을 수 있도록 규제를 풀었다가, 2015년에 1년을 연장시켰고, 이어 2016년에도 1년을 더 연장시켰다. 정부를 이해할 수 없는 이유다. 특히 전 세계적인 경기침체와 미국의 금리인상이 예견된 상황에서 말이다. 주택을 담보로 돈을 빌리는 LTV나, 소득을 기준으로 대출을 받는 DTI는 호황기에나 완화해야 할 제도다. 지금처럼 불황기에는 오히려 규제를 강화해야 한다. 집값이 떨어질 경우 기존 LTV율에 따라 빌린 돈을 갚지 못할 가능성이 높아지기 때문인데, 더구나 상시 구조조정과 정리해고에 불안한 직장인과 휴업과 폐업이 난무하는 자영업자 생태계에서는 더욱 그렇다. 갑자기 소득이 줄거나 끊길 경우 DTI 율에 따라 대출받은 돈을 갚지 못할 개연성이 다분하다. 그럼에도 불구하고 국내외 경기침체 속에서 LTV·DTI 규제완화는 시행되었다. 경기를 살리기 위한 정부의 궁여지책일 수 있지만, 그 피해를 직접 당할 수 있는 국민 입장에선 생과 사를 넘나들 정도로 위험한 결정이었다.

물론 저리대출상품도 출시하지 말았어야 했다. '1% 저금리 모기지'가 단적인 예다. 심리는 경제에 있어서 매우 중요하다. 마음이 움직이면 행동이 뒤따르기 때문이다. 허영심을 불러일으키는 광고가 사람들에게 먹히는 배경이다. 심리를 흔들어 구매 욕구를 부추기면 행동으로 옮길 확률은 높아진다. 정부가 저리대출상품을 출시한다고 발표하자 전·월세대란에 괴롭던 세입자들은 주택 구입을 고려하게 된다. 실제로 전·월세비용과 주택담보대출을 비교해보니 별반 차이도 없다. 정부가 부추기고, 기업이 선동하니 한층 더 동요한다. 심리 상태는 이미 내 집 마련으로 성큼 다가선다. 그리고 상상한다. '집을 구입할 때 필요한 대출이 전·월세비용과 비교해 큰 차이가 없다면 굳이 세입자로 살 필요가 있나? 이사 다니는 데 돈도 많이 들고, 정신적·경제적 스트레스도 만만치 않으니, 이참에 돈을 좀 더 많이 빌려 집을 구입하는 게 낫지 않을까?' 그렇게 자기 집을 마련하는 상상만으로도 얼마나 편하고 좋을지 온갖 상념에 빠져든다. 그리고선 이내 결정한다. '이참에 집을 사자!'

반면에 집을 구입할 만큼 돈을 빌릴 수 없는 사람들도 있다. 그들은 정부의 전·월세대출을 이용해 좀 무리가 되더라도 돈을 더 빌려 살던 곳에 그냥 그대로 산다. 살던 곳이 더 편한 이유도 있지만, 빚을 더 낼 수 있어 가능한 일이다. 돈을 빌릴 수 없다면 형편에 맞게 이사를 가야겠지만 전·월세대출을 받을 수 있으니 무리하지 않는다면서 결국 무리하게 되는 것이다. 결국 무리하게 대출을 받은 사람들은 금융기관의 볼모로 잡혀 국내외 변수에 노심초사하며 하루하루 살아가는 처지로 전락한다. 지금은 대출이자가 언제든 오를 공산이 큰 시기이기 때문에 불안한 신세가 된 것이다.

아울러 정부는 분양가상한제를 폐지하지 말았어야 했다. 분양가상한제는 과거에나 유효했을 뿐 현재는 무의미한 제도라는 그럴듯한 명분을 내세워 폐지했다. 경기가 이렇게 안 좋은데 분양가를 올릴 수 있겠냐는 게 겉으로 제시한 구실이었다. 불황기에 분양가를 올리면 어떻게 집을 팔 수 있겠냐며 말이다. 그러나 분양가는 올랐고, 지금도 오르고 있다. 기존주택도 분양가를 염두에 두고 시세가 꿈틀거리고 있다. 선례가 있으니 가격을 비교해 올리고 싶은 것은 당연한 수순이다. 서민과 중산층이 전·월세 주거비로 고통받고 있는데, 굳이 정부가 분양가상한제를 폐지한 이유를 이해할 수 없다.

더욱이 정부의 동시다발적인 재건축·재개발 이주는 이미 도를 넘어섰다. 전·월세대란으로 주민이 생활할 집조차 구하기 어려운 형편인데, 있던 집조차 부수고 있다. 재건축·재개발 이주가 같은 시기에 여러 곳에서 한꺼번에 일어난다는 건 정말 어불성설이다. 전셋집이 없어 발을 동동 구르는 서민과 중산층의 현실을 삼척동자도 다 아는 일인데 말이다. 선진국의 경우에는 100년 이상 된 아파트가 제법 있다. 그런데 우리나라는 30년이 지나면 부수고 새로 짓는다. 억지로 납득해보려고 해도 당최 이해할 수 없는 현상이다. 우리나라는 세계 경제대국 10위권에 들어간다. 이런 나라의 건설기술로 지은 아파트가 채 30년을 버티지 못한다니 의아할 뿐이다. 게다가 전·월세대란 시기라면 당연히 전·월셋집은 매우 부족할 수밖에 없다. 이럴 때 새로 집을 제공하지는 못할망정 적어도 이 시기를 피한 후 재건축·재개발을 시행하는 게 상식이다. 그런데 정부는 재건축·재개발 이주를 묵인하고 있다. 한두 곳도 아니고, 여러 곳에서 동시에 재건축·재개발 이주소식을 접하면 도저히 이해가 되지 않는다. 일례로 강남권의 재건축 이주가 있다. 가락·개포·고덕·둔촌 등에서 재건축아파트 이주로 수만 가구가 사라지고 있다. 물론 이외에도 2016년까지 재건축·재개발 이주로 철거되는 집은 강동·은평·서대문·성북·강남·서초·송파·동대문·양천 등 서울에서만 약 6만 2천 가구나 된다. 기존 주택이 있어도 모자란 시국에 그 집들마저 철거하도록 슬며시 인정하는 정부를 납득할 수 없다.

100만 원대 기업형임대주택, 일명 뉴스테이는 또 어떤가? 가뜩이나 보증금이나 월세 등 주거비로 고통받는 서민과 중산층이 늘어나는데, 월 100만 원대 임대주택은 더 이상 정부에게 무슨 말을 해야 할지 모르게 만든다. 애가 타고 답답하다. 공공임대주택을 늘려도 시원찮은 판국에, 100만 원대 민간임대주택이라니 어이가 없다. 게다가 기존주택의 집값마저 분양가상한제 폐지로 오르는 분양가를 쫓아 꿈틀거리고 있다. 이런 마당에 100만 원대 기업형임대주택은 전·월셋값에 영향을 끼쳐 임대료를 상승시킨다. 분양가를 비교해 집값을 올리는 것처럼 집주인이 뉴스테이 임대료를 기준으로 월세를 받고 싶어 할 게 뻔하기 때문이다. '정부가 100만 원대의 월세를 받는다면, 우리 집도 비슷한 임대주택이니 그 가격대로 받아야겠군.'이라는 생각이 집주인을 사로잡을 것이다.

정부가 집값과 임대료(전·월셋값)를 상승시킨 주범이라고 말하는 이유가 여기에 있다. 기업은 정부가 깔아준 멍석을 놓칠세라 주택물량을 밀어내기식으로 과잉공급하고 있다. 물론 정부도 이를 허용하고 있다. 과잉공급이 될 것을 알면서도 나중 일은 모르겠다는 심산이 아니고선 이렇게 할 수가 없다. 황당하게도 일부 언론은 이를 선동하기까지 한다. 광고주인 기업의 입맛에 맞춰 광고수입을 챙기려는 의도다. 이런 상황에서 안목이 부족한 가계는 어찌할 바를 모르고 '잘못된 선택'을 하고 있다. 참으로 안타까운 현실이다.

언론 보도
믿지 마라!

공신력 있는 언론의 거짓정보는 사람들의 잘못된 판단을 유도하며, 그 결과는 아주 심각하다. 그런데 이런 광고나 다름없는 뉴스·기사·보도가 버젓이 언론을 타고 사람들에게 전파되고 있다. 자칫 한 사람의 인생이 불행해질 수 있는 허위소식에 무방비로 노출되고 있는 것이다. 따라서 언론 보도를 접할 때면 항상 그 이면에 숨겨진 속내를 파악하라고 당부하고 싶다.

정부 정책이 이런 식인 시기에 과연 언론은 무엇을 하고 있을까? 말해 뭐하겠는가? 정부 정책조차 신뢰하기 어려운 마당에 말이다. 먼저 언론의 생리부터 아는 게 순서다. 물론 모든 언론이 그렇다는 건 아니니 오해하진 말자. 매사 조심하는 게 좋다는 취지의 발언이다. 언론이란 신문·잡지·방송 등을 통해 뉴스나 사실을 알리는 매체다. 이를 통해 의견이나 논의를 전개해 여론을 형성한다. 그래서 언론은 공론 형성의 아주 중요한 수단이다. 언론이 가끔 엉뚱한 사론을 역설하면 우리가 헷갈리는 이유가 여기에 있다. 언론의 잘못된 보도에 마음이 흔들리기라도 하면 오판으로 큰 낭패를 당할 가능성이 높다.

　일단 언론의 수익구조를 이해해야 한다. 언론은 기업이다. 기업은 이익을 목적으로 사업을 한다. 사업은 주로 생산과 재산상의 이윤이 목적이다. 정리하면 언론은 정보생산을 통해 수익을 추구하는 집단이라는 말이다. 공정하고 객관적인 뉴스나 기사만을 내보낼 수 없는 태생적 한계가 여기에 있다. 이를 간파하지 못하고 언론의 보도에 일희일비하는 사람들이 부지기수다. 신문·잡지·방송 보도를 진실이라고 믿는다. 누구나 거짓을 처음 들을 때는 의심한다. 그러나 듣는 횟수가 자꾸 반복되면 참이라고 인식하게 되는 경향이 있다. 언론이 무섭다고 말하는 이유가 이것이다. 세뇌되면 거짓마저 진실로 뒤바뀔 수 있다.

그나마 언론 보도의 행간을 읽는 사람들이 늘고 있어 불행 중 다행이다 싶다. 이들은 쉽사리 부화뇌동하지 않는다. 오히려 '도대체 이 시기에 이런 뉴스를 내보내는 이유가 뭘까?' '이 기사는 광고나 다름없으니 믿으면 안 되겠네!' '이 정책은 누구를 지원하려고 급조했나 보군!' 등 정보의 속내를 눈치 채고 신문·잡지·방송의 뉴스나 기사를 무작정 받아들이지 않는다. 오히려 그들은 스스로 그 내막을 파악하려고 애쓴다. 언론에 휘둘리지 않고, 자기 자신의 힘으로 판단할 수 있다면 주택 투자를 성공시킬 확률은 더욱 높아진다. 언론이 쏟아내는 정보 중 손해와 이익을 구분할 수 있어 가능한 일이다.

언론은 광고가 없으면 경영하기가 어렵기 때문에 기업으로부터 광고를 따야만 한다. 기업이 광고주가 되고, 언론이 광고대행사가 되는 셈이다. 광고대행사 입장에서는 대형 광고주를 놓치면 그만큼 수입이 급감해 회사의 존폐가 걸릴 만큼 타격이 클 수밖에 없다. 이것이 언론이 자유로울 수 없는 이유다. 그래서 거짓정보를 제공할 개연성이 다분하다. 언론이라는 광고대행사는 광고주의 광고료를 받아 운영한다는 한계가 있기 때문이다. 광고주가 원하는 내용을 광고대행사가 거절한다면, 수익은 물 건너 갈 것이다. 따라서 언론의 뉴스·기사·보도 등을 접할 때면 보이는 그대로가 아니라 그 '속내'를 알기 위해 노력해야 한다. 언론이 겉으로 드러내지 않은 사정이나 일의 실상을 제대로 알아야 올바르게 판단할 수 있고, 후회하지 않는 선택을 할 수 있게 될 것이다.

따라서 주택과 관련된 뉴스·기사·보도를 접할 때면 광고주가 의뢰한 광고는 아닌지 의심부터 하는 게 상책이다. 최악의 시나리오를 감안한 선택은 최소한 재기불능으로 치닫진 않도록 막아줄 것이다. 물론 이렇게 부정적인 생각만 하다간 아무것도 못 한다고 말하는 사람도 있을 것이다. 결론부터 말하면 이렇게 따질 거 다 따져가며 해도 충분히 잘해낼 수 있다. 언론의 소식을 올바로 판단할 줄 아는 '안목'만 갖춘다면 말이다. 바로 다음 장에서 안목에 대해 자세히 다루는데, 일단 여기서는 '언론의 속내'에 대해 좀 더 알아보자.

요즘 일부 언론의 소식은 너무 지나칠 정도다. 사람에 따라 느끼는 게 다르겠지만 필자에겐 아주 심각하게 다가온다. 물론 과거에도 그랬지만 그래도 전 세계가 경기침체로 몸살을 앓고 있는 상황에서 접하니 도를 넘었다 싶다. 언론의 저의를 파악하지 못한 채 보도를 무작정 믿는다면 주택 시장이 지속적으로 활황일 것이라 오판할 수 있을 정도다. 공정해야 할 일부 언론의 미사여구는 대책 없이 화려하기까지 하다. 이런 문구를 광고가 아니라 뉴스나 기사에서 보게 되니 민망할 지경이다. '청약경쟁률 116대 1' '웃돈 3억 로또 맞네' '서울전세금 뜀박질'

'서울 매매전세 37주째 연속상승 중' '첫 삽 뜬 뉴스테이 완판 조짐' '분양권 거래 폭발' 등 선동적인 제목들이 광고가 아닌 기사에서 난무한다. 언론이 객관적인 내용을 보도하지 않고, 선정적이고 자극적인 기사로 투기바람을 조장하는 듯하다. 공신력 있는 언론의 거짓소식은 사람들의 잘못된 판단을 유도할 수 있다. 때문에 그 결과는 아주 심각하다. 그런데 이런 광고나 다름없는 뉴스·기사·보도가 버젓이 언론을 타고 사람들에게 전파되고 있다. 자칫 한 사람의 인생이 불행해질 수 있는 정보에 무방비로 노출되고 있는 것이다.

결론적으로 정부 정책이나 언론 보도를 접할 때면 항상 그 이면에 숨겨진 속내를 파악하라고 거듭 당부하고 싶다. 선택은 그 이후에 해야 한다. 한순간에 망하지 않는 지름길인 만큼 명심하기를 재차 부탁한다.

믿을 건 안목과 종잣돈뿐이다!

이 책을 읽는 당신만큼은 2부에서 설명할 '국내외 변수 10가지' 때문에 하루하루를 노심초사하며 살지는 말자. 신경 쓰지 않고도 편안하게 살 수 있는 집은 얼마든지 있다. 사람은 무식하면, 아주 용감하다. 뒷일도 걱정하지 않는다. 폭탄이 터질 때까지는 진실을 알지 못하니 그럴 수도 있을 것이다. 그래서 재차 당부한다. 지금이라도 늦지 않았다. 안목과 종잣돈으로 무장하자!

조용히 스스로에게 묻자. 자신은 집을 보는 안목이 있다고 생각되는가? 아니면 그냥 저냥 대강의 지식을 갖고 있을 정도인가? 괜찮은 안목을 갖고 있다고 확신할 수 있다면 다행이지만, 그렇지 않다면 제발 공부 좀 하라고 쫓아가 부탁하고 싶다. 안목은 본인뿐 아니라 가족을 지키기 위해 꼭 필요한 도구이기 때문이다. 안목을 갖추고 싶지만 뭐부터 어떻게 해야 할지 모르겠다면, 우선 이 책이라도 끝까지 꼼꼼히 여러 번 보라고 당부하고 싶다.

안목에 대해 설명할 때, 항상 사람들에게 전하는 말이 있다. 바로 '우물 안 개구리' 이야기다. 혹시나 이 얘기가 당신 이야기는 아닌지 자문해보길 바란다. 우물 안 개구리는 우물 밖을 알지 못한다. 우물 밖에 나와 보질 않았으니 당연하다. 그래서 우물 안 소식만 알고 있다. 그 정보가 우물 안 개구리의 유일한 지식일 것이고, 그 내용으로만 판단한다. 구분할 능력이 없으니 왜곡된 정보라도 진실인줄 알고 믿는다. 반면에 우물 밖을 아는 개구리는 일단 저의부터 파악하기 위해 애쓴다. 제아무리 공신력 있는 언론의 뉴스·기사·보도를 접하더라도 행간을 읽으려 노력한다. 자신에게 이득이 될지 손실이 될지 구별해내기 위해 안간힘을 다하고, 마침내 자신에게 가장 유익한 결정을 한다. 한 걸음 더 나아가 언론 보도를 통해 트렌드나 투자 기회까지 파악한다. 정보의 이면에 숨겨진 사실을 파악해 투자대상까지 물색해내는 것이다. 당연히 주택투자로 성공할 확률은 아주 높아진다. 이것이 '안목'이 필요한 이유다.

노력을 통한 본인의 판단 없이 남들 따라 하는 투자는 아주 위험하다. 한두 번 운이 좋아 성공한들 끝내 실패할 공산이 크다. 모래 위에 짓는 집이나 다름없다. 튼튼하지 못한 기초에 제아무리 멋진 집을 지어본들 시간이 갈수록 무너질 가능성만 높아질 뿐이다. 이런 진실을 알지 못하거나 알면서도 모른척하고 무모한 도전을 하려는 사람들이 있다. 바짓가랑이라도 잡고 말리고 싶은데, 누가 누군지 모르니 이렇게 책을 통해서라도 신신당부한다. 물론 무모한 투자라도 운이 좋으면 성공할 수 있다. 소 뒷걸음질 치다 쥐를 잡을 수도 있을 것이다. 그러나 현실적으로 그럴 확률은 매우 낮아졌다. 과거 고도 성장기에나 가능한 일이다. 지금과 같은 저성장기에는 안목이 무엇보다 중요하다.

'안목'은 우물 밖 개구리의 시각으로 정보를 볼 수 있도록 도와준다. 무엇이 진실인지 구분할 수 있는 판단력을 제공하며, 잘못된 정보를 걸러내고, 투자가치가 있는 목표물을 향해 갈 수 있는 길을 열어준다. 가족을 지키고 보살필 수 있는 소중한 도구다. 따라서 주택투자에 있어 안목을 갖추는 것은 돌이킬 수 없는 낭패를 사전에 막을 수 있는 필수조건이다.

특히 내 집 마련에 관한 안목은 꼭 필요하다. 아는 만큼 재산을 지킬 수 있고 가족과 함께 편안하게 지낼 수 있기 때문이다. 3부의 '3단계. 안목 키우기'에서 상세내용을 보기로 하고, 중요한 내용 한 가지만 더 살펴보자. '집은 근처에만 있는 것이 아니다!' 인근만 살펴서 집을 고른다면 우물 안 개구리가 될 수밖에 없다. 우물 밖 개구리가 되어 좀 더 넓은 지역에 나가 나에게 가치 있는 집을 찾아보자. 직장이 가깝다는 이유로, 아이교육 때문에 어쩔 수 없다는 핑계로, 외곽으로 나가면 남들 보기 창피하다는 변명으로 근처에서만 배회하지 말자. 집은 지금 사는 곳이 아니라도 좋은 곳이 아주 많다. 시야를 넓혀 좀 더 저렴하고 쾌적하고 편안한 주택을 찾아 나서자. 빚까지 내면서 살던 곳에 꼭 그대로 살아야 할 이유는 없다. 게다가 쾌적하지도 편안하지도 않은 집이라면 두말할 필요도 없다. 안목을 갖추고 웬만한 종잣돈이 있다면, 괜찮은 집은 얼마든지 찾을 수 있다. 찾지 않아서 보이지 않을 뿐이다. 물론 '환금성 좋은 집'이라는 전제조건은 있다. 이쯤 설명하면 "구체적으로 어떻게 그런 집을 찾을 수 있나요?"라고 묻고 싶을 것이다. 그래서 당신에게 이 책을 정독하라고 권한다. 질문에 대한 답을 찾을 수 있을 것이다. 자, 이제 우물 밖으로 나올 마음이 생겼는가? 그럼 안목의

반은 갖춘 것이나 다름없다. 시작이 반이라 했으니 말이다. 2부와 3부를 통해 제대로 된 안목을 갖는 방법을 안내해두었다.

'안목' 못지않게 중요한 한 가지를 더 소개한다. 다름 아닌 '종잣돈'이다. 종잣돈은 영어로 'seed money'라고도 부른다. 직역하면 '씨앗을 살 수 있는 돈'이다. 씨앗을 사서 멋진 나무로 키울 수 있다는 의미로 붙여진 이름이다. 소득의 일부를 떼어 일정기간 동안 모은 종잣돈은 더 나은 투자를 위한 seed money이며, 주택투자에 필수적인 요소다. 대체로 종잣돈이 적거나 없으면 빚내서 집을 구입하는데, 요즘 같은 시기에는 하우스푸어나 렌트푸어로 전락하는 원인이 될 수 있다. 물론 무리한 대출을 받는 경우에 한해서다. 푸어(poor, 거지)가 된 사람들은 대개 종잣돈이 없거나 적었고 안목조차 부족했다. 주변에서 선동하면 갈대처럼 흔들렸다. 무리하게 대출받아 주택을 매입했지만 소득이 줄거나 끊기자 경매로 집을 잃거나 급매로 싸게 집을 팔았다. 빚을 모두 다 갚지 못한 경우 월급이나 다른 재산에 압류까지 들어와 보금자리뿐만 아니라 가지고 있는 재산과 미래까지도 피해를 입었다. 이것이 종잣돈 없이 무리하게 융자를 받아 주택투자를 한 푸어들이 외환위기나 금융위기 때 겪었던 일이다.

이들을 반면교사로 삼아야 한다. 무리하게 빚을 얻어 비싼 집을 구입한다면 같은 결과를 맞게 될 것이다. 이 책을 읽는 당신만큼은 2부에서 설명할 '국내외 변수 10가지' 때문에 하루하루를 노심초사하며 살지는 말자. 신경 쓰지 않고도 편안하게 살 수 있는 집은 얼마든지 있다. 사람은 무식하면, 아주 용감하다. 뒷일도 걱정하지 않는다. 폭탄이 터질 때까지는 진실을 알지 못하니 그럴 수도 있을 것이다. 그래서 재차 당부한다. 지금이라도 늦지 않았다. 안목과 종잣돈으로 무장하자! 다른 누구도 믿을 수 없다면 자신만은 믿어야 한다. 그래야 제대로 살아갈 수 있다. 안목과 종잣돈이 없으면 다른 사람은 물론 본인조차 믿을 수 없게 된다. 아는 게 없으니 불안하고, 가진 게 없으니 걱정이 되어 마음이 편치 않다. 주택투자를 생각하고 있다면 반드시 안목과 종잣돈을 갖춰라. 그래야 사는 동안 편안하며, 가족 모두를 지킬 수 있다.

2부

지금 집을 사지 말아야 할 '국내외 변수 10가지'

경고 No.1
저성장

2016년 우리나라의 경제성장률은 2%대가 될 것이다. 중국의 경제불안, 미국 금리인상의 여파, 엔저 후폭풍 등으로 수출부진이 지속되는 데다 한국의 기준금리인상 가능성 증가, 예산 총지출의 낮은 증가율 편성 등 내수부진을 완화할 정책여력이 약화되었기 때문이다. 물론 뒤에서 설명하겠지만 주변국의 경제상황이라는 외부적 요인 외에 대한민국 자체의 위험요소도 여럿이다.

부동산을 살 때, 거시적 관점에서 고려해야 하는 요소 중 하나는 '향후 경제전망'이다. 부동산 가격은 경제성장과 밀접한 연관이 있어 단기 또는 중장기 경제전망을 살펴본 후 매매 여부를 판단하는 게 중요하다. 앞으로 2년간의 국내외 경제상황을 전망해보면, 부동산 시장에는 먹구름이 잔뜩 끼어 있다고 봐야 한다. 따라서 이 장에서는 앞으로 1~2년 동안의 국내외 경기변동이 부동산 시장에 어떤 영향을 줄 것인지에 대해 살펴볼 것이다.

경제학 용어 중 일정 기간 동안 한 국가의 경제가 얼마만큼 성장 또는 감소했는지를 수치로 나타낸 것을 일컬어 '경제성장률'이라고 한다. 경제성장률은 국가의 경제성장 여부를 간략한 수치로 나타낸 것으로,

그 개념만 정확하게 파악하면 기본적인 수준의 경제전망이 가능하다. 미국 연방준비제도이사회(FRB: Federal Reserve Board of Governors)가 2016년 6월 16일 미국의 기준금리를 동결시키겠다고 발표했다. 그러자 국내 경제 관련 기관에서는 이 발표에 따른 2016년도 하반기 우리나라 경제성장률이 어떻게 될 것인지를 예측해 공표했다. 미국의 금리인하가 국내 경제에 미치는 영향은 금리, 환율, 수출입 등 다양한 영역에서 나타나지만, 일단 경제성장률을 통해 향후 우리나라 경제를 전망해본 것이다. 이것만 봐도 경제성장률이라는 개념이 상당히 많은 것을 시사하고 있음을 알 수 있다.

그렇다면 경제성장률이 우리 가계의 살림과 부동산에 무슨 연관이 있을까? 이것을 이해하려면 경제성장률이라는 개념을 제대로 알아야 한다. '경제성장률'이란 일정 기간 내에 국민경제가 성장하는 비율, 다시 말해 '실질국민총생산의 증가율'을 말한다. 이 기간을 1년으로 잡으면 연간 경제성장률이 되고, 3개월로 잡으면 분기별 경제성장률이 된다. 한 개인이나 가계, 나아가서는 기업이나 국가의 경제규모, 즉 소득이 얼마만큼 증가했는지를 파악하기 위한 지표라고 볼 수 있다.

매년 말이 되면, 한국은행이나 각 금융기관들은 다음해 우리나라의 경제성장률이 얼마가 될 것인지를 미리 예상해본다. 이 수치를 통해 다음해 국가경제가 좋을지 나쁠지를 예측할 수 있다. 국가경제는 가계경제의 변수가 아닌 상수라는 점에서 경제성장률은 개인과 가계에 매우 중요한 수치다. 이런 이유로 주택투자에서도 '경제성장률'은 우선적으로 고려해야 하는 요소다. 이는 낚시터에서 좋은 자리를 살피는 것과 같다. 물론 좋은 자리를 잡았다고 무조건 고기를 잘 잡는다고 할 수는 없다. 하지만 적어도 허탕 칠 확률은 줄일 수 있을 것이다. 특히 국가 간 산업과 금융이 밀접하게 연관된 신자유주의 체제에서는 다른 나라의 경제성장률이 우리나라 성장률에 큰 영향을 끼친다. 이런 점에서 주요 국가들의 경제성장률과 여기에 영향을 끼치는 요소들은 함께 살펴볼 필요가 있다.

세계 경제는 2008년 미국 서브프라임 사태로 글로벌 금융위기를 겪으면서 저성장의 늪에 빠져들었다. 한때 세계 경제의 희망으로 꼽히던 BRICS(브라질, 러시아, 인도, 중국)조차 예상처럼 성장하지 못했다. 그중에서도 마지막 보루라고 할 수 있던 중국 경제마저 2015년을 지나면서 그 기세가 한풀 꺾었다. 그렇다면 과연 2016년도 하반기 세계 경제는 어떤 국면을 맞이할까? 바닥을 치고 반등할 수 있을까? 아니면 밑도 끝도 없는 추락을 계속할까?

먼저 세계 경제 관련 기구들이 내놓은 자료를 보면 주요 국가들의 경제성장률 반등은 어려워 보인다. 2015년 4월 국제통화기금(IMF)이 내놓은 보고서를 보면, 주요 선진국의 성장률이 2020년까지 연 1.6%, 신흥국은 5.2% 수준에 머물 것으로 집계되었다. 2008년 이전의 성장률과 비교하면 각각 0.7%p, 1.6%p 하락한 수치다. 여기서 주목할 부분은 선진국보다 신흥국의 하락폭이 더 크다는 점이다. 아직까지 우리나라의 경제규모는 신흥국에 가깝다. 이 점을 감안하면 신흥국의 하락폭이 크다는 IMF 보고서는 우리나라에 많은 것을 시사하고 있다. 세계 경제가 양극화되는 상황에서 우리나라 경제의 저성장 장기화가 지속될 수도 있음을 말해주고 있기 때문이다. 특히 우리나라의 주요 무역 대상국인 중국과 미국, 일본 등의 경제상황을 함께 살펴보면 이런 우려가 단순한 기우에 그치지 않을 것이라는 불안감을 준다.

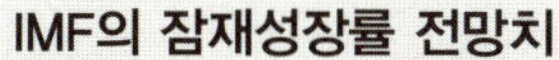

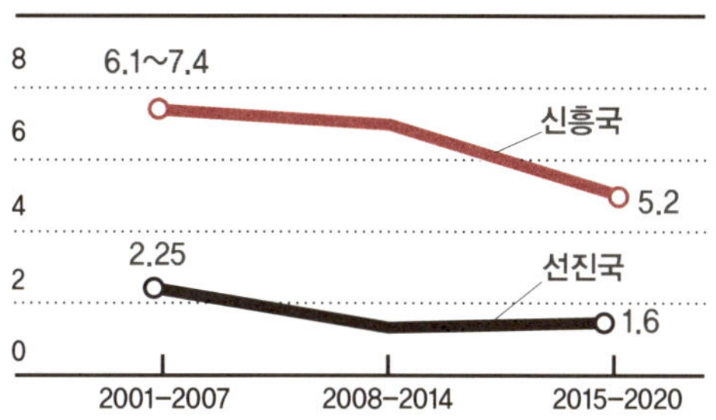

미국의 경제 동향

미국 경제는 당분간 전망이 불확실하다. 2015년 말까지만 해도 경기가 반등할 것이라는 기대가 컸다. 이러한 자신감은 2015년 12월 17일 미국 연방준비제도이사회(이하 연준)가 기준금리를 2006년 6월 이후 9년 반 만에 0.25%p 올린 데서 엿볼 수 있다. 실제로 미국 경제는 최근 몇 년 간 꾸준히 상승곡선을 그려왔다. 셰일오일 생산으로 인한 유가하락이 소비를 증가시켰고, 이에 따른 기업실적 개선과 고용촉진 등의 선순환 구조가 만들어졌다. 2008년 글로벌 금융위기 이후, 10%를 웃돌던 미국 의 실업률이 2015년 들어 5%대로 하락한 것은 이를 잘 보여준다. 경제협력개발기구(OECD)와 미국 의회예산국이 2015년 11월 발표한 자료에 따르면, 미국의 실업률은 2009년 10%를 기록한 후 꾸준히 하락해 2015 년 10월 5%까지 떨어졌다. 이런 경기회복 영향에 따라 2015년부터 금리 인상의 가능성이 꾸준히 제기되어 왔고, 결국 2016년을 목전에 두고 금리를 올렸다. 그런데 불과 반년 동안 경기가 생각만큼 회복되지 않으면서, 미국 연준은 2016년 6월 16일 기준금리를 동결시켰다. 연준은 6월 14일, 15일 이틀간 열린 연방공개시장위원회(FOMC) 회의 직후 공개한 성명을 통해, 전반적인 경제가 회복되고 있는 모습이지만 최근 고용시장이 부진한 모습을 보이고 있다는 점에 주목해 6월 금리인상을 단행하지 않기로 했다고 밝혔다.

미국 경제가 기대처럼 빠른 속도로 회복되고 있지는 않지만, 여전히 과거보다는 조금씩 나아질 것이라는 대세에는 변함이 없어 보인다. 물론 미국의 이러한 경기회복이 세계 경제에 독이 될지 약이 될지는 알 수 없다. 오히려 우리나라 같은 신흥국에는 부정적으로 작용할 가능성이 많다는 것이 전문가들의 대체적인 평가다. 미국의 경제회복이 침체된 세계 경제를 살리는 불씨가 될 수는 있지만 그 효과가 2년 이내에 나타나기는 쉽지 않기 때문이다. 도리어 외국인 투자자금의 대량 유출이 예상되는 신흥국의 경우 악재로 작용할 공산이 크다. 투자자 입장에서는 신흥국보다 미국이 안정적인 투자처고, 금리를 올릴 경우 당연히 자금을 미국으로 옮기려고 할 테니 말이다. 결국 신흥국인 우리나라 입장에서 보면 미국의 금리인상은 부정적 영향을 끼칠 개연성이 많다.

만약 미국의 금리인상에 따른 자금이탈을 막기 위해 한국은행이 금리를 올린다면 이것은 우리 부동산 시장에 직격탄이 될 것이다. 최근 2~3년간의 부동산 시장 활성화는 저금리에서 촉발된 대출 효과에서 비롯되었다. 이런 상황에서 한국은행이 금리를 올릴 경우 이자를 감당하지 못한 집주인들은 집을 내놓게 될 것이고, 부동산 시장은 쏟아져 나오는 매물로 폭락할 수도 있다. 가계부채가 한국 경제의 최대 뇌관이라고 불리는 것도 이런 맥락에서다. 필자가 2년 후에 집을 사라고 하는 이유가 바로 여기에 있다. 불확실성이 클 때는 한 걸음 물러나서 상황을 지켜보는 것이 위험을 줄이는 최선의 방법이다.

금리인상이 오히려 미국 경제 자체에도 역효과를 불러일으킨다면, 그 파장은 걷잡을 수 없이 커질 수 있다. 이미 미국은 금리인상에 따른 역효과가 얼마나 뼈아픈 결과를 불러오는지 몸소 경험한 바 있다. 미국은 금리인상 주기에 있던 2004년부터 2006년에 걸쳐, 서브프라임 모기지가 크게 불어나자 2년 후 금융위기를 겪었다. 더구나 미국의 금리인상은 수출경쟁력과 수익성을 악화시킬 수도 있다. 금리인상에 따른 달러강세가 도리어 미국의 경제를 위축시킬 수 있기 때문이다. 결국 2016년 6월 미국 연준의 기준금리 동결은 이런 우려를 남았다고 볼 수 있다.

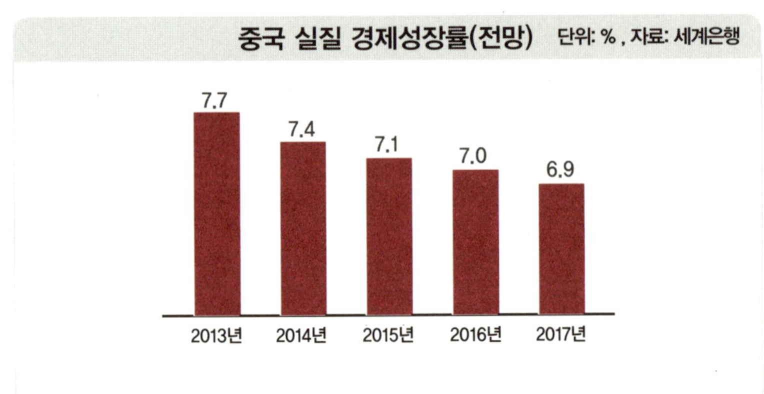

중국의 경제 동향

우리의 인접국이자 세계 최대의 경제대국으로 급부상하고 있는 중국 역시 우리나라 경제에 미국 이상의 영향력을 미치고 있다. 우리나라와 중국의 2014년 무역수지 규모가 미국(240억 달러)의 두 배를 훌쩍 뛰어넘는 534억 달러이기 때문이다. 하지만 우리나라의 최대 교역국인 중국에 대한 세계 경제전문가들의 시선은 온통 '흐림' 일색이다. 2015년 1월 세계은행이 발표한 중국의 경제성장률 추이를 보면 2013년에 7.7%였다가, 2015년에는 7.1%, 2017년은 6.9%까지 떨어진다. 세계은행은 중국의 성장률이 2016년에는 7.0%를, 2017년부터는 6%대일 것으로 전망했다. 이러한 결과는 세계 경제를 떠받치던 중국이라는 '거함'이 점차 추진력을 잃어가고 있다는 것을 보여준다.

비록 한중 FTA(자유무역협정) 국회 비준으로 중국과의 교류가 일시적으로는 늘긴 하겠지만, 중국 전체 시장이 성장하지 못한다면 우리 경제에 큰 타격을 줄 공산은 크다. 예를 들어보자. 현재 국내 화학이나 철강 기업은 가격경쟁력을 내세운 중국업체들의 공세에 고전을 면치 못하고 있다. 그나마 우리 기업들이 버티고 있는 것은 중국이 그동안 꾸준한 경제성장을 이루면서 제품들이 어느 정도 자국 내에서 소비가 됐기 때문이다. 하지만 중국의 성장이 더디어질 경우 중국업체들이 생산한 제품은 어디로 흘러들어갈까. 화학이나 철강 같은 제품은 물류비용으로 대륙 간 거래가 많지 않다. 바꿔 말하면 인접국가에 판매될 가능성이 많다는 말이다. 당장 우리나라가 첫 번째 타깃이 될 확률이 높다. 화학, 철강, 전자 같은 업종에서 중국업체들의 공세가 본격화될 경우 이는 우리 기업들의 경쟁력 약화로 이어질 것이고, 결과적으로 우리 경제에 큰 불안요소가 될 개연성이 높다.

이미 중국 실물경제가 갈수록 어려울 것이라는 조짐은 여러 군데에서 감지되고 있다. 2015년 2월 중국의 제조업지수는 3년 만에 바닥을 쳤다. 소비자물가지수도 5년 만에 최저치로 떨어졌다. 중국의 금융시장도 불안하기는 매한가지다. 중국 내 은행의 부실채권은 2008년 글로벌 금융위기 이후 꾸준히 증가해, 2015년 약 17조 달러(약 1880조 원)까지 늘어났다. 이는 중국 경제의 잠재적 위험요소라고 할 수 있다.

중국은 성장률 하락을 막기 위해 경기부양책을 연달아 쏟아내고 있다. 2014년부터 2015년에 실시한 '위안화 절하'와 2015년 2월에 시행한 은행 '지급준비율(은행의 예금총액에 대한 현금준비 비율, 이하 지준율) 인하'가 단적인 예다. 위안화 절하는 수출을 늘리기 위한 조치이고, 지준율 인하는 현금을 시중에 풀어 내수의 불씨를 살리려는 조치다. 이러한 조치들은 중국이 경제성장률 하락을 막기 위해 사용하는 마지막 카드와 다름없다는 점에서 역설적으로 중국 정부의 위기감을 보여주고 있다. 결국 중국에 대한 무역의존도가 높은 우리로서는 중국의 이런 조치들이 약발을 다 했을 때 더 나쁜 영향을 준다는 점에서 악재로 작용할 공산이 크다.

일본의 경제 동향

중국에 비한다면 일본 경제는 전반적으로 완만한 회복세를 보이고 있다. 지난 3년간 아베 신조 일본 총리는 기업실적 개선을 핵심으로 하는 경제 정책인 '아베노믹스'를 통해 기업성과를 개선시켜왔다. 이는 곧 고용과 임금 인상으로 이어져 일본의 경제회복을 이끌었다. 또한 엔화 약세 효과로 2014년 하반기 이후 수출도 꾸준히 증가하고 있다. 설비투자 역시 살아나고 있다. 무엇보다 올림픽 특수는 일본 경제의 가장 큰 호재다. 일본은 2020년 도쿄올림픽을 개최하는데, 아베 신조 일본 총리는 여기에 맞춰 일본 경제를 살리려는 계획을 세워 놓은 상태다. 예를 들어 전 세계 기업들의 초미의 관심사인 스마트카와 관련해 아베 총리는 올림픽 때 선수촌과 경기장을 오가는 차량으로 자율주행자동차를 이용하겠다고 공언했다. 올림픽을 기점으로 도요타나 혼다 등 일본 자동차 기업은 세계 자동차 시장을 선점하기 위한 관련 기술 개발에 박차를 가하고 있다.

일본 경제의 성장이 우리에게 독이 될지 약이 될지는 아직 알 수 없다. 다만 이미 잘 알려진 것처럼 일본의 주력산업은 우리나라의 중심산업과 거의 비슷한 구조를 가지고 있다. 자동차나 IT, 철강 등에서 우리나라는 수십 년간 일본 기업과 맞서왔다. 양국을 대표하는 삼성과 소니만 봐도 공존보다는 경쟁관계였다. 이런 상황이라면 아베 정권이 지속적으로 추진하고 있는 엔저 정책이 계속될 경우 일본의 수출기업에는 호재가, 우리나라의 경쟁기업에는 악재가 될 수 있다. 더구나 올림픽을 계기로 중국 관광객이 일본으로 몰려갈 경우 우리나라의 관광 및 화장품 사업 등은 직격탄을 맞을 수도 있다. 결국 일본 경제의 부활이 우리에게는 악재가 될 것이라는 목소리가 우세하다.

유럽연합(EU)의 경제 동향

우리나라와 FTA을 체결한 EU의 상황 역시 녹록하지는 않다. EU의 경제여건은 '실업률'이라는 한 단어로 설명될 수 있다. 2015년 3월 EU의 실업률은 약 10%였다. 2008년 금융위기 이후 약 3%p가 높아졌다. 특히 남유럽의 상황은 더욱 심각하다. 배고픈 돼지(PIGS)라 불리는 포르투갈, 이탈리아, 그리스, 스페인의 실업률이 EU 평균보다 더 높기 때문이다. 포르투갈의 경우 10%를, 스페인은 20%를 웃돌고 있다. 청년층으로 대상을 좁히면 실업률은 50%가 넘는다. 독일과 프랑스, 영국, 네덜란드 같은 북서유럽은 상황이 그나마 나은 편이다. 일례로 독일의 실업률은 5% 전후다. 결국 극단적인 양극화에 시달리는 EU는 일부 국가들의 디플레이션 우려가 높은 상황이다. 최근 영국을 두 갈래로 쪼개놓았던 '브렉시트(Brexit: 영국의 유럽연합 탈퇴)' 논란은 EU의 위기를 단적으로 보여준다.

EU는 디플레이션에 빠지지 않기 위해 양적완화 정책을 펼치고 있다. 하지만 국가마다 이해관계가 상충되어 이마저도 제대로 된 효과가 나타나지 않고 있다. 돈의 흐름은 국채 이율에 따라 달라지는데, 나라마다 그 차이가 상당해 돈이 제대로 돌지 않기 때문이다. 이런 면에서 글로벌 금융위기의 최대 피해자는 EU국가들이라고 할 수 있을 정도다. 유럽중앙은행(ECB)과 경제협력개발기구(OECD)는 2016년에도 EU의 평균적인 경제성장률이 2% 전후를 기록할 것으로 전망하고 있다. 국제유가마저 계속 떨어져 주요 산유국들이 재정위기를 겪는 것도 EU의 경제성장에 불안요소로 작용할 가능성이 많다. 물론 국제유가가 지금처럼 계속 하락세를 면치 못할 경우, 우리나라나 일본 같은 수출 중심 국가들의 판매는 더 어려워질 것이라는 것도 배제할 수 없다.

이처럼 세계 경제전망이 불확실한 가운데 무역의존도가 높은 우리나라만 좋은 성장률을 거둔다는 것은 사실상 불가능하다. 삼성그룹이

IMF 이후 최대 규모의 구조조정을 하고 있는 것도 향후 몇 년간은 우리 경제에 위기가 올 것이라는 위기감에서 비롯됐다고 할 수 있다. 삼성은 과거 두 차례 정도 구조조정을 실시한 바 있다. 1997년 외환위기와 2008년 금융위기에 앞서 선제적으로 구조조정을 시행했는데, 삼성의 구조조정은 다가올 한국 경제에 대한 '경고등'이라고 볼 수 있다. 최근 해운과 조선업종에 대한 강도 높은 정부의 구조조정도 우리 경제에 '빨간불'이 켜졌음을 고스란히 보여준다.

이런 우려는 이미 2015년 말부터 꾸준히 제기되어 왔다. 한국경제연구원(이하 한경연)이 2015년 12월 22일 발표한 2016년 경제전망 보고서를 보면, 2016년 우리나라의 경제성장률은 2.6%가 될 것으로 예상되었다. 한경연 측은 그 근거로 "중국의 경제불안, 미국 금리인상 여파, 엔저 후폭풍 등으로 수출부진이 지속되는 데다 한국의 기준금리인상 가능성 증가, 예산 총지출의 낮은 증가율 편성 등 내수부진을 완화할 정책여력이 약화되었다"고 주장했다.

2015년 12월 20일 LG경제연구원이 전망한 수치도 비슷했다. LG경제연구원은 이날 발간한 〈2016년 경제전망〉을 통해, 2016년도 우리나라 경제성장률을 2.5%로 예측했다. 연구원 측은 "2016년에 미국경기 둔화와 중국 경제의 성장 감속, 원자재 가격하락 등으로 세계 경제환경이 올해(2015년)보다 좋지 않을 것"이라고 분석했다. 두 기관이 내놓은 경제전망은 필자가 앞서 언급한 대로 한국 경제에 좋지 않은 영향을 줄 것이라는 주장과 일치한다. 2016년 하반기에 들어 전문가들이 내놓은 올해의 경제성장률 전망은 더욱 어둡다. 경제성장률 2% 미만을 추정하는 전문가들이 적지 않다.

　뒤에서 설명하겠지만 주변국의 경제상황이라는 외부적 요인 외에 대한민국 자체의 위험요소도 여럿이다. 그중 '저출산과 고령화'는 대표적인 위험요소다. 경제활동인구가 줄어들면 경기는 활력을 잃어가고, 기업은 생산과 투자를 줄이게 된다. 결국 저출산과 고령화로 인해 저성장은 오랫동안 지속될 가능성이 다분하다. 호재보다 악재가 많은 이런 시기라면 부동산 투자에 신중해야 한다. 떨어지는 칼날을 잡을 확률이 높아졌기 때문이다. 당분간은 부동산 시장을 관망하는 게 낫다. 향후 2년간은 느긋한 마음으로 경제상황을 지켜보면서 대응하자.

경고 No.2
저출산

스웨덴은 저출산 문제를 해결하기 위해 '남자 = 경제활동, 여성 = 육아'라는 고전적인 패러다임을 바꾸기 위해 큰 노력을 기울였다. 이를 위해 남성도 출산휴가나 육아휴직을 하도록 적극적으로 장려했다. 노동시간 단축도 저출산 문제의 중요한 열쇠다. 한국의 연평균 근무시간은 2124시간(2014년 기준)이다. 이는 OECD 국가 중 멕시코(2228시간)에 이어 2위다. 보다 실질적인 대책이 절실한 때다.

2부에서는 향후 2년간 집을 사지 말아야 할 구체적 근거, 10가지를 제시할 것이다. 이 근거들을 크게 구분해보면 그중 2가지(미국금리인상, 주택공급 과다)는 단기적 변수다. 반면 2부 처음에 언급한 저성장을 비롯해 앞으로 설명할 7가지(저출산, 고령화, 일자리 불안, 가계부채 증가, 생산가능인구 감소, 베이비붐세대의 은퇴, 에코세대의 위축)는 우리 경제에 석어노 10년 이상 영향을 미칠 장기적 변수다.

이러한 근거들은 한동안 집값 하락을 부추길 가능성이 많다. 그럼에도 불구하고 2년 후에 집을 살 만한 타이밍이 온다는 것은 모순일까? 필자는 반드시 그렇다고는 생각하지 않는다. 차차 설명할 테니 계속 읽어보면 알 수 있을 것이다. 당분간 지속될 집값 하락은 현재 부동산

가격에 끼어 있는 거품이 제거되면서 시작될 것이다. 이는 실수요자들이 거품이 빠진 적정한 가격의 부동산을 살 수 있고, 투자자들도 훨씬 위험부담이 줄어든 상황에서 매매할 수 있다는 뜻이기도 하다. 물론 2년 후에도 국내외 경제 및 사회적 상황을 고려해야겠지만, 필자의 판단으로는 2년 정도 지난 시점이 부동산을 구입하기에 적절한 시점으로 보인다. 지금보다 집값이 떨어질 확률이 높기 때문이다.

우리나라의 저출산 문제는 비단 부동산뿐 아니라 경제 전반에도 큰 영향을 준다. 저출산으로 인한 인구감소는 생산인구와 함께 소비인구도 줄어드는 것이라 내수시장의 규모는 갈수록 줄어들게 될 것이다. 삼성전자나 현대자동차 같은 글로벌 기업들이 안정적인 내수시장을 바탕으로 세계시장을 공략해 나갔던 것을 감안한다면, 대기업들도 저출산의 직접적인 충격에 노출될 수밖에 없다. 따라서 정부가 저출산에 대한 대책을 제대로 추진하지 못할 경우, 그 결과가 치명적일 수 있다는 사실에 유념해야 한다. 우선 우리나라의 저출산이 얼마나 심각한 수준에 와 있는지를 객관적으로 볼 수 있는 각종 수치부터 살펴보자.

2015년 8월 25일 통계청이 발표한 '2014년 출산통계(확정치)'는 우리나라의 저출산 문제가 얼마나 심각한지를 적나라하게 보여주고 있다. 통계청의 자료에 따르면, 2014년 출생아 수는 43만 5400명이었다. 이 수치는 정부가 관련 통계를 집계한 1970년부터 따져 두 번째로 낮은 수치다. 가장 낮은 수치를 기록한 것은 2005년으로, 43만 5000명이었다. 인구 1000명당 출생아 수가 얼마나 되는지를 집계한 '조(粗) 출산율' 통계에서는 8.6명을 기록했다. 이 수치도 관련 통계를 기록한 이후로 최저치다.

만 15~49세의 가임기 여성이 평생 낳는 아이 수를 수치화한 '합계출산율'로 따져보면, 우리나라는 이미 2001년부터 초저출산 국가로 분류되고 있다. 현재 우리나라 인구를 유지할 정도의 출산율을 2.1명 안팎으로 보는데, 이보다 아래면 '저출산'으로 분류된다. '초저출산'은 합계출산율이 1.3명 이하일 때로, 이대로라면 머지않아 인구수가 뚝뚝 떨어지게 된다. 한국은 이미 2001년부터 '초저출산' 국가다. 2001년에 1.3명으로 떨어진 이래 줄곧 1.3명을 밑돌고 있기 때문이다. 이는 한 가정에서 평균적으로 아이를 한 명밖에 낳지 않는다는 의미이기도 하다.

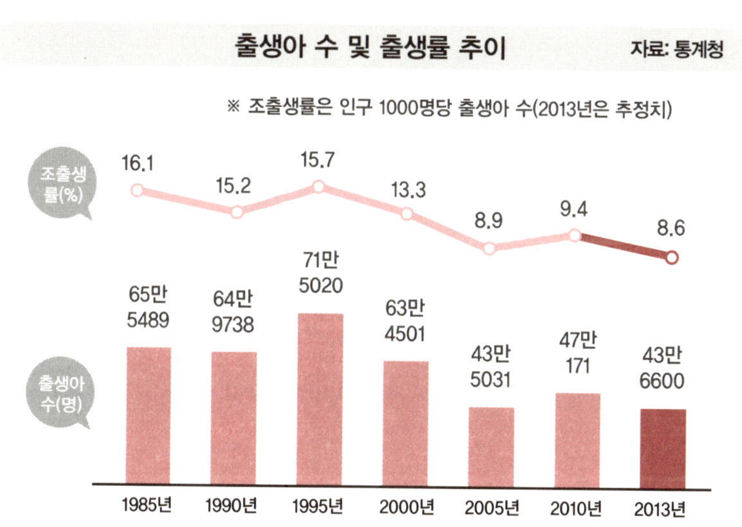

세계의 다른 나라들과 비교해봤을 때, 우리나라의 저출산 문제는 더 확연하게 드러난다. 유엔인구기금(UNFPA)이 2015년 12월 3일 발간한

〈2015년 세계인구현황보고서〉에 따르면, 한국 여성의 출산율은 1.3명에 불과하다. 이는 전 세계 평균출산율인 2.5명의 절반에 불과한 수치며, 한국보다 출산율이 낮은 나라가 마카오, 홍콩, 싱가포르 세 나라밖에 되지 않을 정도다. 이들 나라의 출산율은 1.2명 수준이다.

저출산은 현재 한국사회의 문제를 그대로 보여주는 거울이다. 인구정책 전문가들은 한국의 초저출산 문제의 근본적 원인으로 '비혼'과 '만혼'을 꼽고 있다. 비혼과 만혼은 다시 취업난과 높은 주거비용 등에 따른 현실적 문제와 밀접한 관련이 있다. 상당수의 젊은이들은 취업난으로 시작되는 악순환의 굴레에서 허덕이다가 여기에 자녀 교육문제까지 더해지면서, 자연적으로 출산율마저 내려가는 상황으로 내몰리고 있다. 따라서 저출산 대책은 출산비용 지원 같은 단기적인 것이 아니라 취업난 해소와 주거대책, 영육아 및 교육 정책 등을 통해 비혼과 만혼 문제를 근본적으로 해결해야 한다.

향후 저출산 문제는 고령화와 맞물려 '인구절벽'을 불러올 것이다. 이는 부동산 시장에 상당히 큰 충격을 가할 수밖에 없다. 당장의 주거 문제를 해결하기 위해 주택을 계속 짓고 있지만, 인구절벽 사태가 오면 공급과잉으로 인한 부동산 가격폭락이 예상된다는 게 상당수 전문가들의 의견이다. 이미 지난해부터 주요 언론에서는 인구절벽이 불러올 여러 가지 사회 현상을 우려하는 목소리들이 쏟아져 나오고 있다. 《매일경제신문》의 경우 부동산 시장의 급변을 우려하는 전문가들을 초청해 포럼을 개최하기도 했다. 《중앙일보》는 2016년 1월 1일 사설을 통해 다음과 같이 주장했다.

"중국은 35년 만에 한 자녀 정책에 마침표를 찍었다. 일본도 '1억 총
활약 장관'까지 뽑아 인구감소를 저지하는 데 총력을 기울이고 있다.
우리도 지속가능한 공동체를 위해, '5000만 인구'를 지키는 데 국가의
사활을 걸어야 한다."

미국의 서브프라임 사태를 예견했던 투자분석가 해리 덴트는 2015
년 10월 21일 서울 신라호텔에서 열린 매일경제신문사 주최 제16회 세
계지식포럼을 통해 "한국은 조만간 인구절벽에 직면할 것이며, 하루
빨리 대비책을 마련해야 한다"고 주장했다. 그는 "앞으로 아이를 낳지
않는 국가는 미래가 없을 것"이라며 "출산율을 늘리지 않는다면 문제
는 더 심각해질 수밖에 없다"고도 했다. 또한 해리 덴트는 자신의 저서
《2018 인구절벽이 온다》에서 "2018년 이후 한국은 인구절벽으로 떨어
져 대대적인 불황국면으로 들어가게 되며, 부동산 시장이 가장 먼저 타
격을 입을 것"으로 예측했다.

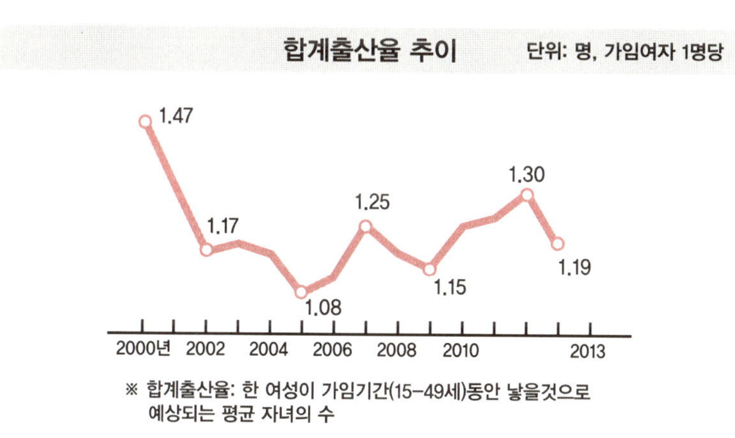

정반대의 전망을 하는 전문가들도 있다. 저출산이 경제적으로 악재라는 대체적 평가에도 불구하고, 필자가 2년 후에 타이밍을 보자고 제안하는 것은 이런 전문가들의 목소리에도 충분히 근거가 있다고 판단하기 때문이다. 다음은 최근 이와 같은 주장을 한 사람들의 이야기다.

"인구절벽에 따른 주택 수요를 예측할 때, 늘어난 삶의 기간도 고려해야 한다. 요즘은 과거 가족 단위 거주와는 달리 노년층이나 20대 자녀 등도 독립적 주거환경을 선호해 가구 수 증가는 계속될 가능성이 많다. 일부 선진국처럼 월세시대를 맞으면서 법적 소유가 아닌 임대공간으로서의 수요가 있고, 귀농 등에 따른 타지역 거주 등 다양한 주거 트렌드가 있다. 때문에 적어도 2037년까지는 가구 수가 증가할 것이다. 또한 기존 아파트가 30년을 넘어서면서 멸실이 일어나는 가구가 증가할 것이기 때문에 주택공급 축소는 불가피하지만, 인구절벽으로 인한 재앙이 올 것이라고 확대해석하는 것은 바람직하지 않다."

– "인구절벽 위기 이렇게 극복하자", 《파이낸셜뉴스》, 2016년 1월 5일

"일본은 2005년 정점을 찍고 인구가 줄어드는 추세를 보이고 있지만 우리는 2030년까지는 완만한 증가세를 이어갈 전망이다. 일본의 경우를 봐도 인구가 줄어든 반면 가구 수가 늘면서 주택 수요는 커졌다. 우리는 1~2인 가구가 급증한 데다 일본에 없던 이주 외국인의 증가, 빠른 고령화 속도 등으로 주택 수요는 당분간 계속 증가할 것이다. 전세가율 급등으로 거래량이 늘고, 미분양이 소진되는 등 지표상으로도 확인된다."

– "일본을 통해 본 인구구조 변화와 부동산 시장", 《연합인포맥스》,
2015년 2월 27일

이러한 주장을 하는 전문가들의 대체적인 논리는 '부동산 수요의 다
각화가 오히려 여러 수요를 만들어낸다'는 것이다. 저출산의 원인이 되
는 비혼과 만혼층이 증가하면서 1인 가구 역시 자연스럽게 늘어가고,
중소형 위주의 부동산 가격은 도리어 가격이 높아진다고 피력한다. 이
러한 케이스는 이웃나라 일본이나 북유럽 스웨덴에서 찾아볼 수 있다.

잘 알려져 있듯이 일본은 1980년대 경기부양을 위해 저금리 정책을
실시하면서 부동산 가격이 급등했다. '부동산 버블'로까지 표현되던 이
시기의 부동산 가격은 1990년부터 급락하기 시작했고, 이는 일본 경제
에 심각한 타격을 미쳤다. '잃어버린 10년'이라고 불리던 일본의 경제위
기는 사회적으로 저출산 문제로 이어졌고, 결국 1인 가구가 급증했다.
여기에 반전이 있었다. 저출산으로 인한 공급과잉 문제가 생겼지만 한
편으로는 중소형주택을 찾는 실수요자들이 늘어났던 것이다. 젊은 사
람들이 주택을 소유의 개념이 아니라 거주의 개념으로 생각하기 시작
한 것도 이때 즈음이다. 당연히 장기임대를 원하는 1인 가구가 늘어났
다. 민간주도의 임대주택도 이 시기에 활성화되기 시작했다. 정부는 개
인이 소유하고 있는 부동산을 장기 임대주택으로 활용할 경우 상속세
를 면제해주는 등 다양한 세제혜택을 통해 새로운 주거형태가 생기도
록 지원했다. 부동산업체의 주도로 다양한 형태의 임대주택을 공급하

면서 공급과 수요의 불균형을 어느 정도 해소했다. 부동산 거품이 꺼지기 시작하고 20여 년이 지난 지금에 와서 보면 일본은 민간 임대주택이라는 문화가 새로운 주거형태로 자리를 잡았다. 결과적으로 일본의 부동산 시장이 한창 호황일 때보다는 하락한 것이 분명하지만 다른 한편으로는 '성숙되었다'고 평가하는 사람들도 적지 않다.

우리나라와는 여러 가지 사회 시스템이 다르기는 하지만 이미 20년 전에 저출산 사회로 진입한 북유럽의 복지국가 스웨덴의 사례도 참고해볼 수 있다. 스웨덴은 1970년대부터 저출산 문제에 시달리다가 1992년에는 초저출산 국가로 전락했다. 이때부터 저출산 문제를 해결하기 위한 정부 차원의 노력이 시작되었고, 2015년에는 1.9명까지 출산율을 높였다. 재미있는 지점은 저출산 및 고령화 문제로 시달리던 지난 1992년부터 2012년까지 20여 년 동안 스웨덴의 집값 상승률이 280%를 기록했다는 점이다. 이는 같은 기간 꾸준한 인구 증가세를 보였던 우리나라의 집값 상승률인 149%를 두 배 가까이 상회하는 수치다. 이상하지 않은가? 인구가 줄었는데, 집값이 오르다니!

사실 스웨덴도 저출산이 심화된 1990년대 초에는 일본처럼 부동산 버블이 붕괴됐다. 그러나 두 나라의 대응은 달랐다. 일본은 부동산 가격 하락을 막기 위해 부동산 시장에 막대한 돈을 쏟아부었으나 효과가 없었다. 반면 스웨덴은 무상보육을 확대하고, 청소년 세대에 돈을 투자하는 등 복지정책을 강화했다. 이 같은 정책은 2000년대 스웨덴 경제가 반등하는 밑거름이 되었다.

저출산 문제를 해결하기 위한 이런 결단에는 스웨덴 출신의 세계적 경제학자 군나르 뮈르달(Gunnar Myrdal)의 연구가 큰 역할을 했다. 뮈르달은 1934년에 이미 《인구문제의 위기 Crisis in the Population Question》라는 저서를 통해, 스웨덴이 앞으로 출산율 저하에 시달릴 것이며, 이는 스웨덴의 경제성장률을 추락시킬 것이라고 경고했었다. 뮈르달은 양육비와 집값 상승으로 젊은 부부가 아이 낳기를 꺼려할 것이라고 보고, 아이를 키우는 젊은 세대를 위한 각종 '복지투자'를 강화해 출산을 장려해야 스웨덴 경제를 지킬 수 있다고 주장했다. 출산율을 높이기 위해서는 무엇보다 양육수당과 아동수당을 강화하고, 청년 세대에게 주거비 지원을 확대해야 한다고도 했다.

결과적으로 이런 복지정책의 확대는 계속되는 저출산을 막았고, 이는 다시 경제회복과 부동산 가격의 상승으로 이어졌다. 결국 스웨덴은 복지정책의 확대로 저출산 문제를 해결했다. 반면 일본은 나중에서야 1인 가구 증가에 따른 부동산 수요를 충족시키는 방향으로 더 이상의 집값 하락을 막았다. 물론 두 나라 모두 우리나라 상황과는 다르다. 그래서 어느 나라의 대책이 정답이라고 말할 수는 없다. 하지만 사회 전반적으로 저출산의 심각성에 대한 경종을 울리는 목소리가 쇄도하고 있는 터라 선택을 서두를 필요가 있다. 골든타임이 지나면 아무 소용이 없기 때문이다. 1인 가구 증가에 따른 부동산 수요의 다각화, 저출산 해결을 위한 정부 정책의 효과 등으로 부동산 시장의 가격 추이는 2년 후에 좀 더 윤곽이 드러날 것이다. 실수요자나 투자자 입장에서 향후 2년을 더 지켜보는 것이 필요한 이유다.

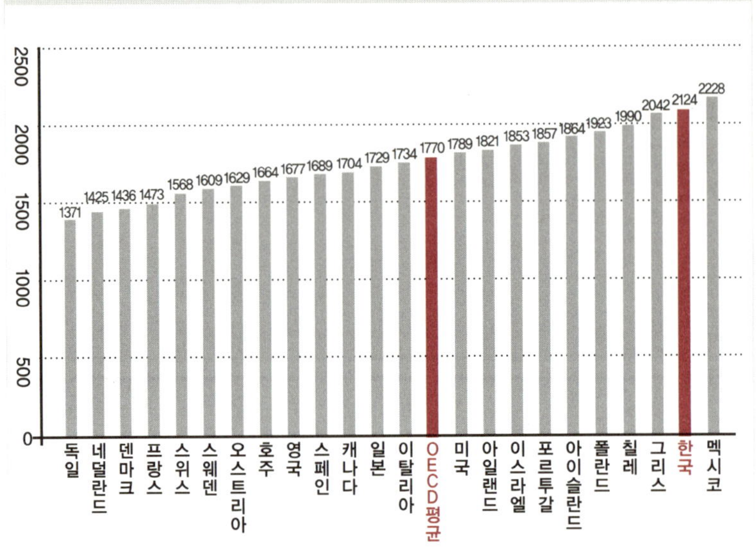

　　부동산 투자 시기와는 별개로 저출산 문제해결에 대한 필자의 의견을 밝히자면 두 가지 문제가 우선적으로 해결되어야 한다고 생각한다. 하나는 '양성평등'이고, 다른 하나는 '노동시간 감소'다. 앞서 언급했던 스웨덴은 저출산 문제를 해결하기 위해, '남자 = 경제활동, 여성 = 육아'라는 고전적인 패러다임을 바꾸기 위해 큰 노력을 기울였다. 이를 위해 남성도 출산휴가나 육아휴직을 하도록 적극적으로 장려했다. 출산휴가는 반드시 부모가 나눠서 사용하고, 남성은 의무적으로 2주간 휴가를 사용하도록 했다. 육아휴직은 출산예정 60일 전부터 480일간 사용이 가능하고, 임신휴가 급여는 월평균 소득의 80% 수준이며, 공교육은 국가가 모든 재정을 부담했다. 그 결과 스웨덴에서는 5일(평일 기

준) 중 남녀가 2일 내지 3일을 나누어 출근하는 가정을 드물지 않게 볼
수 있다.

　노동시간 단축도 저출산 문제의 중요한 열쇠다. 한국의 연평균 근무
시간은 2124시간(2014년 기준)이다. 이는 OECD 국가 중 멕시코(2228시
간)에 이어 2위다. 연평균 근무시간이 1371시간으로 가장 짧은 독일에
비하면 무려 753시간이나 더 많다. 독일을 비롯해 연평균 근무시간이
짧은 국가에 속하는 네덜란드(1425시간), 덴마크(1436시간), 프랑스(1473시
간) 등의 국가들이 최근 몇 년간 계속되는 세계적 경제위기에서도 출산
율이 높은 것은 우리에게 시사하는 바가 크다. 저출산 문제에 대해 보
다 거시적이고 실질적인 대책이 절실한 때다.

경고 No.3
고령화

고령화 시대에 따른 주택 시장의 변화를 예의 주시해야 한다. 그래야 거주와 투자에 성공할 수 있다. 고령화 문제의 실마리를 풀 수 있다면 부동산 시장을 포함한 사회적 난제들을 근본적으로 해결할 수 있다. 때문에 고령층을 부양의 대상이 아니라 경제적 주체이자 사회적 동반자로 생각하는 인식전환이 필요하다. 물론 노인 일자리의 양적 증가만큼이나 질에 대한 고민도 중요하다.

저출산 사회는 필연적으로 '고령화'라는 또 다른 문제를 수반한다. 저출산이 고령화를 불러오는 것인지 그 반대인지 인과관계를 정확하게 규정하기는 어렵다. 하지만 두 가지 사회 현상은 한꺼번에 벌어질 개연성이 많다. 한국의 경우 먼저 저출산 사회로 진입했고, 이후 빠른 속도로 고령화가 진행되고 있다. 두 가지 현상 모두 생산가능인구를 감소시켜 경제에 심각한 타격을 줄 수 있다는 점에서 우리 사회의 큰 문제로 떠오르고 있다. 특히 우리나라의 경우 고령화 인구가 급속하게 늘어가는 상황인데도, 젊은 층이 부모세대와 함께 살기보다는 따로 거주하는 것을 선호한다. 이는 고령화가 부동산 시장에도 적지 않은 영향을 줄 가능성이 많음을 시사한다.

우리나라의 고령화 속도와 고령화가 가져올 문제들

2016년 1월 17일 서울시가 발표한, 택시 운수종사자와 관련된 통계자료는 한국사회 고령화의 단면을 보여주고 있다. 또한 고령화가 사회적으로 어떤 영향을 초래하는지도 함께 말해준다. 서울시 통계에 따르면 시내 택시 운수종사자 8만 5972명 가운데, 65세 이상은 2만 1320명으로 전체의 25%에 이른다. 연령대별로는 50대가 3만 3908명으로 전체의 41.7%를 차지했고, 60대(3만 4215명, 37%)와 40대(9344명, 11.9%)가 뒤를 이었다. 20대는 27명, 30대는 799명(1.1%)인 것에 비해 80대 이상 운전자는 20대의 4배가 넘는 118명, 70대 운전자도 7561명(8.7%)이나 됐다. 이는 연령제한이 없는 하나의 직업군을 표본으로 했을 때, 연령분포가 어떤지를 보여주는 대표적인 사례로 볼 수 있다. 물론 운전기사 중 고령이 많은 것은 노후준비가 덜 된 장년층이 '제2의 직업'으로 택시 운전을 선택하는 경우가 많기 때문으로 볼 수도 있지만, 이미 한국사회가 노쇠해가고 있음을 보여주는 현상인 것만은 분명해 보인다.

이는 세대 간 갈등이라는 또 다른 사회적 갈등을 내포하고 있다. 수명이 늘면서 늦게까지 일하려는 고령층이 늘어나고 과거 젊은 층이 했던 일자리를 잠식하면서, 더 일하고 싶어 하는 고령층과 자신들의 일자리를 빼앗기고 있다는 박탈감을 느끼는 젊은 계층 간의 세대갈등이 빠르게 확산되고 있는 것이다. 최근 정년연장에 대한 사회적 요구가 늘어나고 있는 것도 같은 맥락이다.

이러한 문제의 근본적 원인은 우리나라의 고령화 속도가 세계에서 가장 빠르다는 데 있다. 우리나라는 지난 2000년에 벌써 노인 인구 비중이 7%를 웃돌면서 고령화 사회에 진입했다. 2011년에는 11.3%를 기록했는데, UN은 65세 이상 인구가 총인구에서 차지하는 비율이 7% 이상이면 고령화 사회, 14% 이상이면 고령 사회, 20% 이상이면 초고령 사회로 분류하고 있다. UN이 2013년에 발표한 고령화 관련 경제·사회 보고서에 따르면, 한국은 2018년에는 고령 사회(14.3%)에, 2026년에는 초고령 사회(20.8%)에 도달할 것으로 내다봤다. 예상대로라면 우리나라가 고령화 사회에서 고령 사회로 가는 데 걸리는 기간은 불과 18년이다. 미국(73년)과 독일(40년)은 물론 일본(24년), 중국(25년)보다도 빠른 속도다. 특히 베이비붐(1955~1963년 출생) 세대의 은퇴가 본격화되기 시작하면 고령화 쇼크는 상상을 뛰어넘을 것이라고 전문가들은 입을 모은다. 우리나라 인구의 평균 나이만 봐도 2012년에 37.9세였지만, 2050년에는 55.1세가 되면서 세계 최고령국가가 될 전망이다. 물론 고령화가 한국사회만의 문제는 아니다. 같은 보고서는 전 세계 60세 이상 인구가 2050년에는 20억 명으로 늘고, 80세 이상 인구는 3억 9400만 명으로 급증할 것으로 전망했다. 특히 개발도상국의 고령화가 선진국에 비해 훨씬 빠르게 진행됨에 따라, 전 세계 60세 이상 인구 중 개도국이 차지하는 비중이 2050년에는 80%(16억 명)에 이를 것으로 전망했다. 문제는 한국의 고령화 속도가 선진국과 개발도상국을 모두 포함한다 하더라도 가장 빠르다는 데 있다.

고령화는 저성장을 불러온다. 생산가능인구가 감소해 경제활동이 저하되기 때문이다. 게다가 고령층을 뒷받침해야 할 청년층의 부담이 늘고, 정부 역시 고령층에 제공할 복지를 위한 지출이 증가하면서 재정부담 역시 커진다. 실제로 2012년에는 생산가능인구(15~64세) 6.2명이 노인 1명을 부양하는 구조였지만, 2020년에는 4.5명, 2040년에는 1.7명, 2060년에는 1.2명당 노인 1명을 부양할 것으로 예측되고 있다. 결국 복지부양에 대한 청년층의 부담증가는 세대갈등을 넘어 심각한 사회문제로 비화될 수 있어 우려가 많다.

고령화가 부동산 시장에 주는 영향

그렇다면 과연 고령화 사회는 부동산 시장에 어떤 영향을 미치게 될까? 가장 먼저 예상되는 것은 '주택 시장의 변화'와 '이에 따른 가격 하락'이다.

우선 고령화 계층은 중대형보다 중소형주택을 선호하는 것이 일반적인데, 이를 '주택 다운사이징'이라고 부른다. 미래에셋은퇴연구소가 2013년에 은퇴한 고령층 1002명을 대상으로 조사한 결과 60대 은퇴자 가운데 주택을 다운사이징하는 경우는 3명 중 1명꼴로 나타났다. 주택 다운사이징으로 발생한 차액은 여유자금이나 생활비 확보로 사용한다는 응답자가 절반 이상이었다. 물론 자녀 지원(23.8%)과 부채상환(20.0%) 용도로 활용한다는 사람도 적지 않았다. 주택 다운사이징 현상이 심화되면 당연히 중소형주택에 대한 선호는 높아지고, 중대형주택은 매물이 넘쳐나게 될 것이다. 여기에다 앞서 언급했던 저출산의 원인인 비혼과 만혼층이 늘어나는 것까지 감안하면, 1~2인 가구 확산에 따른 중소형주택 품귀현상은 갈수록 심해질 가능성이 다분하다.

다음으로 예상되는 현상은 '전반적인 부동산 가격의 하락'이다. 《맨

큐의 경제학》저자인 그레고리 맨큐 하버드 대학 교수는 이미 1989년 출간한 저서 《주택 시장 붕괴론》에서 "베이비붐세대의 은퇴와 고령화로 주택 수요가 줄고, 이로 인해 주택가격은 큰 폭으로 떨어질 것이다"라고 주장했다. 고령화는 반드시 주택가격의 하락을 불러온다는 것이다. 실제로 일본은 1차 베이비붐세대가 정년을 맞기 시작한 해인 1990년부터 주택 시장이 폭락하기 시작했고, 이는 잃어버린 30년의 발단이 됐다.

우리나라 역시 이런 현상을 피해가기는 어려워 보인다. 한국은행이 2015년 12월 22일 국회에 제출한 〈금융안정보고서〉를 보면 이 같은 문제를 다루고 있다. 한국은행은 "인구 고령화와 함께, 베이비부머(1955~1963년 출생) 세대 등이 은퇴 이후 금융부채 디레버리징(부채 축소)에 적극적으로 나설 경우 부동산 시장의 부담 요인으로 작용할 우려가 있다"고 지적했다.

보고서를 자세히 살펴보면 지난해 3월 기준, 국내 60대 이상이 보유한 자산 중 실물자산이 차지하는 비중은 82.4%에 달했다. 한국은행이 국내 가계의 금융부채·자산·소득 변화를 분석한 결과, 가계의 금융부채는 57세까지 늘어나다가 1차 은퇴 시기인 58세 이후 줄어드는 모습을 보였다. 자녀 출가 직후인 65~70세 사이에 빚을 가장 많이 줄이는 것도 하나의 특징이었다. 대부분 집을 팔거나 줄여서 빚을 갚는다는 얘기다. 통계대로라면 앞으로 2~3년 후 베이비붐세대가 대거 집을 팔기 시작하게 된다. 반면 부동산 실수요 계층인 35~59세의 비중은 갈수록 줄어든다. 결국 집은 한꺼번에 쏟아져 나오는데 살 사람은 줄어들어 집값이 떨어질 수밖에 없다는 말이다. 부동산 구입 시점을 조금 더 늦춰야 하는 또 다른 이유이기도 하다.

정부가 최근 주택연금 대책을 새롭게 발표한 것은 이러한 충격을 줄이기 위해서라고 볼 수 있다. 부동산 시장 안정과 장년층 복지 대책을 한꺼번에 해결하기 위해 당장 집을 담보로 연금을 받는 방식으로 두 마리 토끼를 잡으려는 것이다. 하지만 주택연금은 '빛 좋은 개살구'다. 연금의 형식을 띤 대출상품이기 때문이다. 신중한 선택이 필요하다.

여기에 추가적으로 예상되는 현상은 서울도심과 멀리 떨어진 '신도시들의 몰락'이다. 일본의 경우 도심 외곽에 조성된 신도시가 고령화와 함께 몰락했다는 주장이 있다. 조주현 건국대 부동산학과 교수가 낸 〈저출산·고령화 사회의 부동산 시장구조 변화〉라는 논문에 따르면 일본 대도시의 경우 도심에서 30㎞ 이상 떨어진 교외지역은 인구구조의 고령화로 전반적으로 부동산 가격이 하락했다고 한다. 계획도시로 설계된 신도시들이지만 생활편의시설에 가려면 자동차로 이동할 수밖에 없어 오히려 고령층이 생활하기에 어려운 조건이 되었기 때문이다. 이런 불편함은 오히려 고령층을 도심으로 이동하게 하는 현상이 벌어지게 만들었다.

물론 우리나라의 신도시들은 일본처럼 생활편의시설이 멀리 떨어져 있는 게 아니라 반드시 똑같은 일이 벌어지리라는 법은 없다. 하지만 일본과 비슷한 신도시 정책을 써온 우리로서는 이런 현상을 염두에 두긴 해야 한다. 아울러 고층 위주의 아파트를 벗어나 저층 위주의 주택 같은 주거생활을 선호하며, 편의시설이 많은 곳을 좋아하는 등 일본과 다른 부분들도 있다. 실제로 2015년 부동산 시장을 보면 분양 시장에 나온 단독·연립주택에 실수요자들이 몰리면서 높은 경쟁률을 보였다. 이 주택들의 특징은 과거 수도권 택지지구에서 활발히 공급됐던 중대형 위주의 '타운하우스'와는 다르게, '중소형'이면서 '착한 가격'을 내세우고 있다는 점이다. 또 도보로 이동 가능한 곳에 생활편의시설이 있다는 공통점도 있다.

부동산 업계에서는 이러한 현상이 고령화 시대와 밀접한 연관이 있다고 분석하고 있다. 과거 중장년층의 로망이던 전원주택의 인기가 시들해진 반면, 쇼핑과 병원 등 편의시설이 가까운 도시지역의 저층 단독·연립주택 선호도가 높아졌다는 것이다. 따라서 고령화 시대에 따른 이러한 주택 시장의 변화를 예의 주시해야 한다. 그래야 거주와 투자에 성공할 확률을 높일 수 있다.

고령화 문제의 실마리를 풀 수 있다면 부동산 시장을 포함한 사회적 난제들을 근본적으로 해결할 수 있을 것이다. 때문에 고령층을 부양의 대상이 아니라 경제적 주체이자 사회적 동반자로 생각하는 인식의 전환이 필요하다. 고령인구의 증가를 사회문제로 간주하는 의식에서 벗어나 그들이 가진 경험과 자원을 활용해 사회발전에 기여할 수 있도록 유도하는 고민이 요구된다. 물론 근로능력이 없는 노인들은 부양과 복지가 필요하다. 그러나 일할 능력과 의사가 있는 노인들은 적절한 일자리가 더 필요하다. 이런 노인들에게 일자리가 제공된다면 고령화 문제는 일거에 해결될 수 있을 것이다.

물론 노인 일자리의 양적 증가만큼이나 질에 대한 고민도 중요하다.

2013년 기준 국내 65세 이상 인구의 경제활동참여율(29.4%)은 OECD 회원국 중 두 번째로 높다. 그럼에도 불구하고 노인 빈곤율이 높다는 것은 현재의 일자리가 노인의 생활에 큰 도움을 주지 못한다는 증거다. 결국 고령화에 대한 해결방안은 저출산의 원인 및 대책과 일맥상통한다. 우선적으로 양질의 일자리가 늘어나야 하기 때문이다. 소득이 있어야 경제활동을 하고 사회에도 기여할 수 있다. 저출산이든 고령화든 해결할 수 있다. 당연히 이 모든 문제를 한 번에 해결할 수는 없을 것이다. 그러나 제대로 된 대책을 마련한다면, 즉 양질의 일자리를 양산할 정책을 만들어 적극적으로 추진한다면 얼마든지 개선할 수 있다. 좋은 일자리가 생기면 소득이 늘어나거나 안정적으로 확보할 수 있어 소비도 적극적으로 이루어질 것이다. 그러면 기업은 이를 긍정적인 시그널로 판단해 생산과 투자를 진취적으로 진행할 수 있다. 물론 정부도 거기에서 발생하는 세입으로 국민을 위해 좀 더 긍정적으로 나라를 운영할 수 있다. 이런 선순환이 지속되면 정부·기업·가계는 경제주체로서 본연의 역할을 충분히 감당할 수 있다. 따라서 저출산과 고령화가 국가 전체의 문제로 비화되기 전에 정부가 주도적으로 나서야 한다. 그래야 수출·수입·내수 등 국내외 문제를 일거에 해결할 수 있다. 불황의 원흉인 '삼각편대(저성장·저출산·고령화)'의 공격을 막아낼 수 있음은 물론이다.

경고 No.4
일자리 불안

일자리 불안의 대표적인 원인 3가지는 '청년실업률 증가, 비정규직 증가, 노년층 증가'다. 자영업자와 장년층의 고용 역시 불안하기는 마찬가지다. 우리나라 고용시장에는 무풍지대가 없다. 결국 일자리 불안은 가계부채와 부동산 시장에 상당한 영향을 끼친다. 일자리 불안으로 잠재적인 부동산 수요를 감소시켜 가격을 떨어뜨리고, 더 많은 실업자를 낳아 실질적인 부동산 수요를 줄이고 있기 때문이다.

'최고의 복지는 일자리다.'

일자리가 없을 때를 대비한 사회적 보장 제도를 어떻게 마련할 것이냐에 대해 진보주의자들과 보수주의자들의 입장은 다르다. 하지만 일자리가 복지의 근간이 되어야 한다는 주장에는 양측이 대체적으로 동의한다. 일자리가 부족하면 사회가 감당해야 하는 몫은 그만큼 커진다. 일자리가 없는 사람들의 비율을 수치화한 '실업률'은 경제의 좋고 나쁨을 가장 잘 보여주는 거울이다. 실업률이 낮다는 것은 생산과 소비가 활발해 경제주체 간 선순환이 이뤄지고 있음을 말한다. 반대로 실업률이 높다는 것은 경제가 꽁꽁 얼어붙었음을 뜻한다. 경제 불황에 시달리고 있는 나라들은 예외 없이 실업률이 치솟는다. 우리나라 역시 2008년 글로벌 금융위기 이후 꾸준히 실업률이 상승하고 있는 국가 중 하나다. 우리의 실업률은 앞서 언급한 고령화 사회의 후폭풍이며, 각 계층을 막론하고 골고루 높다. 이런 점을 보면 다른 나라보다 그 심각성이 더한 편이라는 것을 알 수 있다. 실업률 증가는 가계 소득 감소와 밀접하게 연관되며, 결국 부동산 수요가 줄어든다는 것을 의미한다. 따라서 이번 장에서는 일자리 불안의 3가지 주요 원인을 자세히 알아보고, 이것이 부동산 시장에 어떤 불안요소로 작용하는지를 살펴본다.

일자리 불안의 3가지 주요 원인

첫 번째, 우선 '청년실업률'을 보자. 과거 한 정치인이 '이태백'이란 단어로 청년층을 비하했다가 거센 역풍을 맞은 적이 있다. 이태백은 '이십대의 태반이 백수'라는 말의 줄임말로, 청년층의 실업자가 많다는 것을 비꼰 단어였다. 청년실업을 해결해야 할 정치인이 오히려 이 문제를 가지고 청년들을 비하했으니 역풍을 맞을 만도 했다. 최근에는 '이태백'에서 한 걸음 더 나아가 '삼포세대', '구포세대'라는 말도 회자된다. '삼포세대'는 연애와 결혼, 출산을 포기한 세대란 뜻으로, 일자리를 찾지 못한 젊은이들이 청년 시기에 꿈꿔야 할 것들을 포기했다는 것을 의미한다. '구포세대'는 앞서 말한 3가지를 포함해 다른 6가지(인간관계, 집, 꿈, 희망, 건강, 외모)를 더 포기했다는 뜻이다. 이런 신조어는 우리 사회의 청년실업이 얼마나 심각한 수준에 도달했는지를 잘 보여준다.

실업률 중에서도 20대로 표본을 좁혀 집계한 '청년실업률'은 생산과 소비의 가장 활발한 주체가 되어야 할 청년 취업의 민낯을 드러낸다. 청년실업률을 경제의 바로미터라고 할 수 있는 이유다. 지난해 12월 통계청이 발표한 〈12월 및 연간고용동향〉에 따르면, 청년실업률 기준층인 15~29세의 실업률이 9.2%를 기록했다. 이는 관련통계가 처음 작성되기 시작한 1999년(9.0%) 이래 가장 높은 수치다. 청년실업률은 2002년 7.0%를 기록한 후, 2013년까지 7~8%대를 기록했다. 그러다 2014년 9.0%에 진입하더니, 지난해 9.2%로 최고치를 경신했다. 이는 사실상 최근 2년간의 경제상황이 외환위기 때와 별반 다르지 않다는 것을 의미한다.

여기에 취업준비자, 구직단념자 등 통계에 잡히지 않는 사실상 실업상태인 '실질적 실업자'까지 포함시키면 그 수치는 더 높아질 것으로 보인다. 다만 정부기관에서 실질적 실업률을 대외적으로 공표하는 것을 금기시하기에, 이러한 자료는 민간기관의 통계에 의존할 수밖에 없다. 다음은 서울노동권익센터가 2016년 1월 발간한 《동향과 이슈》에 실린 〈청년고용의 대안과 서울시 청년수당의 의미〉의 한 단락이다.

"청년의 유휴 노동력화 정도를 반영하는 실질실업률은 2003년 21.9%에서 지속적으로 상승하는 추세를 보여 2014년 33.1%에 이어, 2015년 1분기에는 36.1%로 상승했다."

이 자료에 따르면 청년 100명 중 36명은 사실상 실업자 상태라는 의미다. 그렇다고 취업한 청년들의 일자리가 양질이라고 할 수도 없다. 실업률과 반대의 개념이라고 할 수 있는 고용률을 토대로 살펴보면 이런 사실이 잘 드러난다. 지난해 말 정부가 발표한 청년고용률은 41.5%다. 정부 측은 2008년 이후 7년 만에 41%대를 회복했다고 공표했다.

하지만 자세히 보면 이 수치에는 거품이 끼어 있다. 특히 업종을 구분해 따져보면 지난해 일자리가 가장 많이 증가한 직업군은 건물 청소, 경비, 배달, 포장, 가사도우미 등의 업무를 담당하는 단순노무직이었다. 사무직 등 관리직은 오히려 줄었다.

2015년 1월 통계청이 내놓은 보고서에 따르면 2014년 학교를 졸업하거나 중퇴한 후 첫 직장을 잡은 청년층 임금근로자(377만 7000명) 중 20.1%(76만 1000명)는 1년 이하 계약직으로 사회생활을 시작했다. 이 수치는 관련 통계가 처음 작성된 2008년 11.5%에 비해 두 배 수준으로 늘어난 것이다. 이것은 어려운 취업의 관문을 통과해도 계약직으로 직장생활을 시작하는 청년들이 점점 늘어난다는 것을 나타낸다.

이처럼 청년층 실업률이 시간이 갈수록 높아지면서, 과거에는 홀대받던 9급 공무원 시험의 인기도 덩달아 상승하고 있다. 인사혁신처가 2016년 2월 2일 발표한 '2016년 국가공무원 9급 공채시험' 응시원서 접수 마감 결과를 보면, 4120명 선발에 역대 최대 인원인 22만 2천 650명이 접수해 54대 1의 경쟁률을 기록했다. 제아무리 노력해도 취업이 어려운 청년들이 차라리 공정한 선발을 하는 공무원 시험이 낫다며 몰리고 있는 것이다. 더 주목할 만한 사실은 9급 공무원 응시자 중 10대가 크게 늘고 있다는 점이다. 10대 응시자는 전체로 따지면 1.4%에 불과하지만 작년 10대 응시자와 비교하면 46.1%가 늘었다. 대학을 졸업해도 취업을 하지 못하자 아예 대학진학을 포기하고 고등학생 때부터 공무원 시험을 준비하는 것이다. 이들을 일컬어 '공딩'이라고 하는데, 이런 말까지 나올 정도라니 안타깝기 짝이 없다.

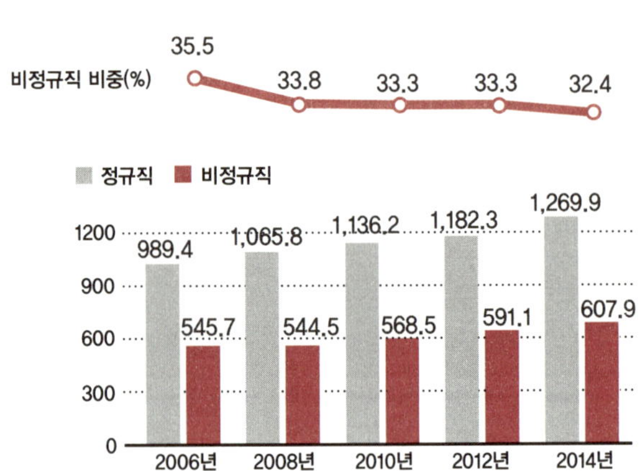

한창 돈을 벌어 결혼을 준비할 나이에, 청년들이 취직 준비에 매달리다 보니 내 집 마련의 꿈 역시 점점 멀어지고 있다. 결국 일자리 불안은 부동산 시장의 잠재적 수요를 떨어뜨리는 요인으로 작용하고 있다. 실제로 일자리를 찾지 못한 청년들은 은행과 부동산이 아닌 신용회복위원회로 발길을 돌리고 있다. 2015년 개인워크아웃 등 채무조정 지원을 신청한 20대 청년층은 9519명으로, 1년 전 8090명보다 17.7%나 증가했다. 더욱이 전문가들 사이에서는 경제성장률이 둔화되고 있는 우리나라가 장기간 청년층에게 양질의 일자리를 제공하지 못할 것이라는 비관론을 내놓고 있다.

두 번째, 일자리가 불안한 또 하나의 원인은 '비정규직의 증가'다.

2015년 11월 통계청이 발표한 〈2015년 8월 경제활동인구조사〉를 보면 비정규직은 627만 1000명으로, 2014년 8월에 비해 19만 2000명이 늘었다. 이는 2003년 통계조사를 시작한 이후 최대 규모다. 특히 전체 임금노동자(1931만 2000명) 중 비정규직이 차지하는 비중은 32.5%로, 역시 2014년 같은 기간보다 0.1%p 증가했다.

비정규직에 대한 복지혜택도 갈수록 줄어들고 있는 것으로 나타났다. 사회보험 가입률은 국민연금이 36.9%, 건강보험 43.8%, 고용보험 42.5%를 기록했는데, 이는 전년 대비 각각 1.5%p, 0.9%p, 1.3%p 감소한 수치다. 근로복지 수혜율 역시 퇴직급여(1%p 상승)를 제외하면 상여금(0.7%p 감소), 시간 외 수당(0.6%p 감소), 유급휴일(0.1%p 감소)에서 모두 지난해보다 감소했다. 비정규직의 평균 근속기간도 2014년 2년 6개월에서, 2015년 2년 4개월로 2개월 줄었다. 정부와 사측에서는 동일업무, 동일임금이라는 원칙을 말하고 있지만 현실은 그렇지 못한 셈이다.

세 번째, 일자리가 불안한 마지막 원인은 '노년층의 증가'다. 앞서도 언급했지만 우리나라의 고령화는 빠른 속도로 진행되고 있다. 과거에는 60세만 되어도 노년층으로 분류했지만, 이제는 65세가 되어도 자신을 노년이라 부르는 것을 거부한다. 오히려 젊은 층 못지않은 경험과 체력을 과시하며 일자리를 찾는 것이 일반화되었다. 그러나 이들을 수용할 수 있는 일자리는 한참 부족한 상황이다. 문제는 65세 전후인 대부분의 사람들이 노후준비가 제대로 되지 않은 채 노년을 맞고 있다는 점이다. 게다가 사회안전망도 취약해 일해서 벌지 않으면 생계를 유지하기 어려운 노년층들이 적지 않다. 필자가 국책이나 민간연구 기관에서 발표한 자료를 분석하다 보니 우리나라 노년층의 삶을 엿볼 수 있는 포인트를 하나 발견했다.

2016년 6월 3일 경제협력개발기구(OECD) 통계에 따르면, 2014년 기준 우리나라의 65세 이상 노인고용률은 31.3%로, 34개 회원국 중 아이슬란드(36.2%)에 이어 두 번째로 높았다. 그런데 바로 아래 세대라고 할 수 있는 55~64세의 고용률은 63.1%로, 회원국 중 8위였다. 노년기가 가까워질수록 고용률이 감소하는 다른 회원국들과 달리 연령대가 높아질수록 고용률 순위가 높아졌다는 특징을 보인다.

국내 국책연구원인 한국노동연구원이 2015년 3월 발표한 〈65세 이상 노인의 빈곤과 연금의 소득대체율 국제비교〉 보고서에 의하면, 우리나라 65세 이상 노인의 빈곤율은 2011년 기준 48.6%로, OECD 회원국 중 단연 최고였다. OECD 평균인 12.4%와 비교하면, 차이가 4배 가까이나 난다. 일을 하면 가난이 해소되어야 하는데 고용률과 빈곤율이 동시에 높은 기현상이 벌어지고 있는 것이다. 이것은 노후 소득 보장 체계가 제대로 구축되지 않은 상황에서, 노인들이 단지 생계를 위해 어쩔 수 없이 일자리로 내몰린다는 결론에 도달하게 만든다.

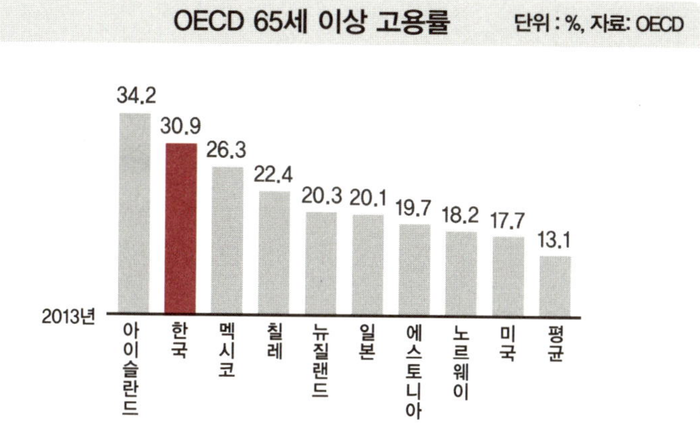

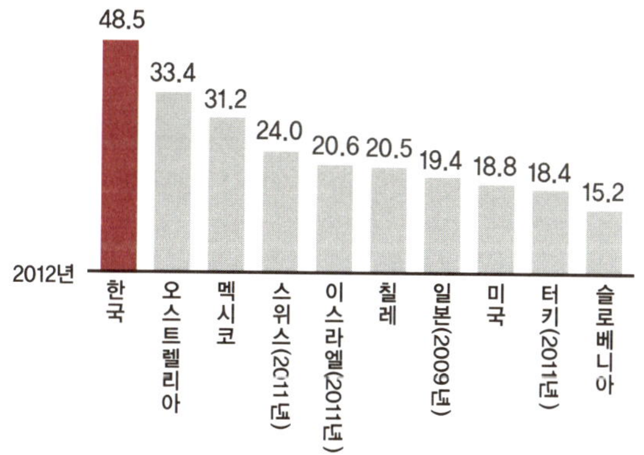

※ 빈곤율은 중위소득의 50%에 미치지 못하는 가구의 비율을 의미함.

2016년 1월 4일 서울연구원이 발표한 〈서울의 노인은 어떤 일을 하고 있나〉 자료에 따르면, 2015년 서울에 거주하는 65세 이상 노인은

126만 명이고 노인고용률은 27%였다. 자영업자와 임금근로자를 포함해 현재 일을 하고 있는 노인의 월평균 임금은 146만 7000원이었으며, 이 중 70%에 가까운 69.5%가 생계비 마련을 위해 일하는 것으로 집계됐다. '노후자금 준비를 위해(8.2%)', '삶의 의미와 보람을 느끼기 위해(5.7%)', '용돈이 필요해서(5.3%)' 등의 이유는 모두 합쳐도 20%를 넘지 못했다.

정부는 2016년 1월에 노인고용률과 부동산 시장 안정화를 동시에 꾀하기 위해 주택연금을 활성화하는 방안을 발표했다. 하지만 전문가들 사이에서는 주택 가치에 비해 받는 연금이 너무 적다는 지적이 많다. 얼마나 많은 노년층이 여기에 가입할지 미지수인 이유다. 또한 '주택 = 마지막 보루'라는 고정관념이 강한 한국 정서를 어떻게 뛰어넘을 수 있을지 그 여부도 불투명하다.

이처럼 일자리 불안의 대표적 세 가지 원인(청년실업률↑, 비정규직↑, 노년층↑) 이외에 자영업자와 장년층의 고용 역시 불안하기는 마찬가지다. 우리나라 고용시장에 무풍지대는 없다고 해도 과언이 아닐 정도다. 더구나 일자리 불안은 곧 가계부채와도 연결된다는 점에서, 부동산 시장과도 관계가 깊다. 가계부채와 관련된 부분은 바로 뒤 '경고 No.5'에서 자세히 살펴보겠다. 한편 고용과 부동산과의 상관관계는 변창흠 SH공사 사장이 한 언론과 가진 인터뷰에서 잘 정리한 바 있다.

"전체적으로 경제가 어렵다. 고용 시장도 불안해 부동산 시장이 활성화되기 어렵다. 해외처럼 복지 지출이 늘어나지도 않아 부동산을 통해 내수를 활성화시킨다는 것은 오히려 위험할 수 있다. 고용이 안정화되어, 앞으로 20년은 일할 수 있다고 생각해야 모기지 대출을 받을 수 있다. 초점을 내수기반을 튼튼히 하는 것에 맞춰야 한다. 그래야 집도 살 수 있고, 임대료도 낼 수 있을 것 아닌가."

– 《오마이뉴스》, 2015년 2월 9일

결국 일자리 불안은 부동산 시장 침체의 원인이 되기도 하지만 결과가 될 수도 있다. 다시 말해 일자리 불안이 잠재적 부동산 수요를 감소시켜 가격을 떨어뜨리기도 하지만, 더 많은 실업자를 낳아 실질적 부동산 수요를 줄일 수도 있다는 말이다. 이런 예는 미국에서 찾아볼 수 있다. 미국에서 시작된 2008년 글로벌 금융위기는 높은 실업률로 인한 '모기지' 부실이 원인이었다. 금융위기의 여파로 미국 부동산 시장은 직격탄을 맞았고, 관련 산업 역시 위기를 맞았다. '고용불안 – 은행 부실 채권 증가 – 부동산 시장 폭락 – 건설경기 하락 – 고용불안'의 악순환이 이어진 것이다. 2013년 8월 30일 영국 《파이낸셜 타임즈》는 이 같은 상황에 대해, "미국 부동산 관련 산업의 고용 감소가 민간부문 신규 일자리 창출에 가장 큰 걸림돌로 작용하고 있다"고 보도했다. 또한 "건설 산업은 부동산 버블 붕괴 후 심각한 타격을 입었다"며 "이 부문의 전체 고용 인원 660만 명 중 300만 명이 일자리를 잃은 것으로 집계되고 있다"고 전했다.

중국도 최근 이와 비슷한 상황에 직면했다. 현재 중국 경제의 가장 큰 뇌관은 미분양 아파트다. 이미 중장비, 설계, 철강 등 건설관련 산업들이 2015년을 기점으로 그 기세가 꺾이기 시작했다. 2016년에도 미분양 아파트 재고가 소진되지 않는다면 중국 경제는 큰 위기를 맞게 될 것이다. 이럴 경우 우리나라 경제도 IMF 외환위기와 글로벌 금융위기 이후 또 다른 위기에 직면할 확률이 높다. 정부의 실질적인 대책이 나오지 않는 한 작금의 일자리 불안이 지속될 가능성은 다분하다.

경고 No.5
가계부채 증가

가계부채가 위험한 것은 가계의 가용자금이 부채상환을 위해 은행 등 금융기관으로 과도하게 흘러들어가면서 소비가 저하되고 실물경제에 연쇄적인 악영향을 줄 수 있다는 점이다. 이자를 줄이기 위해 부동산을 매물로 내놓거나 아니면 높은 이자를 계속 부담하거나 둘 중 하나가 가계가 선택할 수 있는 방법이다. 하지만 어느 쪽이든 우리 경제에 심각한 타격을 줄 수밖에 없다.

금융위기를 보다 단순하게 정의하면 '기업 ─ 금융기관 ─ 가계'를 오가던 돈의 흐름이 갑자기 끊어지는 상황을 말한다. 금융위기는 경제를 구성하는 주체들이 동시다발적으로 어려움을 겪기 때문에 그만큼 후유증도 크고 회복에도 오랜 시간이 걸린다. 이러한 금융위기의 원인은 여러 가지가 있다. 그중 대표적인 것은 각 경제주체들이 과다하게 돈을 빌려 부동산가치를 엄청나게 부풀려 놓았을 때 발생하는 경우다. 언론의 표현을 빌면 '부동산 버블이 한꺼번에 꺼지는 현상'이다.

2008년 미국 모기지론 부실로 시작된 금융위기가 대표적 사례다. 미국이 위기를 맞은 것은 집값의 대부분이 '빚'으로 이뤄졌기 때문이었다. 최근 개봉했던 영화 〈빅쇼트〉는 2008년 월스트리트에서 시작된 금융위기의 원인을 다뤘다. 이 영화는 금융위기가 올 것이라고 예측한 금융가 괴짜 4명의 이야기다. 그중 한 명인 자레드 베넷(라이언 고슬링)이 월 스트리트의 한 소규모 투자회사에 금융위기를 경고하는데, 투자회사 직원들이 그의 경고를 검증하기 위해 대출을 중개한 브로커부터 집을 여러 채 가지고 있는 스트리퍼, 대출을 받아 집을 산 일용직 근로자 등 다양한 서민들을 만난다. 투자회사 직원들은 이들을 만나면서 모기지론이라는 게 얼마나 허술하게 관리되고 있는지와 조만간 큰 위기가 시작될 것을 경고한다.

이 영화에서처럼 미국 금융기관은 소득이 불안정한 사람들에게 무리를 해서라도 대출을 받도록 만들었다. 돈을 빌려 주택에 투자하라고 부추긴 것이다. 집값은 오르기 시작했다. 분위기를 타자 너 나 할 것 없이 집을 못 사면 당장 손해라도 볼 것처럼 무리하게 대출을 받았다. 이후로도 집값은 계속 올랐다. 하지만 결국 부실대출이라는 폭탄이 터졌고 미국의 집값은 폭락했다. 미국이라는 패권국가의 경기침체는 거센 후폭풍을 불러왔고, 2008년 이후 결과적으로 전 세계가 저성장의 늪에서 허우적대기 시작했다.

이처럼 버블이 꺼지면서 부동산 가격이 폭락하는 경우 상당히 오랜 기간 투자와 소비가 줄어들면서 경기침체가 지속된다. 경제를 이루는 양대 기둥이라고 할 수 있는 기업과 가계가 소득으로 빚을 갚느라 투자나 소비를 할 여력이 없기 때문이다. 일본은 이미 1990년대 부동산 버블이 꺼지면서 이른바 '잃어버린 30년'이 시작됐고, 앞서 언급한 것처럼 미국 역시 같은 일을 겪었다. 그리고 미국의 영향을 받아 유럽연합

(EU) 역시 비슷한 사태에 직면했다.

우리나라에서도 비슷한 일이 일어날 것이라는 경고가 심심치 않게 나오고 있다. 포털사이트에서 '가계부채'란 검색어를 입력해보면, 2016년 1~2월을 전후해 가계부채의 위험을 경고하는 전문가들의 기고가 넘쳐난다. 전문가들이 이렇게 말하는 이유 중 하나는 국내 가계부채의 상당 부분이 주택담보대출로 이뤄져 있기 때문이다. 빚을 내어 구입한 부동산의 자산 가치는 떨어지는데 이자마저 감당하기 어려울 경우 부동산 시장에는 매물이 쏟아져 나올 것이다. 정부도 이런 위험성을 인지하고, 최근 들어 주택담보대출 시장의 리스크를 줄이기 위한 정책을 잇달아 내놓고 있다.

2016년 2월 정부가 내놓은 '여신 심사 선진화 방안'에는 가계에 대한 정부의 이러한 고민이 담겨 있다. 정부와 금융권은 그동안 주택담보대출을 받을 때 이자만 내다가 추후 원리금을 함께 갚는 방식에서, 처음부터 이자와 함께 원금도 나눠 갚는 방식으로 바꿨다. 또한 소득이 부족하거나 집값의 60% 이상을 대출받는 경우에도 원리금을 분할상환하도록 했다. 이러면 과거처럼 담보대출을 받아 이자만 내다가 집값이 오르면 팔아서 차익을 남기는 식의 투기적 행태는 거의 불가능하게 된다. 반대 효과로 부동산 가격 하락이 예상된다. 원금과 이자를 동시에 갚아야 하기 때문에 실제로 집을 사려는 사람들의 부담이 커져 수요가 줄어들 수 있다.

정부가 이런 대책을 내놓기 시작한 것은 우리나라의 가계부채가 위험수준을 넘어섰다고 판단했기 때문이다. 금융당국과 한국은행이 집계한 자료에 따르면, 2015년 3분기 말을 기준으로 가계부채는 1166조

원이다. 하지만 아파트 집단대출을 중심으로 한 주택담보대출과 신용대출의 증가 추이를 감안하면, 가계부채는 2016년 하반기 동안 이미 1300조 안팎에 달했을 것으로 추정된다. 실제로 한국은행 자료에는 지난해 가계대출의 총 증가규모가 78조 2000억 원으로, 2013년(23조 3000억 원), 2014년(37조 3000억 원)에 비해 급증한 것으로 나타났다.

이는 금융위기 이후 선진국이 가계부채 축소에 나선 것과는 정반대되는 현상이다. 2014년 8월 경제협력개발기구(OECD)가 집계한 회원국의 가계부채 증가율 중 한국의 증가율은 금융위기 이후 연평균 8.7%에 달했다. 칠레(11.9%) 등 일부 회원국과 함께 한국의 가계부채 증가율은 OECD 상위권에 위치한다. 한국과 달리 대다수 선진국은 금융위기 이후 가계부채 증가율이 감소했다. 2008년 말 13조 8천억 달러였던 미국의 가계부채는 금융위기 이후 매년 0.7%씩 줄어, 2013년 말에는 13조 3천억 달러를 기록했다. 같은 기간에 일본도 325조 4천억 엔에서 311조 1천억 엔으로 매년 1.1%씩 줄었다. 독일과 영국은 각각 1조 5천억 유로와 1조 4천억 파운드에서 1조 6천억 유로와 1조 5천억 파운드로 늘었지만, 연평균 증가율로 따지면 각각 0.5%에 불과하다.

우리나라의 가계부채가 금융위기에도 불구하고 꾸준하게 증가한 이유는 정부가 경기를 부양시키기 위해 대출조건을 완화해서 집 사는 것을 권장했기 때문이다. 더구나 금융위기 이후 지속된 저금리 기조도 한몫했다. 노무현 정부는 부동산 시장 과열을 막기 위해 '종합부동산세'라는 세제를 도입하고 주택담보인정비율(LTV)과 총부채상환비율(DTI) 등을 활용해서 은행대출을 관리했다. 그러다가 이명박 정부 들어 종합

부동산세를 폐지하고 LTV와 DTI를 완화하면서 주택담보대출에 따른 가계부채가 늘기 시작했다.

이런 기조는 박근혜 정부에서도 계속됐다. 특히 2016년 1월까지 박근혜 정부의 경제정책을 지휘했던 최경환 전 경제부총리 겸 기획재정부 장관은 부총리 취임 시 대출완화 정책을 보다 적극적으로 펼쳤다. 그는 취임과 동시에 경제를 살리기 위한 3가지 카드로 추경 등 재정 확대와 금리인하, LTV·DTI 규제완화를 꺼내들었다. 금리인하와 LTV·DTI 등은 부동산 시장과 직접적으로 연관이 있는 정책이다. 저금리가 이어지는 데다 대출 자격까지 완화되자, 당연히 사람들은 은행에서 대출을 받아 집을 샀다. 덕분(?)에 부동산 시장은 2014년과 2015년에 걸쳐 상승 기조를 이어갔다.

국책연구기관인 한국개발연구원(KDI)이 2016년 1월 27일 발표한 〈KDI 부동산 시장 동향〉을 보면, 2015년 4분기 주택매매 시장은 저금리 기조와 LTV·DTI 규제완화 등으로 매매가격이 상승하고 거래량이 증가했다. 특히 2015년 2분기 주택매매거래량은 2006년 이후 최고 수준인 34만 호였다. 앞서 수치를 언급했듯이 거래가 늘어난 만큼 가계부채 역시 폭증했다.

정부 또한 가계부채가 위험수위에 이르렀다고 판단했는지 2015년 하반기부터 돌연 가계부채를 줄이는 방향으로 정책을 선회했다. 사실상 기존에 추진해오던 정책과는 정반대의 카드를 꺼내든 셈이다. 박근혜 정부의 대출 심사 강화는 가계부채를 조절하는 데는 어느 정도 효과를 볼 것이다. 하지만 부동산 가격을 떨어뜨리는 주요 요인이 될 확률은 낮아 보인다.

정부의 두 가지 상반된 정책은 순서를 바꿔 추진했어야 했다. 앞서도 언급했지만 2008년 금융위기 이후 우리나라는 저성장으로 인해 가계가 어려워졌는데도 대출이 계속되었다. 정부가 대출규제를 완화해 부동산 구입을 유도했기 때문이다. 사실상 투기를 조장한 거나 다름없다. 반면 안심전환대출은 원금과 이자를 같이 갚아야 하므로 엄두를 못 내는 사람들이 많았다. 특히 불황기에는 그림의 떡이나 진배없다. 소득이 안정적인 사람 외에는 제아무리 금리가 낮더라도 넘보기 어려운 상품일 테니 말이다. 이러한 대출규제는 글로벌 금융위기 이후 실행됐어야 했는데, 정부가 경기부양책을 쓰느라 이 카드를 너무 늦게 꺼내든 것이 아닌가 싶다.

2015년 정부가 가계부채를 관리하기 위해 도입한 '안심전환대출'의 목표가 미달된 것이 이를 증명한다. 안심전환대출은 변동금리와 원금 일시상환 조건이었던 주택담보대출을 2.5~2.7%대의 고정금리로 바꾸고, 원금을 분할상환하게 하여 가계의 재무구조를 안정시키려는 것이다. 다만 거치기간 없이 원금을 같이 갚아야 하므로 과거처럼 '이자만 내는 경우'에 비하면 당장의 부담은 늘어난다.

금융위원회가 2015년 6월 발표한 〈안심전환대출 분석결과〉에 따르면 모두 34만 5000여 명이 33조 9000억 원 규모의 대출조건 전환을 신청했다. 금액 기준목표가 40조 원이었으니 6조 원 정도 미달된 것이다. 당초 목표였던 112만 가구 가운데 나머지 77만 5000가구는 왜 안심전환대출을 신청하지 않았을까? 상당수의 가구가 이자와 함께 원금까지 함께 납부하는 원리금 부담을 견딜 자신이 없기 때문일 것이다. 더욱이 신청자 중에서도 원리금 부담으로 안심전환대출을 철회하는 경우가 벌써부터 나타나고 있다. 안심전환대출 신청자 수는 2015년 4월 마감 이후 한 달 동안 34만 5000명에서 32만 7000명(31조 7000억 원)으로 1만 8000가구나 줄었다. 그나마 경제사정이 비교적 양호하고 상환여력이 있어 안심전환대출 대상자로 선정된 가구 중에서도 상당수가 '이자만 낼 수 있는 형편'이라는 말이다. 게다가 낮은 신용등급으로 시중은행 대출에는 접근조차 어려워 저축은행이나 신용금고 등 제2 금융권에서 훨씬 비싼 이자를 내고 있는 주택담보대출자도 110만 가구에 달한다. 이런 점들을 모두 고려하면 상당히 파격적 조치로 보였던 안심전환대출도 가계부채의 뇌관을 제거하지 못했음을 알 수 있다.

주택담보대출 이외에도 최근 몇 년간 급증하고 있는 전세담보대출 역시 가계부채 폭발의 또 다른 뇌관이다. 전세담보대출은 말 그대로 전세금을 담보로 받는 대출이다. 전셋값이 오르면서 전세담보대출도 급증세를 보이고 있다. 과거만 해도 집주인이 세입자의 전세담보대출을 꺼렸다. 하지만 요즘은 전세가격이 워낙 높다 보니 집주인도 용인하는 분위기다. 그러나 전세담보대출의 금리는 대체로 주택담보대출 금리보다 높다. 더구나 전세담보대출은 눈에 보이지 않는 '보증금'을 담보로 하는 만큼 은행, 세입자, 집주인의 관계가 얽혀 있어 각종 변수도 많다. 세입자가 대출금을 제대로 상환하지 못하는 상황에서 집값까지 하락하면 대출금 회수에 어려움을 겪을 가능성이 많기 때문이다. 또한 전세담보대출은 실체가 없다는 문제가 있다. 주택담보대출이야 집을 보증으로 돈을 빌린다지만 전세담보대출은 신용으로 빚을 발생시킨다. 사실상 물적 담보가 없는 대출인 셈이다. 집값이 하락하기라도 하면 대출금 회수가 어렵다. 따라서 전세담보대출은 은행 입장에서도 부담이 될 수밖에 없다.

우리나라의 가계부채가 위험한 가장 큰 이유는 채무자들의 부채상환 능력이 떨어진다는 데 있다. 특히 부동산 위기를 겪은 다른 선진국보다 이 부분에 있어서 매우 취약하다. 때문에 우리나라 부동산 시장은 현재 폭탄을 안고 있는 것이나 다름없다. 2015년 12월 22일 한국은행이 국회에 제출한 〈금융안정보고서〉에는 이런 현실이 잘 드러나 있다. 보고서에 따르면 2015년 9월 말 기준으로 처분가능소득 대비 가계부채 비율은 143.0%로 6개월 전인 지난 3월 말(138.0%)보다 5.0%p 높아졌다. 2014년 말 이 비율은 164.2%로 경제협력개발기구(OECD) 23개 회원국 평균인 130.5%보다 33.7%나 높았다. 또한 2014년 말 기준으로 금융자산 대비 금융부채 비율(44.9%)도 OECD 평균(36.9%)보다 8.0%p 높은 수준이었다. 결국 가계의 소득이나 자산 수준에 비해 부채 비율이 높고, 이는 가계의 부채상환 능력이 떨어진다는 것을 의미한다. 실제로 같은 보고서에 나와 있는 처분가능소득 대비 부채상환지출 비율은 2분기 중 41.4%로 2014년 같은 기간보다 2.7% 상승했다. 세금 등을 제외하고 쓸 수 있는 소득 100만 원 중 빚을 갚는 데만 41만 4천원을 썼다는 뜻이다. 가계의 이자 상환 부담은 대출 연체율에도 영향을 미치고 있다. 금융감독원이 지난해 12월 29일 발표한 자료에 따르면 가계대출 연체율은 0.42%로 10월 말보다 0.02%p 올랐다. 9월 말 0.39%

에서 10월 말 0.40%로 상승한 데 이어 2개월 연속으로 오른 것이다.

가계부채가 위험한 것은 가계의 가용자금이 부채상환을 위해 은행 등 금융기관으로 과도하게 흘러들어가면서 소비가 저하되고 실물경제에 연쇄적인 악영향을 줄 수 있다는 점이다. 이자를 줄이기 위해 부동산을 매물로 내놓거나 아니면 높은 이자를 계속 부담하거나 둘 중 하나가 가계가 선택할 수 있는 방법이다. 하지만 어느 쪽이든 우리 경제에 심각한 타격을 줄 수밖에 없다.

현재 가계부채의 위험성에 대해, 정부는 관리가 가능한 수준이라며 낙관적인 시각을 가지고 있다. 반면 시장에서는 위험 수준까지 도달해 있다는 비관론이 팽배해 있다. 물론 현재 수준이 유지된다면 관리가 가능할지 모른다. 하지만 시간이 갈수록 통제가 어려울 정도로 악화될 여지가 많다.

이렇게 판단하는 근거는 두 가지다. 하나는 우리나라 주택담보대출 상품의 대다수가 변동금리를 적용하고 있다는 점, 또 하나는 미국 금리인상에 따른 우리나라의 금리인상 가능성이 높다는 것이다. 국내 가계부채의 75%는 주택담보대출로 이뤄져 있다. 그런데 주택담보대출 중 95%가 변동금리 조건이다. 더욱이 이 중 상당수는 거치기간에 '이자만 내다가' 원금은 한꺼번에 갚도록 계약되어 있다. 금리가 인상되거나 은행권이 유동성부족으로 '대출만기 연장'을 거부하는 사태가 닥치면 곧바로 가계 부도에 이를 수 있다. 게다가 지난해 하반기 미국 금리가 인상되면서 우리나라도 금리인상 압박에 시달리고 있다. 실제로 2015년 12월 27일 한국은행이 발표한 〈2015년 12월 중 금융기관 가중평균금리〉 통계를 보면 주택담보대출 금리의 인상폭이 두드러졌다. 12월 주택담보대출 금리는 3.12%로 한 달 전보다 0.08%p나 더 뛰었다. 이는 지난해 2월 3.24% 이후 최고치다. 한국은행은 금리가 2%p 오르고 주택가격이 10% 하락하는 복합 충격이 몰아치면, 위험가구가 보유한 부채(위험부채) 비율은 19.3%에서 32.3%로 13.0%p 오를 것이라 보고 있다.

주택담보대출의 금리인상은 당분간 계속될 개연성이 많다. 주택담보대출의 기준금리로 이용되는 '신규취급액 코픽스'가 계속 상승하고 있기 때문이다. 2015년 12월 신규취급액 코픽스는 1.72%로 전월인 11월(1.66%)보다 0.06%p 올랐다. 신규취급액 코픽스는 월 중 신규로 조달한 자금을 대상으로 산출되어 '잔액기준 코픽스'보다 시장금리 변동을 빠르게 반영한다. 일례로 일부 시중은행들은 2015년 12월 코픽스가 발표된 후 코픽스 주택담보대출 변동금리 상품의 금리를 0.2%p가량 올렸다.

가계부채가 이렇게 위험한 수준임에도 불구하고 한국은행이 선뜻 기준금리를 동결하거나 인하할 수 없는 이유가 있다. 현 수준에서 더 낮출 경우 미국과 한국의 금리차가 좁아져 자본유출 우려가 커질 뿐 아니라 가계대출 역시 확대될 수 있기 때문이다. 그나마 다행인 것은 미국이 2016년 9월 기준금리를 동결함에 따라 우리도 저금리 정책을 유지할 수 있는 여력이 생겼다는 점이다. 하지만 임금피크제와 비정규직 기간 연장, 성과연봉제 등 근로자들의 고용불안을 가중시키는 정부 정책은 부동산 시장에 장기적으로는 부정적 요인이 될 것이다. 따라서 지금은 여러 면에서 집을 구입하기보다는 상황을 지켜보는 것이 유리한 시기임이 분명하다.

경고 No.6
생산가능인구 감소

생산가능인구의 감소를 해결하려면 '저출산과 고령화' 문제를 풀어야 한다. 이 두 가지를 잘 처리하면 생산가능인구 감소는 해소될 수 있다. 물론 먼저 조치할 것은 '저출산'이다. 핵심은 청년층의 소득이 안정적이어야 출산율을 높일 수 있다는 것이지만, 현실은 정반대다. 청년층의 소득은 불안하다. 저질의 일자리도 문제지만 아예 취업 자체가 어렵다. 설상가상으로 주거비와 물가로도 고통받고 있다.

부동산 수요가 장기적으로 감소하는 주요 원인으로 저출산 및 고령화 문제를 들 수 있다. 이 두 가지가 서로 맞물릴 경우 난제가 될 가능성이 다분하다. 두 가지 현상이 한꺼번에 나타날 때 우리 경제에 미치는 직접적인 영향은 생산 활동에 참여하는 인구가 감소한다는 것이다. '생산가능인구'는 만 나이로 15~64세까지의 인구 중 취업자와 실업자를 포함해 노동능력과 노동의사를 가지고 있는 인구를 말한다. 이 계층은 사실상 한 나라의 생산 및 소비에 가장 큰 영향을 미친다. 그래서 생산가능인구를 일컬어 '경제활동인구'라고도 부른다.

상식적으로 생산가능인구가 감소하면 자산 가격은 하락할 수밖에 없다. 돈을 버는 사람도 쓰는 사람도 줄어들기 때문이다. 그런데 우리나라는 2012년을 정점으로 생산가능인구가 줄고 있는데도 불구하고, 2014년과 2015년에 걸쳐 부동산 가격이 상승하는 기현상이 발생했다. 정부의 적극적인 경기부양책 탓이 크지만 뒤집어 보면 현재의 부동산 가격에 그만큼 거품이 끼어 있다는 의미이기도 하다. 다른 나라의 사례를 보면 생산가능인구가 계속 감소할 경우 부동산 가격은 떨어질 확률이 높다. 생산가능인구 비중이 감소했던 미국과 일본도 이를 피해가지는 못했다. 게다가 두 나라보다 생산가능인구 감소 속도가 빠른 우리나라는 더 급속하게 부동산 가격이 떨어질 수 있다. 정부가 생산가능인구 감소의 원인이 되는 저출산과 고령화 문제를 해결할 대책을 내놓지 못하는 상황이 계속된다면 자산가치 급락은 예고된 수순일지도 모른다. 2016년까지 오른 부동산 가격에는 상당한 거품이 끼어 있기 때문이다.

통계청 자료에 따르면 우리나라의 생산가능인구는 2012년 3704만 명을 정점으로 줄어들기 시작해 베이비붐세대가 노년층에 진입하는 2020년부터 큰 폭으로 감소할 전망이다. 2030년 3289만 명, 2040년 2887만 명, 2060년 2186만 5천 명으로 2020~2060년 사이 40.2%나 급감하게 될 것으로 보인다. 한국의 전체 인구 대비 생산가능인구 비중은 이미 2012년에 73.1%로 정점을 찍은 후 계속 감소해 2030년에는 63.1%, 2060년에는 49.7%까지 떨어질 것으로 예상되고 있다. 다른 나라와 비교해보면 상황은 더 심각하다. 우리나라 생산가능인구 비중 순위는 1960년 106위였던 것이 2015년에는 10위로 올라갔다. 하지만 2030년 115위, 2060년 199위로 낮아질 전망이다. 총인구 대비 경제활동가능 인구 비율로 따지면 사실상 세계에서 '꼴찌'란 이야기다.

정부기관을 비롯해 민간연구기관에서도 이런 문제를 몇 년 전부터 지적해왔다. 2012년 6월 현대경제연구원은 발표한 보고서를 통해 "생산가능인구 비중이 2012년 73.1%로 최고치를 기록한 후 2013년부터 감소해 잠재성장률이 크게 떨어질 수밖에 없다"고 우려했다. 이 보고서에서 주목할 만한 부분은 우리나라 경제 발전의 중요한 요인을 '생산가능인구 증가'로 보았다는 점이다. 다음은 보고서 내용의 일부다.

"1966년부터 2012년까지 우리나라는 '인구보너스' 즉 생산가능인구의 비중이 상승하고 총부양비가 하락하면서 경제성장이 촉진되는 효과를 누렸다. 특히 베이비붐세대(55~74년생)가 생산가능인구로 진입하면서 생산가능인구의 비중이 54.9%(70년)에서 68.6%(89년)로 급등해 실질국내총생산(GDP) 증가율은 연평균 9.3%에 달했다."

이 보고서의 내용을 곱씹어 보면 우리나라의 생산가능인구가 감소하고 있다는 것은 곧 성장 동력을 잃어가고 있다는 말이기도 하다. 현대경제연구원 측은 베이비붐세대가 고령인구로 편입되면 생산가능인구 비중은 71.1%(2020년)에서 57.0%(2039년)로 급락하고, 잠재성장률도 2030년에는 1.7%까지 떨어질 것으로 전망했다. 또한 취업자 가운데 가장 큰 비중을 차지하는 생산주력세대가 2028년에 이르면 '60대 이상'으로 교체될 것으로 전망했다. 연구원 측은 이러한 인구구조의 변화가 필자가 앞서 주장한 부동산 시장 추락으로 이어질 수도 있다고 내다봤다.

"생산가능인구의 비중이 최고점을 지나 떨어지면 부동산 수요가 급감하면서 부동산 거품이 꺼질 수 있다는 점에 유의해야 한다. 일본, 미국, 스페인, 아일랜드 모두 생산가능인구의 비중이 정점을 지나면서 자산수요가 급감해 부동산 버블이 붕괴하고 금융위기를 맞았다.”

현대경제연구원이 보고서 말미에 ‘금융위기’를 언급한 것처럼 생산가능인구 감소는 금융기관에도 직접적인 영향을 미치게 된다. 상당수의 금융기관은 ‘예금대출 마진’으로 수익을 창출한다. 즉 대출과 예금의 금리 차이가 금융기관의 수익모델인 것이다. 따라서 대출과 예금을 주도하는 생산가능인구가 점점 줄어든다면 금융기관의 수익은 계속 줄어들게 된다.

가계의 부채상환능력이 낮아지면 금융기관의 재정 건전성도 악화될 수밖에 없다. 경제주체의 자금을 융통하는 금융기관이 어려워지면 다른 경제주체인 가계와 기업, 정부마저 도미노처럼 나빠지는 것은 당연하다. 실제로 한국은 생산가능인구 수가 감소하기 시작한 때와 거의 유사하게 경제성장률 역시 떨어지고 있다.

‘생산가능인구 감소 – 기업 고용 및 투자 위축 – 가계 부담 증가 – 금융기관 위기’라는 메커니즘은 우리보다 앞서 생산가능인구 감소 사태를 겪은 일본에서 그대로 나타났다. 여러 통계에 따르면 일본의 생산가능인구는 1995년에 8800만 명으로 정점을 찍고 다음해부터 감소하기 시작했다. 일본은 생산가능인구가 감소하기 시작한 1996년부터 정확하게 모든 소비지표가 마이너스로 돌아섰고, 이후 25년 동안 장기불황의 늪에 빠졌다. 비슷한 시기에 부동산 시장도 폭락했다.

일본은 최근에도 생산가능인구 감소 문제가 또 다시 대두되면서 이를 해결하기 위한 범정부적 대책 마련에 나서고 있다. 이 문제로 인한 아픔을 겪었기 때문에 그만큼 절박한 심정으로 대책을 세우고 있는 것이다. 일부 언론에서는 현재 일본의 인구는 1억 2000여만 명으로 세계 10위지만, 현재 출산율 1.4명이 개선되지 않은 채 오는 2050년이 되면 1억 명 이하로 줄어들 것으로 전망하고 있다. 또한 같은 기간까지 일본의 생산가능인구는 현재보다 28% 정도 줄어들 것이라는 예측도 나오고 있다.

이에 따라 아베 정부는 2050년 이후에도 1억 명의 인구를 유지한다는 '1억 총활약 사회'라는 슬로건을 내걸고 인구감소 억제 및 노동인구 확보를 위해 다양한 정책을 제시하고 있다. 아베 정부는 이 문제를 해결하기 위해 결과적으로 저출산과 고령화 문제를 풀어야 한다고 보고 여기에 대한 맞춤 대책을 세우는 중이다. 일본 기업들도 노동인구 확보를 위해 정년연장 등의 대안을 마련 중이다. 혼다자동차는 일본 내 전체 사원 4만 명을 대상으로 내년부터 정년을 현행 60세에서 65세로 늘릴 계획이다. 노무라증권도 지난 4월부터 개인영업을 담당하는 일부 직원의 정년을 65세로 연장하고, 65세 도달 뒤에는 최장 70세까지 다시 고용할 수 있도록 했다. 우리나라의 경우 일본보다 경제의 기초제력이 훨씬 약하다는 점에서 일본보다 더 어려운 상황에 직면할 공산이 크다. 따라서 이러한 일본의 움직임은 우리에게도 많은 것을 시사하고 있다.

생산가능인구의 범위를 조금 더 좁혀보면 전체 취업자 중 경제활동의 허리역할을 담당하는 '핵심 생산가능인구(25~49세)'의 비중이 줄어들고 있다. 이것은 우리 경제, 특히 부동산 시장에 매우 큰 위험신호다. 《동아일보》는 핵심 생산가능인구가 줄어들 경우 발생할 수 있는 위험에 대해 2016년 신년 특집으로 다뤘다. 《동아일보》가 2016년 1월 4일 보도한 내용에 따르면 우리나라의 핵심 생산가능인구는 1980년 1170만 명에서 2008년 2075만 명으로 정점을 찍었다. 2009년부터는 하락세로 돌아서 2015년 1939만 명으로 7년 연속 감소했다. 매년 평균 20만 명씩 줄어든 셈이다. 《동아일보》가 자체 집계한 이 통계에 따르면 핵심 생산가능인구는 2019년(1884만 명)에는 사상 최초로 1900만 명 선이 무너지고, 2024년(1792만 2000명)에는 1800만 명 선까지 붕괴할 것으로 추산했다. 필자가 보기에 《동아일보》가 지적한 것 중 가장 눈여겨볼 지점은 핵심 생산가능인구의 감소 속도다.

"현재 1인당 국민소득이 4만 달러 이상인 국가 중 2만 달러를 돌파한 후 핵심 생산가능인구가 7년 이상 줄어든 나라는 급속한 고령화가 진행된 일본과 호주뿐이다. 더 큰 문제는 우리나라의 핵심 생산가능인구 감소 속도가 4만 달러를 돌파한 국가보다 훨씬 빠르다는 점이다. 물론 원인은 저출산이다. 지난해 한국 여성 1인당 합계출산율은 1.25명으로 경제협력개발기구(OECD) 34개 회원국 중 가장 낮았다. 핵심 생산가능인구가 감소하면서 근로자 평균연령도 높아져 제조업(지난해 39.4세)의 경우 이미 40세에 육박하고 있다."

핵심 생산가능인구는 경제활동의 중추를 담당한다. 노동생산성이 가장 높은 계층으로 소비지출도 왕성하다. 이 연령대 인구의 활동이 저하되면 경제는 활력을 잃게 된다. 또한 핵심 생산가능인구층이 부동산 구입 연령대와 거의 일치한다는 점에서 부동산 가격에도 치명적인 영향을 끼칠 수밖에 없다.

핵심 생산가능인구의 취업자 수가 줄어드는 것은 잠재성장률(모든 생산자원을 최대한 활용해 달성 가능한 국내총생산 성장률)의 하락을 초래한다. 잠재성장률 하락은 다시 '투자 부진 – 기술력과 생산성 저하 – 일자리 부족 – 경제활동 위축 – 성장동력 하락'이라는 악순환으로 이어진다. 핵심 생산가능인구의 감소는 가계로 보면 주 수입원이 줄어드는 것과 같다. 한 집안을 받쳐주던 기둥이 사라지고 있는 셈이다. 결국 소비가 줄고, 이는 곧 기업의 생산과 투자에 영향을 미치게 된다. 또 경제활동 인구가 줄어든다는 것은 사회가 부양해야 하는 인구가 늘어난다는 의미이기도 하다. 실제로 생산가능인구 100명이 부양해야 하는 노인 인구는 2010년에는 10명 수준이었지만 2018년에는 20명을 넘어서고, 2026년에는 30명을 돌파할 전망이다.

거듭 강조하지만 생산가능인구가 감소하는 문제를 해결하려면 근본적으로 '저출산과 고령화' 문제를 풀어야 한다. 이 두 가지를 잘 처리하면 생산가능인구 감소는 자연스럽게 해소될 수 있다. 물론 두 가지 중 먼저 조치해야 할 것은 '저출산'이다. 결국 청년층의 소득이 안정적이어야 출산율을 높일 수 있다는 게 핵심이다. 그래야 결혼을 하든 출산을 하든 할 테니 말이다. 그러나 현실은 정반대다. 청년층의 소득은 불안하다. 저질의 일자리도 문제지만 아예 취업 자체가 어려운 현실에 내몰리고 있다. 설상가상으로 주거비와 물가로도 고통받고 있다. 물가상승률은 낮다는데 체감물가는 살인적이다. 그런데도 공공기관에서 나오는 통계치는 가계의 현실과 너무나 차이가 크다. 통계치가 현실을 반영하고 있는지 정부당국에 되묻고 싶을 정도다. 통계치의 진위여부는 반드시 확인해야 한다. 자칫 통계의 거짓말에 휘둘려 낭패를 당할 수도 있으니 말이다.

<h1 style="text-align:center">경고 No.7
베이비붐세대 은퇴</h1>

베이비붐세대의 움직임을 사전에 예상하고 대응한다면 투자에 있어서 유리한 고지에 설 수 있다. 에코세대를 비롯한 투자자들은 베이비붐세대가 선호하는 지역과 주택을 예의주시하자. 베이비붐세대의 은퇴가 반드시 경제적 불황과 부동산 가격 폭락을 가져오는 것은 아니다. 독일의 사례가 그렇다. 독일의 베이비붐세대가 은퇴에 잘 대비할 수 있었던 이유는 사회적 대책을 잘 마련했기 때문이다.

베이비붐세대는 한국 경제성장의 열매를 가장 많이 맛본 세대다. 중고등학교만 졸업해도 대기업에 들어갈 수 있는 길이 널려 있었고, 대학을 졸업하면 금의환향이 보장됐다. 그들의 젊은 시절 우리나라는 고속성장을 거듭했고, 은행에 돈을 넣어 놓기만 해도 연 10%가 넘는 이자를 받았다. 또한 부동산 가격이 가장 가파르게 오르는 시대를 살면서 부를 축적했다. 하지만 그들의 노후는 행복하지 못하다. 내수침체와 경기불황으로, 자식세대들의 취업난과 고령화로 인한 부양가족의 증가가 온전히 그들의 몫이 되었기 때문이다.

한국의 베이비붐세대는 크게 1차와 2차로 구분된다. 1차 베이비붐세대는 한국전쟁 직후인 1955년부터 1963년 사이에 태어난 인구로 우리나라 전체 인구의 14.3%(714만 명)을 차지한다. 2차 베이비붐세대는 산업화 시대인 1968년부터 1974년까지 출생한 세대로 전체 인구의 12.1%(606만 명)에 달한다. 이처럼 베이비붐세대는 한국 경제의 큰 축이다. 자산으로 보면 국내토지의 42%, 건물의 58%, 주식의 20%를 소유하고 있다. 게다가 가장 활발한 소비주체로서 경제에 활력을 불어넣는 계층이다. 때문에 베이비붐세대가 위축될 경우 경제의 활력은 크게 떨어질 수밖에 없다. 베이비붐세대의 위기는 보통 은퇴와 함께 찾아온다.

미국 경제전문가인 해리 덴트는 《2018년 인구절벽이 온다》라는 책에서 베이비붐세대의 은퇴가 미치는 영향에 대해 언급했다. 그가 말한 '인구절벽'이라는 개념은 '소비·노동·투자하는 사람들이 사라진 세상'을 말하는데 주로 은퇴 이후 벌어지는 현상을 설명하고자 사용했다. 그는 한 세대의 은퇴가 경제, 특히 부동산과 관련해 어떤 영향을 미치는지 일본의 사례를 들어 설명했다. 해리 덴트는 한 사람이 태어나서 가장 많이 소비를 하는 연령대를 46~47세로 간주했다. 일본의 경우 1942년부터 1949년 사이에 태어난 사람들을 이 세대로 보는데, 1942년생이 47세가 되던 1989년에 경기가 정점을 찍고 그때 이후부터 하락하기 시작했다. 또한 1991년부터는 일본의 부동산 가격이 급락했다. 즉 이 세대의 소비가 꺾이면서 일본 경제가 함께 몰락했다는 것이 그의 주장이자 이 책의 핵심내용이다. 해리 덴트의 논리에 우리나라의 상황을 대입해보면 한국은 이 세대의 소비가 이미 정점을 지났고, 이제는 50대에 접어들어 은퇴기를 맞고 있다는 점에서 위기를 겪을 확률이 높다. 즉 소비를 주도했던 세대의 경제력이 갈수록 약해지면서 일본의 전철을 밟을 수 있다는 뜻이다. 물론 독일처럼 베이비붐세대의 은퇴가 경제 불황으로 이어지지 않을 수도 있다. 이는 이번 장의 마지막에서 살펴보도록 하겠다.

우리나라 베이비붐세대의 경우 여러 가지 위험요소를 동시에 안고 있다는 점에서 일본보다 문제가 더 심각할 수도 있다. 이런 위험요소들을 하나하나 살펴보면 부동산 시장에 어떤 파급효과가 있을지 전망해볼 수 있을 것이다.

우선적으로 우리나라의 베이비붐세대들은 노후준비가 제대로 되어 있지 않다. 은퇴 이후 가장 기본적인 노후 대책인 국민연금을 보면 이러한 사실이 분명하게 드러난다. 베이비붐세대의 연금과 관련된 가장 최근의 통계는 지난 2011년 11월 국민연금이 발표한 것으로, 전체 세대 758만 2000명(남성 384만 1000명, 여성 374만 1000명) 중 연금 보험료를 내고 있는 373만 명의 소득수준과 보험료 납부기간 등을 분석한 결과다. 그에 따르면 이 세대가 은퇴 후 받는 국민연금 평균수령액(연금 가입자 기준)은 월 59만 원이다. 국민연금에 가입하지 않은 사람들까지 포함하면 평균수령액은 월 45만 8000원까지 떨어진다. 758만 2000명 중 연금 보험료를 10년 이상 납부해 노후연금을 받을 수 있는 사람은 33.8%(256만 7000명)다. 40.9%(309만 9000명)는 보험료 납부 이력이 10년 미만이며, 25.3%(191만 6000명)은 단 한 차례도 보험료를 낸 적이 없다.

현재의 물가로도 45만 원에서 59만 원은 혼자 생활할 수 있는 최소한의 생활비라고 보기 힘들다. 여기에 매년 물가상승률까지 감안하면 이 금액은 노후대책이 되기에는 턱없이 적다. 이는 공적 연금인 국민연금이 노후 문제의 해법이 되기에는 미흡하다는 사실을 단적으로 보여준다. 더구나 국민연금의 존립 자체가 흔들리고 있는 작금의 상황은 노후에 대한 불안감을 가중시킬 뿐이다.

더욱이 그들에게 일자리가 없다는 사실은 불안감을 넘어서 두려움마저 느끼게 한다. 부족한 노후준비는 고용이 안정되면 어느 정도 상쇄가 가능하다. 하지만 지금의 베이비붐세대들은 50대 중반을 전후해 은퇴한 후 다른 일자리를 구하는 것이 사실상 어렵다. 2013년 3월 삼성생명 은퇴연구소 등이 실시한 조사에 따르면, 도시지역에 거주하는 50대 근로자 500명 중 91%는 퇴직한 후에도 일을 하고 싶어 하는 것으로 조사됐다. 반면 완전히 은퇴하고 싶다는 의견은 5.5%에 불과했다. 1차 베이비붐세대의 경제활동인구는 2010년 기준으로 549만 명에 달한다. 하지만 이 중 약 26%인 189만 명만이 정규직이며, 나머지는 자영업·고용주(25.8%), 일용직·임시직(25.5%) 등인 경우가 대부분이다. 나이와 상관없이 건강이 허락하는 한 계속 일하고 싶어 하는 세대들의 생각과 현실은 이렇게 완전히 다르다.

따라서 퇴직한 그들이 내몰리는 곳은 창업 전선이다. 창업하는 그들의 현실을 잘 보여주는 통계가 하나 있다. 2012년 9월 통계청이 금융결제원의 당좌거래 정지내역 2년 치를 분석했더니 2012년 1월~8월까지 부도 처리된 개인사업자 수는 237명이었다. 이 가운데 베이비붐세대는 전체의 43.9%인 104명이었다. 2011년 같은 기간에는 255명의 개인사업자가 부도를 맞았으며, 이 중 베이비붐세대는 103명으로 40.4%를 차지했다. 통계에 따르면 2010년 말 1차 베이비붐세대의 자영업자는 163만 명으로, 이는 전체 자영업자 539만 명의 30.2%를 차지하는 수치다. 게다가 베이비붐세대들이 주로 뛰어든 업종은 창업 진입장벽과 부가가치가 낮은 도소매업, 요식업, 숙박업 등에 집중되어 있었다.

이 통계는 베이비붐세대를 여는 1955년생들이 창업전선에 뛰어들었다가 어떤 결과를 맞이했는지를 잘 보여준다는 데 그 의미가 있다. 1955년생이 은퇴하는 나이를 55세라고 했을 때, 이들은 2010년을 전후해 은퇴했다. 이들이 2010년 즈음에 창업을 해서 문을 닫기까지의 과정을 1년에서 2년 정도로 계산하면 2012년 통계는 첫 베이비붐세대 창업자들의 현실을 잘 보여준다. 창업했다가 실패한 사람들 가운데 40%가 넘는 사람들이 베이비붐세대라는 것은, 뒤늦게 창업에 뛰어든 사람들 대부분이 쓴맛을 봤다고 해석해도 과언이 아닐 것이다.

창업전선에 뛰어들었다 실패한 사람들에게 남는 것은 '빚'뿐이다. 한국은행에 따르면 2011년 전체 가계대출에서 50대의 비중은 28.1%로, 2003년 20.4%보다 급증했다. 주택구매 외의 목적 비중이 56%나 되었으며, 이들의 연체는 꾸준히 늘었다. 2012년 3월 기준 50대의 대출 연체율은 1.42%로 60대(1.16%)나 30대(0.6%)보다 높았다. 이미 포화상태인 시장에 뛰어든 이들이 부도와 대출상환의 이중고에 시달리고 있는 것이다. 베이비붐세대의 은퇴가 본격화되고 있는 지금 2012년의 통계는 한국 경제의 불황이 본격화되었음을 알리는 신호탄이 아니었을까 하는 생각이 든다.

더구나 베이비붐세대의 부도행렬은 중산층 붕괴의 서곡이 될 수 있다는 점에서 더욱 우려스럽다. 현재 대부분의 베이비붐세대들은 한 가

정의 가장이다. 취업난으로 인해 독립하지 못한 20대 자녀와 고령의 부모를 부양하느라 어느 세대보다 어깨가 무겁다. 자신들을 위한 지출을 줄이는데도 가족부양이라는 부담이 가중되고 있기 때문이다. 2013년 5월 서울대 노화·고령 사회연구소와 한국갤럽이 조사해 발표한 보고서에 따르면, 베이비붐세대의 생활고는 이들의 가계부에서 극명하게 드러난다. 이들은 매달 평균 283만 7000원을 생활비로 쓰는데 자녀 뒷바라지가 대부분을 차지한다. 특히 청년 취업난과 맞물려 부모로부터 독립하지 못하는 20대 자녀들에 대한 부담까지 더해졌다. 물론 여기에서 의료비, 경조사비, 부모님 용돈 같은 사적 보조금은 제외되어 있었다. 결국 오늘날 한국 베이비붐세대는 자신의 노후준비가 되어 있지 않은 상태에서, 부양할 가족은 많아졌으며, 마땅한 수입조차 없는 삼중고에 시달리고 있는 셈이다.

이런 현실에 내몰린 베이비붐세대들이 마지막으로 선택할 수 있는 길은 뭘까? 그것은 바로 부동산을 내다 파는 것일 수밖에 없다. 사실 이 세대에게 부동산은 자신이 인생을 바쳐서 일구어낸 열매다. 물론 이들은 부동산 고속성장에 편승해 부동산 투자로 많은 자산을 축적했다. 2015년 10월 20일 서울대 노화·고령 사회연구소가 발표한 〈제3차 한국 베이비붐세대 패널 연구〉 보고서에 따르면 국내 베이비붐세대의 평균 자산은 3억 4236만 원으로 이 중 81.9%가 부동산인 것으로 드러났다. 이 연구는 서울대학교가 앞서 언급한 2013년 5월 보고서 이후 베이비붐세대 4048명을 대상으로 2년(2014~2015년)에 걸쳐 추적 조사한 것이다. 자료를 보면 베이비붐세대의 금융자산은 전체의 14.8%인 5072

만 원에 불과했고, 이 중 절반 이상인 58.2%가 예금과 적금으로 이뤄져 있는 것으로 조사됐다. 국민연금을 제외한 연금상품은 18%, 저축성 보험은 11.8%로 그 뒤를 이었다. 저금리 환경이 지속되는 가운데 이와 같은 금융자산 구성으로는 이를 활용한 추가 소득을 기대하기가 어렵다. 더구나 부동산에 편중된 자산 구성은 두 가지 위험성마저 내포하고 있다. 하나는 부동산의 경우 유사시 쉽게 현금화할 수 없기 때문에 질병이나 기타 위급상황에 취약하다는 점이다. 다른 하나는 생활고에 내몰린 가정들이 대거 매도에 나설 경우 부동산 가격이 폭락할 수도 있다는 점이다.

실제로 여러 통계가 베이비붐세대들이 거주지를 옮기거나 주택을 팔아서 은퇴자금을 조달할 계획을 가지고 있음을 말해주고 있다. 통계청의 2010년 가계금융 조사에서 베이비붐세대 10명 중 4명 정도가 주택의 규모 축소 및 이전 등 주거자산을 이용해 은퇴자금을 조달할 계획을 갖고 있었다. 2013년 5월 서울대학교와 메트라이프가 발표한 보고서에는 남성 베이비붐세대의 43%, 여성 베이비붐세대의 38%가 이 시기에 거주지를 이동할 의사를 가지고 있는 것으로 나타났다. 구체적 이동시기에 대해서는 모든 자녀가 결혼한 후(31%), 은퇴시점에 맞춰서(20%), 건강악화로 도움이 필요할 때(3%), 배우자 사망 후(1%) 순으로 답했다. 이들이 거주지 이동을 계획하는 시점인 은퇴나 모든 자녀의 독립이 향후 5~15년 사이에 이뤄질 것으로 예측되므로, 이 시점부터 본격적인 거주지 이동이 활발해질 것으로 보인다.

베이비붐세대의 거주지 이동을 보면 향후 주거지의 변화를 예측할 수 있다. 다시 말하면 거주인구가 대폭 이동하는 지역과 주택을 관찰하면 전망 있는 주거지를 찾아낼 수 있다. 베이비붐세대의 상당수는 자녀의 결혼이나 은퇴시점에 맞춰 이사를 고려 중이다. 굳이 넓은 집을 고집할 필요가 없는 시점을 염두에 둔 것으로 그 시기에 집을 줄이거나 팔거나 양자택일을 할 확률이 높다. 남은 긴 노후를 보내기 위한 고육지책이기 때문이다. 물론 오랫동안 살던 곳을 나이든 후에 떠나는 건 쉽지 않은 일이다. 하지만 그럼에도 불구하고 거주지를 옮기려는 것은 살림이 넉넉하지 않은 탓에 노후를 대비하기 위한 어쩔 수 없는 선택이다.

따라서 베이비붐세대의 움직임을 사전에 예상하고 대응한다면 투자에 있어서 유리한 고지에 설 수 있다. 특히 베이비붐세대의 자녀들인 에코세대 입장이라면 더욱 그렇다. 혹시라도 이를 무시한 투자를 감행할 경우 자칫 베이비붐세대의 주택을 상투에 구입해 금전적인 손실을 초래할 수 있으므로 주의해야 한다. 결론적으로 에코세대를 비롯한 투자자들은 베이비붐세대가 선호하는 지역과 주택을 예의주시해야 한다. 물론 그들이 집을 팔거나 줄인다고 해도 생판 모르는 곳에 가서 살 확률은 낮다. 때문에 지역범위를 확대해석할 필요는 없다. 향후 베이비붐세대가 이동하는 거주지역과 주택을 지속적으로 참고하면서 관심을 기울이자. 그러면 그만큼 좋은 결실을 맺을 가능성이 많을 것이다. 한편 시대 흐름에 발 빠르게 편승한 일부 베이비붐세대는 스스로 가계 구조조정을 단행하고 있다. 부동산 비중을 줄임과 동시에 안전한 예금과 적금을 늘려 노후를 대비하려는 시도다. 위험자산을 최대한 줄여 혹시라도 있을 위기에 선제적으로 대응하려는 것이다. 물론 2년 후의 부동산 시장에서 주거형과 임대수익형 주택에 투자할 기회가 주어진다는 점도 염두에 둔 대비다.

베이비붐세대의 은퇴가 반드시 경제적 불황과 부동산 가격 폭락을 가져오는 것은 아니다. 독일의 사례가 그렇다. 독일 통계청에 따르면 독일의 베이비붐은 1954~1969년에 걸쳐 진행됐다. 정점은 1964년에 나타났다. 베이비붐세대는 이 기간에 매년 110만 명이 넘게 태어났고, 1964년에는 약 140만 명이 출생했다. 이 장 초반에서 언급한 것처럼 해리 덴트의 가설 즉 베이비붐세대의 소비가 46~47세를 정점으로 꺾였다고 가정하면 독일 부동산 시장은 2006년에 정점에 올랐다가 떨어졌어야 했다. 하지만 독일 부동산 가격은 오히려 이 시기부터 상승하기 시작했다. 독일의 주거용 부동산 지수는 2006년에 0.4% 올랐고, 이후 2009년을 제외하고 2010년까지 0.9~2.6%까지 상승했다. 특히 2011년 이후엔 오름폭을 높여 5.9~7.4%로 뛰었다.

독일의 베이비붐세대가 은퇴에 잘 대비할 수 있었던 이유는 경제의 활력을 잃지 않기 위한 사회적 대책을 잘 마련했기 때문이다. 특히 독일은 생산가능인구가 감소하지 않도록 많은 노력을 기울였다. 여성의 경제활동 참여를 늘렸고, 제도와 작업환경을 고쳐 65세 이상인 인력이 계속 산업현장에서 근무할 수 있도록 했다. 고령에도 일할 수 있는 사회적 분위기를 만들었다는 점은 시사하는 바가 크다. 정년 이후에도 일할 수 있는 환경을 만들어 베이비붐세대의 은퇴 이후에 올 사회적 충격에 미리 대비한 것이다.

반면에 우리나라의 베이비붐세대는 은퇴 이후뿐 아니라 결혼 만족도

와 정신건강마저 위협당하고 있다. 황혼이혼이 점차 늘어가는 것 역시
이와 무관치 않다. 위로는 부모, 아래로는 자식을 부양하는 처지로 고
통받고 있는 상황에서 엎친 데 덮친 격이다. 이처럼 베이비붐세대의 현
실은 우리 사회의 씁쓸한 자화상으로 변질되고 있다. 더욱이 저성장의
늪에 빠진 대한민국의 현실은 이들을 수용하기에 역부족으로 보인다.
결국 스스로 노후와 비상시를 대비하기 위해 이들이 선택할 수 있는
길은 집을 팔거나 줄이는 것밖에 없는 것이다.

경고 No.8
에코세대 위축

에코세대는 경제환경이 변하고 한차례 부동산 폭락을 경험했다. 그래서 이들은 더 이상 주택을 시세차익 대상으로 여기지 않고, 실제 보유하면서 거주하기 위한 용도로 여기는 경향을 보이고 있다. 이미 건설사들도 에코세대에 맞는 맞춤형 아파트를 무기로 분양 시장을 공략하고 있다. 특히 에코세대는 가족 간의 여가 및 문화 등을 중요시하고 집에 머무는 시간을 유용하게 쓰려고 한다.

에코(Echo)세대는 베이비붐세대의 자녀 세대를 말한다. 산 정상에서 소리치면 얼마 후 메아리(에코)가 되돌아오듯 베이비붐세대가 결혼해 자녀를 낳기 시작하면서 두 번째 출생 붐이 일어났다고 해서 붙여진 이름이다. 일반적으로 1979년부터 1992년 사이에 출생한 사람들을 여기에 포함시킨다. 에코세대는 부모세대에 비해 경제적으로 풍요로운 환경에서 성장했으며, 교육수준이 높다. 에코세대의 대학진학률은 평균 75%로 베이비붐세대에 비하면 3배 가까이 높다. 직업 비중도 전문직과 사무직 종사자가 많다. 때문에 부동산 전문가들은 에코세대를 향후 주택 시장을 주도할 주요 소비층으로 분류하고 있다.

따라서 부동산 시장뿐만 아니라 앞으로 한국 경제의 주축이 될 에코세대의 특징부터 살펴볼 필요가 있다. 에코세대는 베이비붐세대와 구분되는 경제관념을 가지고 있다. 부동산보다 금융자산을 통한 자산축적 가능성을 상대적으로 높게 평가한다. 또 내 집 소유도 좋지만 쾌적하다면 전·월세도 괜찮다는 거주중심의 주거관념을 갖고 있다. 내 집 마련 못지않게 즐거운 삶 역시 그들에겐 중요하기 때문이다. 물론 부모세대처럼 부동산 가격이 꾸준히 상승해 재테크 수단이 된다면 모르겠지만 현실적으로 어렵기 때문에 굳이 집을 사야 할 필요를 느끼지 못한다.

소득이 불안정한 것도 집을 사지 않으려는 이유 중 하나다. 에코세대는 안정적인 일자리보다는 비정규직으로 대표되는 임시직 일자리에 익숙하다. 언제든 소득이 끊기거나 줄어들 수 있다는 의미다. 그래서 에코세대의 주거 형태를 보면 오피스텔, 고시원, 반지하, 옥탑방 같은 불안정한 것들이 많다. '칠포 세대'라고 불리며 결혼마저 사치라고 생각하는 마당에 이들에게 내 집 마련은 아예 생각 밖에 있다고 할 수 있다. 그런데 이런 고정관념을 깨는 이상 현상이 2015년 부동산 시장에서 일어났다. 다음은 그 현상을 다룬 기사의 일부다.

"부동산 시장의 새로운 구매층으로 떠오른 에코세대(1979~1992년생)가 아파트에 이어 오피스텔, 상가 등 수익형 부동산 투자에 적극 나섰다. 베이비붐세대의 자녀인 에코세대는 '더 이상 아파트로 돈 버는 시대는 끝났다'고 믿는 세대지만 '그래도 내 집 하나는 있어야 한다'는 인식이 강하다. 이런 성향 때문에 에코세대는 최근 주택 시장에서 큰 적정한 전세가격으로 생활해도 괜찮다고 생각해왔던 에코세대가 치솟는 전셋값을 감당하지 못하고 아예 집을 사는 이상 현상이 2015년 부동산 시장에서 벌어진 것이다. 2015년 한 해 주택거래량은 110만 건을 돌파했는데 이는 주택경기가 호황이던 2006년 이후 사상 최고치였다. 정부 통계에 따르면 분양아파트 물량의 35%가량을 에코세대가 사들였다. 이는 40대(32%)와 50대(18%), 60대(8%)보다 높은 수치다.

에코세대가 대거 내 집 마련에 나선 것은 집 사는 것을 정말로 원해서가 아니다. 천정부지로 뛰는 전셋값에 전세품귀현상까지 가속화되자 울며 겨자 먹기로 집을 사버린 것이다. 물론 저리의 주택자금대출 등 정부가 내놓은 각종 주택경기부양책은 이들의 결심에 불을 지핀 결정적인 요인이었다. 이들이 집을 사기 위해 다른 세대보다 훨씬 많은 돈을 빌렸다는 점에 주목해야 한다. 한국은행 자료에 따르면 2014년 2월 이후 1년 동안 30대 이하가 빌린 주택자금대출은 24%나 증가했다. 12% 정도 늘어난 40대는 물론 50대와 60대까지 앞지르는 수치다.

지금은 저금리 기조가 유지되고 있으니 괜찮다 하더라도, 금리가 인상되거나 집값 폭락이라는 쓰나미가 몰아쳤을 때 이들 에코세대의 피해가 가장 클 것이라고 예상하는 근거이기도 하다. 에코세대는 주택

시장 이외에도 다양한 분야의 소비를 주도한다. 이래저래 돈 쓸 일이 많은 이들이 집값 폭락으로 인해 '하우스푸어'가 되면 내수에도 치명적인 악영향을 끼치게 될 개연성은 높다. 정부는 지난 2년간 DTI(총부채상환비율)와 LTV(주택담보대출비율)를 완화하는 방식으로 주택 시장을 활성화하려고 했다. 이것이 내수를 살리는 불씨가 되길 기대했으나 기대한 효과를 거두지는 못했다. 오히려 가계부채를 급증시키고, 에코세대까지 잠재적 하우스푸어가 될 확률을 높였을 뿐이다.

2016년 상반기를 기준으로 이후부터는 에코세대의 부동산 열풍이 식을 가능성이 그 어느 때보다도 많다. 정부의 정책이 대출을 규제하는 쪽으로 가면서 그 영향을 가장 많이 받을 세대가 바로 그들이기 때문이다. 이런 현상은 이미 다른 나라의 사례를 통해서도 어느 정도 입증됐다. 미국에서는 우리나라의 에코세대와 동일한 의미로 '밀레니얼세대'란 말을 사용한다. 밀레니얼세대는 1982~2000년에 태어난 세대로 일반적으로 20~37세에 해당한다. 현재 8310만 명으로, 미국 전체 인구의 25%를 차지한다.

2016년 3월 8일 KB금융지주 경영연구소가 발표한 자료에 따르면 미국의 밀레니얼세대인 37세 이하 가구주의 주택소유율은 36%로, 10년 전(43%)에 비해 7%p 떨어졌다. 밀레니얼세대의 학자금 대출 증가와 고용둔화 등이 주택소유율에 영향을 준 것으로 연구소 측은 분석했다. 실제로 미국의 학자금 대출 규모는 2015년 4분기 약 1조 2000억 달러로 빠르게 증가했다. 특히 37세 이하(65%)가 상당수를 차지했다. 또 부모와 거주하는 밀레니얼세대는 약 20% 정도인데, 이 중 독립했다가 다시 부모 집으로 돌아온 경우가 40%였다. 부모와 사는 주된 이유는 소득 저축, 대출 상환(31%), 다시 학업을 시작(15%), 실직(12%) 등으로 월 임대료 납부가 어려운 경우가 상당수였다. 이런 자료를 보면 미국의 밀레니얼세대가 치솟는 집값과 고용불안, 경기침체로 인한 소득 감소로 주택 구입에 어려움을 겪고 있음을 알 수 있다.

20대 후반에서 30대 초반의 젊은 세대가 어려움을 겪는 것은 비단 우리나라와 미국만의 일은 아니다. 영국 유력 일간지 《가디언》이 2016년 3월 7일에 보도한 내용은 이런 현상을 잘 보여주고 있다. 《가디언》은 룩셈부르크소득연구(LIS)의 크로스내셔널데이터센터가 미국, 캐나다, 호주, 독일, 영국, 프랑스, 이탈리아, 스페인 등 서방 선진 8개국의 소득 통계를 분석한 결과를 보도했다. 그 결과에 따르면 가구주가 25~29세인 가구의 가처분소득 성장률은 최근 30여 년의 평균을 밑돌며 오히려 뒷걸음질한 것으로 조사됐다. 이는 젊은 세대의 소득이 빠르게 감소하고 있다는 것을 의미한다. 30년 전에는 청년들이 전체 평균을 훨씬 웃도는 소득을 올렸는데, 한 세대 만에 역전된 것이다. 청년 소득 성장률도 다른 인구집단 특히 65세 이상 은퇴자에 비해 크게 못 미쳤다. 우리나라 역시 부모에게 경제적으로 의존하는 에코세대의 비율이 상당히 높은 편이다. 주택산업연구원 자료에 따르면 에코세대는 빈약한 금융자산으로 부모와 동거하는 비율이 높았으며, 그나마 주택을 소유하고 있는 에코세대 역시 절반 가까운 41%가 부모에게 돈을 지원받은 것으로 집계됐다.

에코세대는 현재까지 베이비붐세대가 남겨 놓은 경제적 유산을 누리고 있다. 하지만 30대를 넘어서부터는 오히려 베이비붐세대의 은퇴로 인한 경제적 여파를 가장 많이 받을 세대다. 때문에 그들이 느끼는 충격은 더욱 클 수밖에 없다. 2012년 통계청 조사에 따르면 베이비붐세대의 주거유형 중 가장 큰 비중을 차지하는 것은 '자가'로 전체의 59.6%를 차지했다. 전세(19.1%) 및 월세(17.9%)와 비교해 내 집을 소유한 비중이 압도적이다. 반면 같은 통계에서 에코세대의 주거유형별 비중은 월세가 46.6%로 가장 많았다. 전세(31%)까지 합하면 77.6%로 상당수가 남의 집에 얹혀산다고 할 수 있다. 에코세대의 자가 비중은 15.4%에 그친다. 베이비붐세대가 에코세대보다 자기 집을 가진 비중이 4배나 높은 셈이다. 이는 두 가지를 의미한다. 우선 집값을 두고 두 세대의 이해관계가 정반대가 될 수밖에 없다. 다음으로 베이비붐세대가 집을 팔고 싶어도 그것을 사줄 에코세대는 주택 소유의식과 소득수준에 변화가 생겨 사줄 수 없다는 것이다.

특히 두 번째에 집중할 필요가 있다. 생활고에 내몰린 베이비붐세대가 집을 팔고 싶어도 에코세대가 그 집을 살 만한 경제적 여유가 없다면 무슨 일이 일어날까? 그 결과는 '부동산 가격 하락'이다.

문제는 바로 여기에 있다. 우리나라의 에코세대는 경제적 여유가 그리 많지 않다. 2016년 현재 우리나라의 에코세대는 취업난, 결혼난, 주거난이라는 삼중고를 겪고 있다. 앞으로 20~30년간 한국사회를 이끌어야 할 주력세대가 사회에 첫발을 내딛는 시기부터 심각한 고통에 시달리고 있는 것이다. 이들은 베이비붐세대보다 교육수준이 높은데도 취업에는 훨씬 많은 어려움을 겪고 있다. 실제로 2010년 기준으로 27~31세(1979~1983년생) 에코세대의 고용률은 71.2%로, 50세 이하 (1960~1963년생) 베이비붐세대 고용률인 74.1%보다 낮았다. 취업 사정이 나빠지면서 에코세대의 결혼과 출산도 상대적으로 늦춰지고 있다. '25 세 때 결혼하지 않은 사람의 비율'은 베이비붐세대의 경우 45.5%로 절반을 밑돌았지만, 에코세대는 91.7%로 거의 대부분이었다. 물론 결혼을 늦게 하는 사회적 분위기도 한몫하고 있지만, 취업과 내 집 마련 등 경제적 여력도 무시할 수 없는 원인 중 하나다. 에코세대는 이미 대학 때 빌린 학자금 대출상환 등으로 사회생활 초기부터 빚의 늪에 허덕인다. 게다가 취업도 늦어지면서 전세금마저 천정부지로 뛰어올라 남의 집에 얹혀살 수밖에 없다. 이것이 오늘날 에코세대의 자화상이다.

에코세대의 위축이 무엇보다 우려되는 점은 전 세대의 빈곤과 연결될 개연성이 많다는 것이다. 현재는 자식세대의 문제로 치부하더라도 향후 부모세대를 비롯한 전 세대에게 영향을 미칠 것이 자명하다. 자식세대가 성장하면서 사회의 중추적인 역할을 제대로 할 수가 없을 테니 말이다. 이들의 소득이 많고 인구수가 받쳐줘야 부모세대를 부양할 텐데 에코세대는 그럴 만한 형편이 되지 못한다. 물론 에코세대의 소득이 안정적이면 이 문제는 해결이 가능하다. 하지만 뚝뚝 떨어지는 고용율과 불안을 부추기는 고용형태로는 지속적으로 늘어나는 빚을 부담할 재간이 없다. 더구나 출산율조차 하락하는 추세에선 미래마저 불투명하다는 게 현실이다.

에코세대의 고통은 각종 통계지표에서도 고스란히 드러나고 있다. 2013년을 기준으로 지난 10년간 에코세대의 자살률은 5배나 급증했다.

한국보건사회연구원 보고서에 따르면 베이비붐세대의 자녀인 에코세대 자살률(10만 명당 자살사망자)은 2001년 4.79명에서, 2010년에는 5.12배인 24.54명으로 급증했다. 보고서는 그 원인을 2007년 이후 학자금대출에 따른 신용불량자 증가, 생활고, 취업난, 학업문제 등으로 분석했다.

사정이 이렇다 보니 에코세대는 재무설계 전반에서 취약한 모습을 보이고 있다. KB경영연구소 발표에 따르면 에코세대의 71.8%는 재무설계에 대한 계획을 세워본 적이 없는 것으로 나타났다. 재무설계가 어려운 이유로는 '보유자금이 너무 적기 때문'이라는 응답이 55.2%로 가장 높았다. 이어 '정보를 찾기 힘들다(22.0%), 전문가 조언을 받기 어렵다(20.2%)' 등 외부적 요인을 꼽는 응답이 뒤따랐다.

필자는 '경고 No.7 베이비붐세대 은퇴'와 '경고 No.8 에코세대 위축'에서 한국 부동산 시장에 크게 영향을 미칠 요인 두 가지를 세대별로 나누어 설명했다. 전체 인구의 40%가 넘는 베이비붐세대와 에코세대는 이렇게 서로 영향을 주고받으며 당분간 부동산 시장의 흐름을 좌우할 가능성이 많다. 부동산개발회사인 피데스개발이 한국갤럽과 공동으로 조사한 내용을 보면 이 같은 내용이 잘 소개되어 있다. 두 회사가 2015년 12월 발표한 〈2016~2017년 주거공간 트렌드〉를 보면 2016년과 2017년 부동산 시장은 베이비부머와 에코부머가 주택 시장의 주역으로 떠오르면서 주거공간에 변화가 오는 현상을 표현하고 있다. 주요 내용을 살펴보면 다음과 같다. 첫 번째, 은퇴한 부모와 경제활동이 활발한 자식세대가 집을 합치거나 나눈다. 혹은 경제력이 있는 부모가 취업난에 허덕이는 자식세대에게 집을 제공하기 위해 부동산을 처분한다. 이처럼 다양한 주거형태가 나타날 것이다. 두 번째, 서울 도심 아파트에 거주하던 부모가 자녀의 수도권 신도시로 이사를 간다. 혹은 자녀가 부모의 서울 아파트로 이사 온다. 이같이 집을 바꾸는 일도 발생할 것이다. 세 번째, 60대 부모와 30대 자녀 부부가 큰 집 하나로 이사해서 함께 산다. 혹은 손자손녀 양육을 조부모가 책임지느라 두 집이 같은 아파트나 한 동네에 거주한다. 이런 현상도 늘어날 것이다.

부동산에 투자하려는 독자들은 이런 주택 시장의 흐름을 예의주시할 필요가 있다. 트렌드에 맞는 주택투자가 실패하지 않는 지름길이기 때문이다. 에코세대는 경제환경이 변했음을 알고 있으며, 한차례 부동산 폭락까지 경험했다. 그래서 이들은 더 이상 주택을 시세차익 대상으로 여기지 않고 실제 보유하면서 거주하기 위한 용도로 여기는 경향을 보이고 있다. 이미 건설사들도 에코세대에 맞는 맞춤형 아파트를 무기로 분양 시장을 공략하고 있다. 특히 에코세대는 가족 간의 여가 및 문화 등을 중요시하고 집에 머무는 시간을 유용하게 쓰려고 한다. 이런 점을 감안한 건설사들은 이들의 수요를 충족하기 위해 단지 내에 새로운 커뮤니티시설과 조경 등에 신경을 쓰고 있다. 결론적으로 에코세대의 주거 트렌드는 크게 세 가지 특징이 있다고 정리할 수 있다.

첫 번째, 직주근접(Near the office)이다. 즉 사무실과 가까운 곳에 집을 얻으려는 경향이 강하다. 또한 투기나 투자보다 실거주용으로 주택을 보유하려고 한다. 이는 강남, 여의도, 광화문 등 주요 업무지구에 출퇴근이 편리한 지역의 집값 상승을 유도할 수 있다. 물론 맞벌이 부부가 많은 것도 직주근접을 부추기는 이유 중 하나다. 최근 강남에서 가까운 거리에 있는 위례 등에 새로 건설되는 아파트가 늘어나는 것도 이런 현상에서 비롯되었다.

　두 번째, 작은 집을 선호하는 현상이다. 에코세대는 무리해서 큰 집을 구입하거나 임대해서 살지 않는다. 오히려 아파트 내의 각종 편의시설이나 주거환경에 더 많은 관심을 나타낸다.

　세 번째, 에코세대는 낡은 아파트보다는 새 아파트를 선호한다. 물론 과거 호황기 때는 새 아파트, 기존 아파트 구분 없이 투기 수요가 몰려들며 가격이 폭등했었다. 하지만 최근에는 젊은 실수요층에서 기존 아파트보다 새로운 아파트에 대한 선호가 뚜렷하게 관찰되고 있다.

경고 No.9
미국 금리인상

미국에서는 금리인상 속도를 조절했을 뿐 아니라 금리를 동결해야 한다는 목소리도 만만치 않게 흘러나오고 있다. 하지만 저금리가 계속된다고 하더라도 우리나라 부동산 시장이 호전되기는 어려운 시기다. 현재의 추세라면 금리인상이 점증적으로 높아질 가능성이 많기 때문에 대출을 받아 집을 사려는 수요자가 급증하기는 어렵다. 향후 대출완화는 한동안 기대하기 힘들 것으로 판단된다.

우리는 '경고 No.1 저성장'에서 우리나라 경제에 영향을 미치는 외부적 요인을 이미 살펴봤다. 무역 의존도가 높은 우리나라는 미국과 일본, 중국, 그리고 EU 등의 변화에 많은 영향을 받는다고도 언급했었다. 하지만 2016년 9월 시점에서 본다면 한국 경제와 관련된 가장 큰 외부적 변수는 미국 금리인상 여부라고 할 수 있다. 미국 금리는 한국 경제에 직접적 영향을 미칠 뿐 아니라 세계 경제에도 영향을 끼쳐 우리나라에 다시 한 번 간접적 영향을 준다는 점에서 가장 큰 변수라고 할 수 있다. 특히 현재는 미국이 금리를 추가로 인상할지 아니면 저금리 기조를 이어갈지 갈피를 잡기 어려운 상황이라, 한국은 미국 금융 당국의 입만 쳐다보고 있어야 하는 형편이다. 물론 미국의 금리인상 여부는 미국 내에서도 그 가능성이 하루가 다르게 바뀔 정도로 예측하기 어려운 요소다.

사실 2015년을 기준으로 미국금리는 꾸준히 상승할 가능성이 많다는 것이 전문가들의 대체적인 예측이었다. 미국 역시 2015년에는 기준금리인상을 시작하겠다는 뜻을 사실상 공식화했다. 재닛 옐런 미국 연방준비제도(FED 연준) 이사회 의장은 2015년 5월 미국 로드아일랜드주에서 가진 강연에서 미국 경제가 지속적인 성장세를 보일 것으로 전망했다. 그러면서 "올해 안 어느 시점에 기준금리 목표치 상향 및 통화정책 정상화 조치를 시작하는 것이 적절하다"고 말했다. 옐런 의장은 특히 "고용과 물가가 연준의 목표수준에 도달할 때까지 통화 긴축정책을 늦췄다가는 경제가 과열될 위험이 있다"고 강조했다. 옐런 의장의 이 같은 발언에 대해 세계 금융시장은 2008년 이후 7년 가까이 제로수준(연 0~0.25%)에 묶어 놓았던 금리를 2015년 하반기부터 '정상화'하겠다는 의지로 받아들였다. 하지만 미국 FED는 지난해 12월 단 한 차례 금리를 인상하는 데 그쳤다. 세계 경제 회복이 더딘 데다가 저유가로 인한 변수들이 금리인상 속도를 조절하는 요인으로 작용했기 때문이다.

미국이 당초 예상과는 달리 금리인상의 속도를 조절하려는 움직임은 2016년에도 계속될 것으로 보인다. FED는 미국 시간으로 3월 16일 열린 2016년 두 번째 연방공개시장위원회(FOMC)에서 발표한 성명을 통해 네 차례로 예정됐던 금리인상을 두 차례로 줄이기로 했다. 또한 기준금리도 현재 수준인 연 0.25~0.5%로 유지하기로 했다. FED의 입장은 금리인상에 보다 적극적이었던 이전 회의 때까지의 분위기에서 적잖이 후퇴했다. FED는 이런 변화의 배경으로 "세계 경제와 금융 상황의 위험이 계속되고 있다"는 점을 꼽았다. 이런 예측대로 FED는 2016년 6월 16일 기준금리를 동결시켰다. FED는 6월 14일, 15일 이틀간 열린 FOMC 회의 직후 공개한 성명을 통해 "전반적인 경제가 회복되고 있는 모습이지만 최근 고용 시장이 부진한 모습을 보이고 있다는 점에 주목해 6월 금리인상을 단행하지 않기로 했다"고 밝혔다.

하지만 미국의 기준금리인하나 동결 기조가 장기적으로 계속되기 어려운 이유는 여기에 반대하는 금융권 인사들이 적지 않기 때문이다. 월가 애널리스트들은 물론 옐런 의장의 최측근으로 꼽히는 연방준비은행 총재들까지 반론을 제기하는 분위기다. 실제로 FOMC 위원 17명 중 제임스 불라드 미국 세인트루이스 연은 총재를 비롯해 연은 총재 4명은 미국 경제의 회복속도를 봤을 때 연준이 금리인상을 지속해야 한다는 입장을 피력하고 있다.

미국 금융당국 내에서도 의견이 엇갈리고 있다. 하지만 12월까지만 해도 금리인상 가능성이 99%였던 것에서 지금처럼 찬반여론이 나눠진 상황으로 변한 것은 우리나라 입장에서는 호재라고 볼 수 있다. 미국이 금리를 인상하면 외국 자금의 유출로 이어질 가능성이 많아, 이를 막으려면 우리나라 역시 금리를 인상할 수밖에 없을 테니 말이다. 반면에 미국이 금리 속도를 늦춘다면 우리나라 금융당국은 보다 여유 있게 금리를 조절할 수 있게 된다. 우리나라에서 금리를 오히려 인하해야 한다는 주장이 나오는 배경이다. 미국이 금리인상 속도를 조절하기로 한 것은 글로벌 경제회복 속도가 더디다고 판단하기 때문인데, 옐런 의장의 말이 이를 잘 보여주고 있다. 그는 "금리인상이 미국은 물론 전 세계 금융시장에 혼란을 가져올 것이다. 하지만 금리 정상화는 경제가 금융위기의 그림자로부터 마침내 빠져 나왔다는 중요한 신호가 될 것"이라고 말한 바 있다. 이런 상황에서 미국이 금리 상승을 선택하는 것은 쉽지 않은 일이다. 세계 경제가 유기적으로 엮여 있는 상태라 미국이 기준금리를 올릴 요인과 유지할 요인이 뒤죽박죽 섞여 있기 때문이다. 다만 여러 경제지표가 혼조세를 보이는 속에서도 미국이 견고한 성장을 하고 있다는 것은 분명해 보인다. 물론 미국 경제가 둔화세로 선회할 위험이 없는 것은 아니다. 유로존 불안과 일본 아베노믹스의 실패 등 주요 선진국발 잠재위험이 현실화되고, 러시아 디폴트 위기 등 돌발위험이 불거지면 미국 역시 세계 경제와 함께 동반 하강할 가능성도 있다.

분명한 것은 미국이 금리를 인상하는 속도를 조절했을 뿐 장기적으로는 금리를 인상하는 방향으로 가고 있다는 점이다. FED의 정책금리가 시장 예상보다 이른 시점에 빠른 속도로 인상되면 미국을 중심으로 시장금리가 가파르게 상승하면서 글로벌 금융자산 가격은 크게 하락할 수 있다. 또한 금융시장의 변동성이 커지면 일부 신흥국은 자국 통화가치의 하락 방지 등을 위해 경기상황에 상관없이 정책금리를 인상할 확률이 높다. 이는 경기위축과 글로벌 교역 축소로 이어져 세계 경제에 부정적 영향을 초래할 우려가 있다.

우리나라 전체로 보면 환율과 금리에 따라 변동성이 커지는 주식·채권 등 유가증권 시장은 미국의 금리 영향권에서 벗어날 수 없다. 엎친 데 덮친 격으로 중국 경제의 둔화 속도가 빨라진다면 미국 금리인상 효과와 겹치면서 글로벌 시장이 받을 충격이 증폭될 가능성도 있다. 이런 시나리오가 펼쳐지면 수출 의존도가 높은 한국 경제는 위기상황을 맞을 수밖에 없다. 게다가 환율변동 리스크도 우려스러운 부분이다. 미국 금리가 올라 달러가치가 상승하면 상대적으로 원화가치가 떨어지는 만큼 외국인 투자자금 이탈에 가속도가 붙는다. 자본유출이 심각한 수준으로 진행되면 한국은행에 가해지는 기준금리인상 압박은 가중될 수밖에 없다.

그나마 정부와 기업은 운신할 수 있는 폭이 있다. 하지만 가계는 속수무책일 공산이 크다. 대출이 많은 집일 경우 평소 갚아나가던 이자가 금리인상에 따라 점점 늘어나 상환 자체가 더욱 어려워지기 때문이다. 이것이 가계가 정부와 기업보다 더 위태로운 이유다. 이런 경우 가계가 세울 수 있는 대응전략은 하나밖에 없다. 그동안 마음 놓고 빚을 빌려 썼다면 이제라도 갚아나가야 한다. 재산을 처분하든지 대출을 줄이든지 해야 한다. 미국이 금리인상 속도를 늦춘 것은 어떤 면에서는 시간을 번 것뿐이다. 예상과 달리 갑작스럽게 미국의 금리인상이 시작되는 순간 여기에 대비하지 못한 가계는 긴 어둠의 터널로 진입하게 될 것이다. 물론 이런 가계는 소득이 줄거나 끊길 가능성도 배제할 수 없다. 때문에 이제라도 대출을 감당 가능한 수준으로 줄이거나 갚아나가는 지혜가 절실하다. 미국 금리인상의 변수에 불안해만 할 것이 아니라 오히려 주도적으로 대응해야 하는 시점이다. 자신의 처지를 남에게 맡기기보다 스스로 생존하는 게 더 나은 시대가 되었기 때문이다.

미국 금리인상이 우리 경제에 미치는 영향을 좀 더 자세히 살펴보자. 가장 직접적으로 연관이 있는 것은 '국가 부채'다.

경제지 《디지털타임즈》가 2016년 3월 1일 보도한 우리나라의 부채 현황을 보면 국가부채와 가계부채, 기업부채 등을 모두 합산해 추산한 '국가총부채'가 5200조 원에 육박하는 것으로 드러났다. 《디지털타임즈》의 이 같은 수치는 기획재정부와 한국은행, 국회, 예산정책처 등이 발표한 자료를 종합적으로 분석한 결과다. 특히 박근혜 정부 3년간 국가부채는 빠른 속도로 증가했다. 항목별로 보면 가계부채가 1200조 원에 이르고, 중앙정부와 지방정부 및 연기금 부채 총합은 1600조 9000억 원, 기업부채가 2347조 원이다. 이를 통계청 추산인구 5061만 7045명으로 나누면 국민 1인당 지고 있는 빚은 1억 170만 2894원에 달한다. 이처럼 국가 총부채가 5000조를 넘어서는 상황에서 미국의 기준금리인상은 우리 경제에 큰 타격을 줄 수밖에 없다. 특히 미국 금리인상은 우리나라 기준금리인상으로 이어져 부채상환 부담이 비교적 큰 가계를 시작으로 부실이 폭발할 것이라는 우려가 크다.

한국경제연구원(이하 한경연)이 2015년 6월 발간한 보고서의 경우 전체 국가부채를 4835조 3000억 원으로 추정했는데, 국가부채 위험을 가중시킬 수 있는 대외 위험요인으로 미국의 기준금리인상을 첫 번째로 꼽았다. 한경연은 최근 10년간(2005~2015년) 미국의 기준금리가 인상됐을 때 짧게는 2개월의 시차로 한국 기준금리도 상승하는 것으로 분석했다. 한경연은 "미국과 한국의 기준금리 동조화 경향이 큰 것으로 볼 수 있다"며 "미국 기준금리인상이 예견되는 상황에서 전체 국가부채에 대한 정부, 가계, 기업 등 각 경제주체의 선제대응이 필요하다"고 주장했다. 한경연은 "정부나 기업과 달리 가계는 자금조달 방안이 제한적이기 때문에 기준금리인상에 따른 추가이자 비용을 온전히 부담해야 하는 실정"이라고 말했다.

앞에서도 설명했지만 미국 금리인상 가능성이 꾸준히 제기됐음에도 부채가 확대된 것은 정부의 책임이 크다. 정부는 2015년 하반기부터 주택담보대출을 포함한 가계부채를 관리하는 쪽으로 방향을 틀었으나 그 전만 해도 빚내서 집을 사라는 정책을 꾸준히 펴왔다. 정부는 미국의 금리인상을 알고 있으면서도 저금리와 대출유도 정책으로 가계를 궁지로 내몬 셈이다. 당장의 경기활성화를 위해 가계를 제물로 삼은 것이나 다름없다. 정부가 기준금리를 꾸준히 내린 이유는 가계가 빚내서 소비를 늘리면 경기가 살아날 것이라는 판단이 있었기 때문이다. 하지만 결과적으로 내수침체는 여전하고, 가계 빚만 천문학적인 금액으로 늘어났다. 물론 빚을 감당할 수 있다면 아무런 문제가 없다. 하지만 감당할 수 없다면 사태는 심각해진다. 최악의 시나리오는 대출이자가 오르고 집값이 떨어져 집을 팔아도 빚을 갚을 수 없는 상황이다. 때문에 이를 사전에 막을 수 있는 유일한 길은 당장이라도 무리한 빚을 청산하는 것이다.

우리 경제를 떠받치는 또 하나의 축인 기업의 사정도 별반 다르지 않다. 재계는 한동안 미국의 저금리 기조에 따라 좀비기업이 급증했다. '좀비기업'이란 회생할 가능성이 없음에도 정부 또는 채권단의 지원을 받아 간신히 파산을 면하고 있는 기업을 말한다. 3년 동안 영업이익으로 이자조차 갚지 못하는 기업이다. 공식 용어는 '한계기업'이다. 정부 통계 자료에 따르면 외부감사를 받는 비금융법인 중 한계기업 비중은 2009년에 12.8%였던 것이 2015년 말에는 15.2%까지 증가했다. 미국 금리인상에 따른 국내 금리인상은 좀비기업의 생명줄을 끊어 놓는 독약이 될 것이다. 이들 기업의 빚은 이자를 감당할 수 없는 상황이 되면 부실채권으로 전락하고, 은행의 건전성에 직격탄을 가하게 될 테니 말이다. 특히 장기침체에 빠진 조선, 해운, 철강, 건설, 석유화학 업종을 중심으로 기업부실이 확산될 것이라는 우려가 나오고 있다. 물론 재무상태가 건전한 기업도 안전지대에 있다고만 말할 수는 없다. 미국 기준금리인상으로 인도네시아, 말레이시아, 태국 등 외환보유액이 낮고 부채비중이 높은 신흥국에 유동성 위기가 발생할 경우, 이들 국가에 대한 수출 감소와 투자 회수의 어려움 등으로 한국 기업에 악영향을 끼칠 것이기 때문이다.

최악의 시나리오는 기업의 국내 생산 및 투자가 감소하는 것이다. 이로 인해 기업은 구조조정 및 정리해고를 할 수밖에 없고, 일자리를 잃게 된 사람들은 재취업을 시도하겠지만 녹록하지 않은 현실의 벽에 맞닥뜨린다. 결국 대부분 자영업으로 생계를 도모하지만 경기침체로 인한 소비부진의 늪에서 벗어날 수는 없을 것이다.

앞서도 언급했지만 그나마 다행스러운 것은 미국이 금리인상 속도를 조절했을 뿐 아니라 금리를 동결해야 한다는 목소리가 만만치 않게 흘러나온다는 점이다. 2016년 9월의 기준금리 동결도 이런 분위기가 있어서 가능했다. 물론 경기가 미국보다 좋지 않은 우리나라가 금리인상에 나서기는 힘든 상황이다. 최근 금융시장에선 오히려 '한국은행이 언제 금리를 내릴 것인가'에 대한 예측이 나오기도 한다. 물론 저금리 장기화 얘기도 확산되고 있다.

이처럼 갈피를 잡기 어려운 상황에서는, 필자가 누차 강조했던 것처럼 적어도 2년 정도는 집값을 관망하는 것이 유리하다. 저금리가 계속된다고 하더라도 부동산 시장이 호전되기는 어려운 시기이기 때문이다. 시장을 움직이는 변수는 금리와 함께 금융권의 대출규제 정책과 법규 등 아주 다양하다. 핵심은 거액을 투입해야 하는 주택 시장에서 대출규제가 매우 중요하다는 점이다. 현재의 추세라면 대출규제는 점점 늘어날 가능성이 많아 대출을 받아 집을 사려는 수요자가 급증하기는 어렵다. 특히 금리인상 우려가 회자되는 시점은 어떻게 보면 경제상황이 좋지 않다는 신호로 볼 수 있다. 때문에 주택매매심리 회복이 동반되려면 대출규제가 완화되어야 한다. 하지만 대출완화는 한동안 기대하기 어려울 것으로 판단된다.

사실 미국 금리인상과 관련해 우리 정부의 인식이 너무 안일한 것 아닌가 하는 우려가 적지 않나. 우리 정부는 2015년 12월 미국 금리인상 때도 영향이 제한적이라고 잘라 말했다. 하지만 금리인상이 우리 경제에 미칠 파급효과를 감안한다면 지금보다 훨씬 더 치밀한 대책을 세워야 한다. 그렇지 않을 경우 우리나라는 1997년 외환위기, 2008년 금융위기 때보다도 더 큰 위기를 맞게 될 확률이 높다.

경고 No.10
주택공급 과다

같은 시기에 여러 곳에서 한꺼번에 발생하고 있는 재건축으로 주민들이 살던 집에서 쫓겨나고 있다. 하지만 무엇보다 더 심각한 것은 새로운 부지에 새 아파트를 무리하게 공급한다는 점이다. 2~3년 후를 고려하지 않은 정부 정책으로 오히려 공급과잉을 걱정할 처지에 놓였다. 결국 동시다발적으로 입주할 새 아파트는 도심과 멀리 떨어진 외곽 지역의 미분양주택을 양산할 개연성이 농후하다.

아무리 좋은 물건도 수요보다 공급이 많으면 가격이 떨어지는 것이 '시장경제의 원리'다. 이 원리는 부동산 시장에도 예외 없이 적용된다. 부동산 가격은 기본적으로 수요와 공급에 의해 결정된다. 다만 부동산은 '가수요'라는 변수가 있어 수요와 공급이 정확하게 맞아떨어진다고 보기는 어렵다. 그럼에도 가수요를 넘어서는 공급은 부동산 가격 하락을 불러올 수밖에 없다. 이런 면에서 향후 2년간 주택가격을 좌우할 마지막 변수는 '공급과잉'이다. 필자는 현재의 주택공급은 실수요와 가수요를 모두 포함한 수요를 이미 넘어섰다고 판단한다. 정부는 지금까지의 지표만 가지고는 공급과잉이라고 보기 곤란하다는 입장이지만 시장에서 느끼는 온도는 전혀 다르다.

또 각종 주택지표들을 보면 공급과잉을 우려할 만하다. 정부가 집계한 바에 따르면 지난해 공급된 아파트 물량은 51만 호 정도다. 이는 지난 2000년 조사 이후 최대치다. 이 아파트들은 대부분 2017년부터 입주를 시작하는데 시장에서는 2008년 금융위기 후 미분양 아파트들이 대거 등장해 주택가격이 폭락했던 일이 반복될 것이라는 염려가 나오고 있다. 공급과잉을 지적하는 전문가들은 미분양이 쌓이면 집값이 급락하고 세입자를 찾지 못한 새 아파트가 늘어나면서 주택 경기와 실물 경기가 동반 침체되는 악순환 사태가 올 것을 걱정하고 있다.

2015년 한 해 동안 주택공급이 늘어난 것은 정부의 각종 대출완화 정책 탓이 크다. 앞서도 설명했지만 정부는 주택 경기 부양을 위해 2014년과 2015년에 연달아 대출조건을 완화시켰다. 이에 따라 수도권을 중심으로 집값이 오르기 시작했고, 여기에 힘입어 건설사들도 공급을 대폭 늘렸다. 실제로 2015년 4월 국토교통부가 발표한 주택물량 실적자료를 보면 1분기 주택공급과 관련한 주요 지표들이 일제히 상승했다. 전국의 주택인허가 실적은 11만 8772가구로 2014년 같은 기간(9만 3278가구)보다 27.3% 증가했고, 착공실적은 11만 523가구(29.0% 증가), 분양실적은 5만 7465가구(40.9% 증가)로 크게 늘었다.

특히 공급물량의 대부분이 서울시와 수도권에 몰려 있다는 것을 눈여겨봐야 한다. 같은 조사에서 서울 지역 공급량을 보면 2017년 4만 7652가구, 2018년 10만 4254가구, 2019년 7만 7172가구 수준으로 급증할 것으로 보고 있다. 서울 지역에서 새집이 늘게 되면 인근 수도권 지역이 타격을 입을 공산이 크다. 게다가 서울 강남과 송파, 서초,

강동 지역에 철거를 앞둔 재건축단지의 공급물량까지 가세하면 향후 2~3년간 주택 시장의 공급량은 대폭 늘어날 수밖에 없다. 더구나 미국 금리인상에 따른 우리나라의 금리상승 가능성이 제기되면서, 이 같은 공급물량을 완전히 소진시킬 수 있을지도 상당히 의문스럽다.

이미 2015년 하반기부터 이러한 조짐들은 곳곳에서 감지되고 있다. 상반기에는 거의 발생하지 않았던 청약자모집 미달이 늘기 시작한 것이다. 2015년 8월에 발표한 국토교통부 자료에 따르면 6월 전국의 미분양주택은 3만 4068가구로 전달 대비 21.1% 증가했다. 2009년 3월 정점을 찍은 후 지속적으로 감소하던 미분양주택이 5월에 이어 두 달 연속 증가세를 이어간 것이다. 12월에는 6만 1512가구까지 늘어났다. 6월에 비해 반년 만에 거의 두 배가 늘어난 셈이다. 물론 2016년 1월에는 6만 737가구로 다시 감소세로 돌아서기는 했다. 하지만 미분양 자체가 해소되었다기보다는 비수기라고 할 수 있는 1~2월 분양 물량이 줄어들었기 때문이라고 봐야 한다.

더 심각한 수치는 인허가 물량 수치에서 나타난다. 국토부에 따르면 2016년 2월 인허가 물량은 5만 3723가구로 전년 동월 대비 무려 61.3% 증가했다. 문제는 '입주시점'이다. 후분양이 아닌 선분양 방식을 택하는 우리나라는 분양 후 평균 2년 정도 지난 시점에 입주를 시작한다. 즉 공급증가에 따른 부작용이 당장이 아닌 2년 후에 나타날 수 있다는 이야기다. 이는 전반적인 부동산 가격의 하락을 불러올 수 있다. 신규주택공급과잉 현상이 기존 주택 시장에마저 영향을 미칠 게 뻔하다. 특히 서울도심에서 멀리 떨어진 기존주택은 치명적일 공산이 크다. 수요보다 많은 공급의 문제가 외곽지역의 기존주택부터 공실을 초래하게 될 테니 말이다. 그런데도 정부 정책은 공급과잉에 간여하지 않고 그대로 내버려두고 있어 문제의 심각성을 점점 더 키우고 있는 실정이다.

지방 중소도시의 경우 이미 공급과잉으로 빨간불이 들어와 있다고 해도 과언이 아니다. 언론에서는 지방 중소도시 집값을 일컬어 '대세 하락기'라는 표현을 쓸 정도까지 와 있다. 국토교통부가 2016년 5월 25일 발표한 자료에 따르면, 지난 4월 지방 전체 미분양은 3만 1471가구로 전달보다 3.0%(926가구) 증가했다. 3월에 1.8%(545가구) 늘어난 데 이어 두 달째 증가세를 이어가고 있다. 특히 전남(2017가구)과 전북(1945가구)은 미분양이 각각 46.2%, 32.3% 급증했고 부산도 5.1% 늘어나 1315가구에 달했다. 대구(1638가구)는 전달에 비해 7.4% 감소하긴 했지만, 작년 4월(203가구)과 비교하면 1년 새 8배나 미분양이 급증했다. 미분양이 늘고 있는데도 지방의 주택공급은 좀처럼 줄지 않고 있다. 4월 지방주택 인허가 물량은 3만 2506가구로 1년 전에 비해 43.0% 증가했다. 수도권 인허가 물량(2만 7169가구)이 같은 기간 5.0% 감소한 것과는 대조적이다. 지방에서의 착공 실적도 3만 7642가구로, 작년 같은 달보다 44.2% 늘어났다. 가뜩이나 조선, 해운업 구조조정 여파로 지방 경기가 전반적으로 침체된 가운데 최근 시작된 대출 원리금 상환 규제가 지방에까지 확대되면서 지방 분양 시장은 급속도로 얼어붙고 있는 상황이다. 추가적으로 아파트 공급이 늘어날 경우 이 같은 흐름은 더욱 가속화될 것이다. 특히 공급과잉은 대출규제와 맞물려 집값을 더욱 얼어붙게 만들 공산이 크다.

아파트 분양 시장에서 '불패카드'로 꼽히던 중소형주택이 팔리지 않는 현상 역시 공급과잉의 신호로 봐야 한다. 특히 2015년 미분양물량 증가분의 대부분은 85㎡ 이하 중소형주택이다. 중소형주택 미분양물량은 3월 1만 8860가구를 기록한 이후 4월 1만 8815가구, 5월 1만 9133가구로 큰 변화가 없다가 6월 들어 2만 5748가구까지 늘었다. 전체 미분양주택 대비 비율로 따져보면 3월에 65.3%를 나타낸 이후 4~5월에는 각각 67%, 68%로 완만한 오름세를 보이다가 6월에는 75.6%로 급증했다. 민간택지 분양가상한제가 폐지된 이후 수요가 풍부한 중소형주택의 분양가가 상대적으로 더 많이 오른 이유도 있지만 일차적으로는 공급이 늘어난 것이 주된 이유다.

이 장 앞에서도 언급했듯이 시장경제에서 가격은 수요와 공급에 의해 결정된다. 수요가 공급보다 많으면 가격은 오르기 마련이다. 반면 공급이 수요보다 많으면 가격은 떨어진다. 중소형주택도 마찬가지다. 핵가족화로 인해 대형평수보다 중소형을 선호하는 가구가 늘어난 것에 착안한 건설회사는 중소형주택 공급에 초점을 맞췄다. 기본적인 방향은 맞았으나 놓친 사실이 있다. 모든 건설회사가 이런 생각을 했다는 점이다. 결국 중소형주택 과잉으로 미분양물량이 대형보다 더 속출하는 결과를 낳았다. 여기에 대형과 어느 정도 가격 차이가 있던 평당 분양가조차 오르고 있어 미분양은 가속화되고 있다. 분양가상한제 폐지가 중소형주택의 발목을 잡은 꼴이다. 향후 이 추세는 지속될 것으로 보인다. 적어도 2~3년 후 중소형주택의 수요가 늘고, 분양가가 시세 이하로 떨어져야 미분양물량이 해소될 수 있을 것이다.

따라서 정부 정책은 일차적으로 수요와 공급을 맞추는 것에 초점을 둬야 한다. 물론 정부가 이러한 노력을 전혀 하지 않은 것은 아니다. 국토연구원은 지난 2012년에 2013~2022년 장기주택종합계획을 통해 향후 10년간 우리나라의 주택수요를 연간 39만 가구(인허가) 수준으로 예측한 바 있다. 연구원은 경제성장률 및 인구증가율 둔화, 집값 상승 기대감저하 등으로 인해 주택수요가 2008년 이후 꾸준히 감소세를 보인 것을 통계에 반영했다. 하지만 민간공급은 2013년(45만 가구)을 시작으로 늘기 시작해 2014년(52만 가구), 2015년(77만 가구)도에 최대치를 기록했다. 정부는 민간공급이 늘어나는 것을 감안해 공공분양을 줄임으로써 수요와 공급을 맞추려 했다. 하지만 정부가 공공분양을 줄였음에도 공급 감소 효과는 나타나지 않았다.

여기서 정부 정책의 한계가 드러난다. 주택공급과잉 문제는 단순히 공공분양 감소로 해결할 수 없기 때문이다. 부동산 시장의 수요와 공급을 맞추기 위해서는 공공분양 물량을 줄이는 것뿐 아니라 금리 정책 등 다양한 정책이 함께 가는 쪽으로 일관성을 가져야 한다. 하지만 정부는 공공분양을 줄인다고 하면서, 한편으로는 대출완화 정책을 통해 수요를 오히려 증가시켰다. 민간 건설사는 이런 흐름에 맞춰 집을 밀어내기 시작했다. 건설회사 입장에선 공급을 늘릴 수밖에 없는 환경을 정부가 오히려 조장해준 꼴이다. 그러면서 공공분양 물량을 감소해 공급과잉을 막는다는 것은 어불성설이다. 정부는 아직도 주택 시장의 분양 물량이 적절한 수준이라는 안일한 자세로 일관하고 있다. 이러한 인식은 민간에서 나오는 우려와 완전히 다르다는 점에 그 심각성이 있다. 2016년

3월과 4월 사이에 각 지역신문 부동산 기사의 제목들을 살펴보자.

> "4월 전국에 분양물량 봇물 … 전국 미분양 늪 주의보"
>
> – 《헤럴드경제》, 2016년 4월 1일

> "꿈틀대는 수도권 부동산 시장 1분기 분양 물량 19% 증가 … 공급과잉 논란 재점화"
>
> – 《한국 경제》, 2016년 4월 3일

> "충북지역 쏟아지는 분양 물량 … 공급과잉 우려"
>
> – 《중도일보》, 2016년 4월 5일

> "과잉공급 전북 주택보급률 113% … 미분양 증가"
>
> – 《연합뉴스》, 2016년 3월 8일

언론에서 이런 기사가 쏟아지고 있음에도 정부 측에서는 정반대의 목소리를 내고 있다. 강호인 국토교통부 장관은 2016년 2월 18일 정부 세종청사에서 열린 기자간담회를 통해 "지난해 주택 인허가가 급증해 공급과잉이 우려된 것은 사실이지만 지금 당장 걱정할 것은 아니다"며 주택공급과잉을 일축한 바 있다. 서승환 전 국토부장관도 같은 달 3일

국가미래연구원 홈페이지에 올린 글에서 "2015년 인허가는 늘었어도 준공 물량은 늘지 않은 만큼 우려할 만한 초과공급은 없다"고 강조하고 있다. 인허가와 준공 물량은 명백히 다르다는 뉘앙스다. 서 전 장관은 "정책이나 경기 등에 이례적 변화가 없다면 2017년에도 주택 시장을 교란할 초과 공급 가능성은 낮다"고 덧붙였다. 관련 기관 수장들의 이런 발언은 수요자들을 안심시킴으로써 부동산 가격의 폭락을 방지한다는 차원으로 이해된다. 하지만 선량한 피해자를 낳을 수 있다는 점에서 과연 적절한 발언인지 의문스럽다. 따라서 정부가 선량한 피해자를 막기 위해서는 민간의 자발적 조절에만 기대하지 말고 적극적으로 시장에 개입해야 한다. 정부가 시장 개입에 소극적인 태도를 보이는 사이 역대 최대급 공급이 이어지면서 향후 입주대란에 대한 우려는 점점 커지고 있다.

정부가 부동산 시장 규제에 손을 놓을수록 건설회사는 제도의 허점을 파고든다. 민간건설회사는 사익을 목적으로 운영되는 기업이기 때문이다. 기업은 이익이 없으면 망한다. 때문에 어떻게든 최소의 비용으로 최대의 효과를 얻기 위해 노력할 수밖에 없다. 금융위기 이후 그동안 움츠렸던 건설사의 모습에서 알 수 있듯이 시장이 좋지 않을 땐 두 발 전진을 위해 한 발 물러서기도 한다. 하지만 2014년부터 정부의 대대적인 지원정책으로 건설회사는 물 만난 고기처럼 대량의 집을 공급했다. 정부의 주택 정책이 언제 규제강화로 돌아설지 모르니 물이 들어왔을 때 노를 저었던 것이다. 결국 건설회사는 주택공급과잉을 묵인하고 대대적인 분양에 나서고 말았다.

더구나 2016년 정부의 가계부채 관리방안을 절호의 기회로 삼아 광고에 나서기도 했다. 2015년에는 대출을 받으면 받을 수 있는 만큼 주택 마련이 수월하지만 2016년부터는 대출받기가 까다로워져 내 집 마련이 어렵다는 '임박' 모드를 홍보 수단으로 삼았다. 그러다 보니 2015년은 2000년 이후 사상 최대의 공급물량으로 주택을 분양하는 해가 되었다. 더욱이 정부의 분양가상한제 폐지로 건설사는 마음껏 분양가마저 올리고 있다. 건설회사 입장에서 보면 어차피 정부가 물(규제완화)까지 제공한 상태에서 마음껏 헤엄쳐보겠다(최대분양)는 심산을 가지는 것이 당연하다. 정부가 보다 엄격한 규제에 나서야 하는 이유가 여기에 있다. 정부는 주택 정책을 조금 더 거시적인 관점에서 봐야 한다. 필자가 앞에서 언급했던 에코세대의 주택보유 의식이라는 측면에서 해석하면 수요가 늘어날 일이 적다고 봐도 무방하기 때문이다. 일부 30대 젊은 세대들이 최근 주택거래에 적극적으로 뛰어들고는 있지만 전반적인 비율은 낮은 편이다.

한편 주택은 공급보다 더 중요한 게 '멸실이나 훼손'이다. 주민이 생활할 공간을 위해 집을 짓는 것보다 그들이 살고 있는 주택을 어떻게 '보전이나 관리'하느냐가 더 중요하다는 의미다. 현재 집이 없는 것은 어찌할 도리가 없다. 다 지어질 때까지 기다리는 수밖에 없으니 말이다. 하지만 지금 주민이 살고 있는 집을 재건축이라는 명분으로 멸실이나 훼손하는 것은 온당하지 못하다. 가뜩이나 전세대란 등을 겪고 있는 마당에서는 더욱 그렇다. 그런데 현실은 어떤가? 같은 시기에 여러 곳에서 한꺼번에 발생하고 있는 재건축으로 주민들이 살던 터전에서 쫓겨나고 있다. 특히 개포, 가락, 둔촌, 고덕 등 서울의 강남권에서 생계를 꾸려나가던 주민들이 내쫓기고 있다. 물론 그들이 갈 만한 곳은 거의 없다. 턱없이 부족한 보증금으론 더 열악하거나 더 멀리 외곽으로 이사 가는 것 외에 선택할 수 있는 방법이 별로 없다. 하지만 무엇보다 더 심각한 것은 새로운 부지에 새 아파트를 무리하게 공급한다는 데 있다. 2~3년 후를 고려하지 않은 정부의 주택 정책으로 오히려 공급과잉을 걱정할 처지에 놓이게 되었다. '과유불급'이란 단어가 저절로 떠오른다. '정도가 지나침은 도리어 부족함만 못하다'는 걸 정부도 알고 있을 텐데 심히 걱정스럽다. 결국 동시다발적으로 들어서게 될 재건축 지역의 새 아파트는 그렇지 않아도 많이 짓고 있는 외곽 지역의 미분양주택을 양산할 개연성이 농후하다. 게다가 주택공급과잉이라는 문제와 맞물려 집은 '사는 것'이 아니라 '사는 곳'이라는 에코세대의 주거의식 변화가 미분양을 가속화시킬 것이다. 작금의 우리나라 주택 정책은 그야말로 속수무책이다.

3부

주택투자에 까막눈인 당신을 위한 '알짜' 지식

1단계. 계획 세우기
반드시 지켜야 할 원칙 6가지

투자 전에 반드시 '원칙'을 정해야 한다. 그래야 치명적인 시행착오를 막을 수 있다. 적게는 수년에서 많게는 수십 년 동안 아끼고 모은 종잣돈에 손실이 발생하면 안 된다. 따라서 이를 위해 반드시 짚고 넘어갈 내용이 있다. '제발 원칙을 지키자!' 필자가 '반드시 지켜야 할 원칙' 6가지를 소개하는 이유가 여기에 있다.

1부에서는 이 책의 '핵심 요약'을 살펴봤다. 2부에서는 집값에 영향을 주는 '국내외 변수'를 파악했다. 중요하고 기본이 되는 내용은 모두 파악했으니 3부에서는 본격적으로 주택투자에 관한 '알짜 지식'을 알아볼 차례다. 결론적으로 지금은 집을 구입할 시점이 아니다. 그렇다고 주택 매입 시기가 올 때까지 무작정 기다리기만 해서도 안 된다. 미리 준비해야 하는 '조건(안목, 종잣돈)'과 '과정(시간, 노력)'이 있어야 집을 매수할 때 성공할 수 있기 때문이다.

전 재산이나 다름없는 거금을 투자하는데 이 정도의 '조건과 과정'은 당연하다. 주택투자는 한 번이라도 잘못된 순간 재산 손실은 물론 정신적 스트레스가 매우 크며, 사회생활뿐만 아니라 가족관계에까지 영향을 미친다. 한두 푼 하는 상품이 아닌 만큼 그 실패감과 상실감은 상상을 초월할 수밖에 없다. 이런 치명적인 시행착오를 방지하기 위해 투자 전에 반드시 '원칙'을 정해야 한다. 우리의 목표는 '실패를 사전에 차단해 주택투자에서 성공하는 것'이다.

따라서 이를 위해 반드시 짚고 넘어갈 내용이 있다. 그것은 바로 당신을 부주의하게 만드는 '원인'과 정부, 정치권, 언론, 전문가, 기업 등이 거짓 정보를 제공할 때 제대로 판단하지 못하는 '원인'이 무엇인지를 파악하는 것이다. 그래야 딱한 처지로 전락하지 않는다. 어떤 결과든 관건은 원인에 있기 때문이다. 원인이 있기에 성공이 있고 실패가 있다. 누구는 성공하고 누구는 실패하는 까닭이다. 이런 진실을 직시하지 못하고 남들 따라 편안하게 결정하면 시행착오를 겪을 수밖에 없다. 어떤 일이든 공을 들인 만큼 성과는 나온다. 단 방향을 제대로 잡아야 한다. 그렇지 않은가? 공부를 열심히 하고 좋은 성적을 기대하는 건 마땅하다. 문제는 공부도 안 하면서 좋은 성적을 기대하는 것이고, 그 습관이 성인이 되어서도 반복된다는 점이다. 때문에 이런 사람들은 엉뚱한 투자를 할 공산이 크다. 도박이라는 단어가 떠오를 만큼 무모한 행동을 저지른다. 그러니 결과가 좋을 리 없다. 공부도 안 하고 시험을 보는데 좋은 점수가 나올 리 만무하다.

주택투자에서도 이런 사람들이 꼭 있다. 애가 타고 답답한 부류들이다. 평소 알고 지내는 사람이라면 당장이라도 달려가서 뜯어말릴 텐데 어떤 사람이 그런지 알지 못하니 글로나마 이렇게 당부한다. '제발 원칙을 지키자!' 필자가 '반드시 지켜야 할 원칙' 6가지를 소개하는 이유가 여기에 있다. 무원칙으로 무데뽀로 투자하다간 어떤 일이든 실패하기 쉽다. 혹시라도 당신이 이런 사람이라면 다시 한 번 부탁한다. "이제라도 늦지 않았으니 제발 정신 바짝 차리고 자신이 평생 공들여 쌓은 수고를 헛되이 만들지 말자!"

제아무리 이른 새벽에 일어나 열심히 최선을 다해 일한들 한 번의 잘못된 주택투자는 만사를 망가뜨릴 수 있다. 직장인이든 자영업자든 무슨 일을 하든 그동안 정성을 다해 노력한 모든 일들이 보람 없이 무너질 수 있다. 얼마나 허무하겠는가. 따라서 주택투자를 할 때 '반드시 지켜야 할 원칙 6가지'를 제시하고자 한다. 정독하고 실천한다면 반드시 성공하리라 확신한다.

1. '누가' 살 집인가?

주택투자에서 가장 기본적인 질문은 '누가 살 집인가?'이다. 이 물음에 정확하게 답변해야 엉뚱한 집을 구입해서 생길 수 있는 경제적 정신적 피해를 피할 수 있다. 성공적인 주택투자를 할 수 있음은 물론이다. 대상에 따라 매수할 집에 대한 기준은 달라진다. 누구를 만족시킬지 대상을 분명하게 정하지 않으면 실패할 공산이 크다.

옷을 사든 음식을 고르든 누구의 기준에 맞추느냐에 따라 선택 범위는 달라진다. 종류가 천차만별이니 바뀌는 건 당연지사다. 이를 무시했다간 후회할 확률만 높아질 뿐이다. 누구라도 마음에 안 드는 옷이나 음식을 받으면 내내 불편할 테고, 수고는 수고대로 다 하고도 좋은 애기조차 듣지 못하는 쓸데없는 일을 하게 되는 꼴이다. 하물며 수천에서 수억이 들어가는 집을 구입할 때는 말할 것도 없다.

따라서 주택투자를 위한 첫 번째 원칙은 '누구를 만족시킬 집인가?'이다. 누구나 만족할 수 있는 집을 구할 수 있다면 만사형통이겠지만 그만큼 낭비가 생기기 마련이다. 좋은 만큼 비쌀 텐데, 고가의 집이라고 다 좋은 것도 아니다. 제대로 된 투자는 '최소의 투자로 최대의 결과를 만드는 것'이라는 점을 잊지 말자.

부부·자녀·본인·부모 등 대상에 따라 집의 조건은 사뭇 달라진다. 예를 들어 '부부'를 주인공으로 정하고 집을 구입한다고 가정한다면, 그다음에는 부부 중 누구를 대상으로 삼을지도 정해야 한다. 남편이냐 아내냐에 따라서도 조건은 바뀐다. 또 맞벌이냐 외벌이냐에 따라, 직장 기준이냐 주거지 기준이냐 따라서도 조건은 계속 바뀐다. 이렇게 매입할 집에 들어갈 대상에 따라 조건은 얼마든지 다양하게 바뀔 수 있다.

부부 ▶ 부부를 위한 집을 구매할 경우의 조건을 먼저 살펴보자. 일단 부부 중 누구를 대상으로 집을 선택할지를 결정해야 한다. 그 대상에 따라 집의 위치·가격·평면·층수·방 수·욕실 수 등이 달라진다.

자녀 ▶ 자녀가 대상일 경우도 마찬가지다. 자녀의 성별·나이·인원수 등에 따라 조건이 바뀌는데, 남자아이냐 여자아이냐, 아이냐 성인이냐, 한 명이냐 여러 명이냐 등에 따라 달라진다. 일례로 남자아이만 있다면 방 하나로 족하다. 하지만 남녀 아이라면 따로따로 방이 필요할 것이다. 동성이 아닌 경우 어렸을 때는 같이 지낼 수 있지만 성장하면서 같은 방을 쓰는 것이 불편해진다. 특히 아이가 어리다면 유치원이나 학교 등 주변환경을 주요 요건으로 삼을 수밖에 없다. 아이의 교육이 중요한 시기라 다른 무엇보다 우선하게 된다.

본인 ▶ 본인을 대상으로 삼는다면 성별·성향·직업·나이 등에 따라 집의 조건이 달라진다. 1인 가구라면 선택의 폭은 더 넓어진다. 혼자 산다면 보다 다양한 종류의 집을 선택할 수 있다. 주택이 아니라 평수가 작은 오피스텔이라도 나 혼자 사는 데 편리하다면 좋을 수 있다. 물론 아파트가 다른 주택에 비해 여러모로 편한 게 사실이니 혼자라도 아파트를 선호할 수도 있을 것이다. 어쨌든 혼자 사는 집을 구한다면 주거 조건 중 본인에게 가장 중요한 것만 만족시킬 수 있는 집을 매수하면 된다. 돈이 많다면야 어떤 집이라도 괜찮지만, 형편이 안 되면 굳이 비싼 집을 사느라 무리하게 빚을 얻어서는 안 된다는 점을 절대 잊지 말자. 1, 2인 가구가 급증함에 따라 요즘은 오피스텔이나 도시형생활주택 등 작은 집을 많이 공급하고 있는 추세다.

부모 ▶ 이번에는 부모가 대상일 때 집의 조건이 어떻게 바뀌는지를 살펴보자. 부모가 은퇴한 이후의 노인이라면 아무래도 병원에 갈 일이 많을 테니 병원에서 가까운 집이 1순위일 것이다. 병원은 물론이고 다른 생활편의시설도 가까이 있는 게 좋다. 걸어서 이용하면 운동도 되고 비용도 아낄 수 있다. 여담이지만 필자가 노인이 된다면 집의 조건을 이렇게 계획할 참이다. 정독한 후 참고하면 좋을 듯싶다. 우선 '집의 외부조건'은 '교통·교육·편의시설·주변환경'이 좋아야 한다. 생활할 때는 편리성이 제일 중요하므로 우선적으로 고려할 요소다. 쾌적성은 기본이다. '집의 내부조건'은 '향·동·층·평'에다 '넓은 베란다(카페, 운동, 독서 등의 공간으로 이용)·욕실 2개'가 배치된 공간이어야 한다. 외부 못지않게 오랫동안 머무는 내부 역시 편안해야 하므로 필히 따져볼 요건이다. 이에 따른 자세한 설명은 3부의 '4단계. 집 고르기'에서 살펴보기로 하자. 한편 '노인'을 대상으로 삼는 집은 '안전성·환금성'도 고려해야 한다. 나이가 들수록 오히려 더 필요한 요건이 될 수밖에 없다. 이처럼 구입할 집에 누가 들어가 사느냐에 따라 집의 조건은 상당히 달라진다. 따라서 가장 먼저 '대상'을 정하고 그다음에 주거 조건을 고려하는 게 순서다.

2. '왜' 집을 사는가?

집에 대한 '목적'은 사람마다 달라서 집을 구입하는 이유는 다양하다. 대체로 비슷한 생각을 갖고 있기는 하지만 무엇보다 중요한 건 당신이 '왜 집을 사는가?'이다. 다른 사람들의 생각은 크게 중요하지 않다. 남들 위주로 판단했다간 낭패를 볼 수 있으니 오히려 주의가 필요하다. 자신이 집을 구입하는 목적을 분명히 해야 주변의 이야기에 휘둘리지 않고 제대로 된 집을 매입할 수 있다. 현시점에서 사람들이 집을 매수하는 이유는 크게 2가지다.

첫 번째, 세입자의 설움에서 탈출하기 위해 집을 구입한다. 전·월세에서 사는 건 여간 불편한 일이 아니기 때문이다. 집주인의 눈치를 봐야 하며, 남의 집이니 세입자는 항상 수동적인 입장일 수밖에 없다. 게다가 본인 마음대로 할 수 있는 게 제한적이다. 집주인의 성향을 모르니 못 하나를 박는 것도 신경이 쓰인다. 사는 게 불편해서 집을 리모델링하고 싶어도 할 수가 없다. 비용도 부담이지만 집주인의 허락을 받지 않고 했다간 전·월세 계약기간이 끝난 후 원상 복귀시켜야 할지도 모르기 때문이다. 그냥 원래대로 사는 게 속 편하니 불편하더라도 참으면서 산다. 자기 집이라면 하고 싶은 게 있을 텐데 제대로 꾸미지도 못하고 개성도 무시된 채 그냥 저냥 살아간다. 베란다를 트거나 화장실을 바꾸거나 문지방을 없애는 것은 엄두조차 못 낸다. 게다가 계약기간이 끝나면 좌불안석이다. 갑자기 올려줄 보증금과 월세가 걱정거리로 급부상한다. 평소 지불하지 않던 돈을 계약기간이 끝났다고 보증금이나 월세로 지출하려면 낭비하는 것 같아 속상하기 때문이다. 더구나 집주인이 계약갱신을 거부해 그곳에서 살 수 없게 되면 이제 비용부담은 눈덩이처럼 커진다. 발품·손품·중개수수료·이사비용·에어컨/정수기/비데 설치·가스 연결·청소 등 수백만 원이나 되는 목돈이 지출되며, 생각지도 못했던 비용 역시 추가될 테니 말이다.

이런 비용부담과 경제적 정신적 스트레스를 2년에 1번 이상 겪어야 하니, 그럴 때마다 세입자는 참으로 죽을 맛이다. 집이 있다면 하지 않을 생고생을 할 수밖에 없는 처지가 불편하고 우울하기 때문이다. 하지만 어쩌랴? 결국 이런 설움에서 탈출하고픈 사람들의 간절한 마음은 시발점이 되어 내 집 마련으로 이어진다. 한동안 아끼고 저축해 모은 종잣돈으로 집을 구입하게 되는 것이다. 그런데 여기서 더 큰 문제가 생길 수 있다. 내 집이라는 것에만 초점을 맞출 경우 환금성을 배제할 수 있기 때문이다. 지금 매입하는 내 집이 남의 집이 될 수도 있다는 나중 일을 고려하지 않는 경우가 생긴다. 여차하면 팔 수 있어야 하는데 말이다. 집은 사는 내내 편안한 게 최고지만 사람 일이라는 게 어떻게 될지 모른다. 사정이 여의치 않아 집을 팔 수도 있다. 그런데 나만 좋다고 덜컥 집을 샀다간 나중에 후회할 공산이 크다. 따라서 집을 살 때 조건 하나를 더 염두에 둬야 한다. 나중에 내 집을 팔 일이 생겼을 때 구입할 사람이 있을 만한 집인지를 판단해보는 것이다. 그렇지 않다면 신중에 신중을 기해 결정해야 한다. 현재 못지않게 미래 또한 중요하다.

두 번째, 임대수익이나 시세차익을 위해 집을 매수한다. 물론 그들 중에는 자기 집이 없는 사람들도 있다. 그들에게 진심으로 전하고 싶은 말이 있다. "우선적으로 자기 집을 가져라!" 베이스캠프 없는 투자의 길은 험난하다. 뿐만 아니라 마음이 편안하지 않아 실패할 확률까지 높아진다. 작은 집이라도 자기 집이면 자세부터 달라진다. 하지만 세입자라면 집주인의 처분에 노심초사할 수밖에 없다. 제아무리 좋은 집이 있더라도 말이다. 임대수익이 안정적으로 들어오는 경우라면 위안이 되긴 할 테지만 집 없는 설움은 마찬가지다. 이런 경우를 제외하고 자기 집이 있다는 가정하에 임대수익 또는 시세차익을 목적으로 투자하는 것에 대해 살펴보자.

먼저 투자목적이 '임대수익'인 경우다. 임대수익을 목적으로 집을 산다면 무엇보다 '편리'해야 한다. 편리함의 조건은 앞서 언급한 '교통·교육·편의시설·주변환경'이며, 이 4가지를 갖추는 게 유리하다. 물론 '향·동·층·평'까지 만족스럽다면 더 유리하다. 그래야 가장 큰 손실이 생길 공실률을 줄일 수 있다. 임대수익 최대의 적은 공실이므로 반드시 주의해야 한다. 아무도 살지 않는다고 비용부담이 없는 게 아니기 때문에 공실이 발생하는 순간부터 투자자는 불안해진다. 누가 살든 안 살든 평소에 내던 공과금과 관리비는 정기적으로 여지없이 지급해야 한다. 대출을 받았다면 원금과 이자도 함께 지불해야 한다. 여기에 공실로 발생하는 기회비용까지 포함해 계산하면 어떤 투자자라도 평상심을 잃게 된다. 경제적 손실에다 정신적 스트레스까지 겪게 될 것이다.

그래서 임대수익을 목적으로 집을 살 때 최우선되는 것이 바로 '입지'다. 위치에 따라 편리함은 상당히 달라진다. 다음으로 봐야 할 것은 '공급'이다. 입지가 아무리 좋아도 주변에 임대주택을 지을 만한 공급 여력이 없을수록 좋다. 공급이 가능할 경우 수요가 증가하지 않는 한 결국 공실이 될 가능성이 높아지기 때문이다. 마지막으로 생활하는 동안 '편안'해야 한다. 사는 내내 소음·진동·먼지·악취 등으로 고생한다면 세입자 구하기는 점점 어려워진다. 제아무리 새집이라도 그 가치는 점차 낮아질 수밖에 없다. 따라서 임대수익 투자자라면 3가지 조건(입지·공급·편안)을 갖춘 집이 목표가 되어야 한다. 물론 조건을 다 갖춘 집은 그만큼 비쌀 수 있다. 자금여력이 안 된다면 우선순위를 정해

취사선택해야 한다. 자신이 세입자라는 가정하에 최우선인 조건을 신중히 결정하면 투자가치 있는 주택을 선택할 수 있을 것이다. 이런 상황 때문에 '안목'이 이 모든 것의 전제조건이 되는 것이다. 그래야 제대로 된 집을 고를 수 있다.

다음으로 투자목적이 '시세차익'인 경우다. 시세차익이 목적이라면 과거와 상황이 달라졌다는 점을 분명하게 인식해야 한다. 과거의 부동산 불패신화에 빠져 투자하면 절대로 안 된다. 시대가 변했고 계속해서 달라지고 있기 때문인데, 2부에서 언급한 국내외 변수 10가지 항목을 보면 충분히 공감할 수 있을 것이다. 2부를 읽지 않았다면 되돌아가 정독하기를 권한다. 혹시 읽었더라도 정독하지 못했다면 충분한 시간을 들여 꼼꼼하게 다시 읽기를 당부한다. 앞으로도 한동안은 이 10가지 변수가 유효할 수밖에 없다.

3. '어떤' 집을 살 것인가?

단연코 '아파트'를 추천한다. 혹자는 층간 소음 때문에 가급적이면 아파트를 피하고 싶다고 말하지만 누가 뭐래도 아파트만큼 편리한 집은 드물다. 필자 역시 여러 유형의 집에서 살아봤지만 아파트가 제일 낫다. 개인성향에 따라 다를 수 있으니 강요하고 싶은 생각은 전혀 없지만, 그래도 아파트를 우선적으로 고려하길 바라는 마음이다. 집의 종류는 많다. 사람이 거주하는 공간이라면 모두 주택으로 간주된다. 유형별로 보더라도 아파트·다가구·다세대·단독·상가·전원주택·주상복합·아파텔·오피스텔·도시형생활주택 등 아주 다양하다. 이 많은 주택 중 먼저 자신이 살 집을 선택하고 나머지는 그다음에 차차 따져보는 게 순리다.

여기서는 아파트를 위주로 설명한다. 주택 중 대표적인 형태가 아파트이기 때문인데, 다른 주택에도 얼마든지 적용 가능한 내용들이다. 꼼꼼히 정독해보자. 결론부터 말하면 아파트라고 해도 다 같지 않고, 심지어 같은 아파트 안에서도 '위치별·방향별·동별·층별'로 그 특징이 전부 다르다. 모두가 다른 집이라고 보는 게 타당할 정도다.

위치 ▶ 집을 선택할 때 가장 중요한 것은 '위치(교통·교육·편의시설·주변환경)'다. 집 안에서만 계속 산다면 문제가 없겠지만 밖에 나와 생활하는 데 불편하다면 그건 좋은 집이 아니다. 편리한 교통은 '위치'에 있어서 가장 중요한 요소다. 지하철역이 가깝고 환승역이 많으면 많을수록 좋다. 아이가 학교에 다닐 때 차도를 건너지 않고 걸어 다닐 수 있으면 유리하다. 차비를 아낄 뿐 아니라 교통사고의 위험으로부터도 그만큼 안전하니 안심이 된다. 가까운 곳에 대형마트·아울렛·백화점·시장·극장 등이 있으면 좋고, 공원·하천·강변 등이 있으면 금상첨화다. 물론 걸어서 이용할 수 있는 거리라야 한다. 이때 반드시 주의해야 할 것이 2가지 있다. 하나는 아무리 위치가 좋아도 형편에 맞는 집을 선택해야 한다는 것, 그리고 편리한 시설이 너무 가까운 곳은 도리어 생활공해로 불리할 수도 있다는 것이다.

방향 ▶ 방향에는 동서남북 4가지가 있다. 이 중 가장 좋은 방향은 남쪽이나 남동쪽이다. 물론 사람에 따라 동쪽이나 서쪽을 선호하는 경우도 있지만, 소수에 불과하기 때문에 나중에 집이 잘 안 팔리거나 싸게 팔 일이 생길지도 모른다. 평생 그곳에서 살 수 있을 것이라 확신할 수 없는 것이, 살다 보면 다른 곳으로 이사 갈 이유가 생기거나 돈이 급해 집을 처분해야 할 수도 있다. 그때 들어올 사람이 없거나 집을 팔 수조차 없다면 낭패니 가급적이면 보통 사람들이 선호하는 집을 마련하는 게 유리하다. 자기만 좋다고 샀다가 나중에 처리가 곤란해지면 정말로 큰 곤경에 처할 테니 말이다. 참고로 필자는 과거부터 현재까지 쭉 남쪽방향의 집에서만 살고 있다.

동 ▶ 위치와 방향 못지않게 '동'도 매우 중요하다 특히 동의 '위치·모양'과 '동간 거리'는 아주 중요하다. 구입할 집의 위치와 방향이 아무리 좋아도 해당 동의 위치나 모양이 불리하거나 동간 거리가 짧으면 아무 소용이 없다. 사는 동안 고생할 게 빤하다. '동의 위치'는 가급적 단지 중앙에 있는 게 유리하다. 물론 '동의 모양(판상형·탑형·혼합형)'은 통풍에 유리한 판상형이 좋고, '동간 거리'는 멀찍이 떨어진 게 낫다. 큰길가 근처에 위치한 '동'은 소음·진동·먼지·악취에 불리하다. 학교가 근접한 '동'도 마찬가지다. 학교시설을 정기적으로 관리하거나 보수할 경우 공사소음 때문에 괴롭고, 조회나 운동회 등의 행사 때가 되면 소음은 더 심하다. 더구나 진동·먼지·악취는 추가적으로 동반된다. 가급적이면 학교에서 떨어진 '동'을 선택하자. 물론 단지 내 상가 중에 학원이 가까운 '동'도 불리하기긴 매한가지다. 아무래도 학생들이 오가거나 소리를 지르는 무술도장이 있을 경우 소음이 생길 수밖에 없다. 생각보다 심할 경우 사는 내내 고생할 수 있다. 다만 동의 위치가 대로 근처에 있어도 차량통행이 적거나 공부방 위주의 학원일 경우 의외로 조용할 수 있다. 그래도 대로·학교·학원이 가까운 '동'은 피하는 게 상책이다. 이런 시설과 멀찌감치 떨어진 '동'이 좋을 가능성은 더 많을 테니 말이다.

층 ▶ 층에도 1층, 꼭대기층, 기본층, 로열층 4가지가 있다. 이 중 가장 좋은 층은 단연 로열층이지만, 사정에 따라 1층이나 꼭대기층을 선호할 수도 있다. 성향에 따라 기본층이나 로열층을 좋아할 수도 있다. 하지만 1층이나 꼭대기층을 좋아하는 사람은 많지 않다는 것에 신경 써야 한다. 기본층이라도 로열층보다는 불리한 게 현실이다.

일단 1층은 시끄럽다. 1층부터 꼭대기층에 살고 있는 모든 사람들이 오가는 데다 간혹 어린이집이라도 있으면 더 소란스럽다. 제일 낮은 층이라서 도둑을 경계해야 하기 때문에 방범 창 역시 필수다. 악취에 노출될 공산도 크다. 1층 가까이에 음식물이나 쓰레기를 정리하는 장소가 있거나 누군가 창 밖에서 담배라도 피우면 여름철이라도 문을 전부 닫아야 하는 등 생활하는 게 고생스럽다. 그래서 1층은 다른 층에 비해 집값이 싸다. 이 모든 불편함을 감수하고 살아야 하기 때문이다. 물론 좋은 점도 있다. 엘리베이터 탈 일이 없으니 내려오길 기다리거나 가끔 고장이나 점검으로 이용할 수 없어도 신경 쓸 일이 없고, 아이들이 어려서 쿵쾅대더라도 층간 소음 걱정이 없다.

그럼 꼭대기층은 어떤가? 1층과 달리 소음·방범·악취 등에서 자유롭지만 역시 단점은 있다. 외풍이나 일사를 직접 받아 겨울과 여름에 다른 층에 비해 더 춥거나 더 더운데, 다른 층처럼 위아래 세대에서 냉기나 온기를 일차적으로 막아주지 못하기 때문이다. 반면 동간 거리가 적정하다면 조망·일조·프라이버시 면에서는 유리하다.

마지막으로 기본층과 로열층에 대해 알아보자. 기본층은 로열층에 비해 다소 부족한 부분이 있지만 사람에 따라 생각이 다를 수 있으니, 로열층의 조건을 살펴본 후 기본층에 대해서는 직접 판단해보는 게 좋겠다. 기본층을 로열층으로 판단할 수도 있기 때문이다. 첫째, 로열층이라면 '조망권'이 좋아야 한다. 꽉 막히지 않고 앞뒤로 시야가 탁 트여 있어야 로열층이다. 둘째, '일조권'에 유리해야 한다. 햇빛이 가려진다면 이 또한 로열층이라고 부를 수 없다. 층수만으로 따질 수 없는 부분이다. 층수만 보면 로열층에 속하더라도 일조권이 받쳐주지 못한다면 좋은 층이 아니다. 햇볕도 들지 않는 층을 로열층이라고 부를 수는 없다. 셋째, '환기권'도 보장되어야 한다. 앞뒤로 막히는 게 없어 통풍이 원활해야 탁한 공기를 빼고 맑은 공기로 바꾸는 게 손쉽다. 정체된 공기가 건강에 좋을 리 만무하다. 넷째, '소음·진동·먼지·악취'에서 자유로워야 한다. 일례로 집이 길가에 있으면, 특히 차량이 많이 다니는 넓은 도로 가까이에 있으면 아주 시끄럽다. 심한 경우에는 진동까지 전달되며, 유해물질인 미세먼지도 많이 날린다. 악취는 못 느껴서 그렇지 매연과 함께 생긴다. 결국 먼지로 집 안이 더러워지다 보니 길가에 접한 집들은 대부분 창문을 닫아두고 산다. 차량에서 배출되는 공기가 공해로 바뀌어 건강까지 해칠까 걱정하면서 말이다. 따라서 길가보다는 단지의 중앙에 위치한 집을 선택하는 게 유리하다. 길가에 있는 아파트가 로열층이 될 수 없는 이유다.

4. '언제' 집을 사는가?

어쨌든 지금은 아니다! 왜냐면 집값이 더 떨어질 테니까. 하지만 당장이라도 집을 사고 싶어 안달이라면 말리고 싶은 생각은 없다. 당신에게 있어서 집이란 돈을 떠나서 안정감을 주는 안식처이고, 그것이 지금 무엇보다 중요하다면 말이다. 세입자로 사는 주거생활이 더 이상 참을 수 없는 지경에 이르렀고, 이참에 자기 집을 장만해 편안하게 살고 싶다면 지금 내 집을 마련하는 것도 괜찮을 수 있다. 다만 이런 경우라도 무리한 대출은 '절대로' 안 된다. 얼마 지나지 않아 대출이자가 오를 확률이 높고, 대출을 무리하게 받을 경우 곧 감당하기 힘든 시기가 온다. 신중에 또 신중을 기해야 한다.

그럼 언제 집을 사야 하는가? 2년 전후로 구입하자. 이유는 앞서 정독한 2부의 국내외 변수 10가지를 참조하면 되겠다. 집값하락 요소가 무려 10가지나 되니 필독하면 집값의 향방을 충분히 짐작할 수 있을 것이다. 사람이 사는 데 꼭 필요한 것은 의식주다. 그중에 가장 필요한 것은 단연코 '주(住)'다. 옷이나 음식은 어느 정도 조정해서 입거나 먹을 수 있다. 반면에 집은 아니다. 집이 없으면 한시도 살 수가 없다. 옷은 깨끗하게 입고 다니면 누가 뭐랄 사람이 없다. 음식은 소식으로 줄여도 죽지 않고 살아갈 수 있다. 반면에 집은 비바람이나 눈보라, 추위와 더위를 피하고 위생·방범·휴식·가족관계 유지를 위해 반드시 필요하다. 그래서 집은 없어서는 안 될 소중한 공간이다.

안타깝게도 여기저기 이사 다니며 사는 사람들이 늘고 있다. 돈이 없으니 어쩔 수 없이 주거지를 옮겨 다녀야 하고, 아무리 열심히 일을 해서 돈을 모아도 집 한 채 구하기 힘드니 답답하고 서러울 것이다. 이런 형편이라면 좀 불편한 집이라도 매수하는 게 나을 수 있다. 따라서 희망의 끈은 놓지 말자. 앞서 이야기한 것처럼 집의 종류는 매우 다양하고 가격은 천차만별이다. 이 책을 열심히 읽어 안목을 갖춘다면 내 형편에 맞는 편안한 집을 반드시 찾아낼 수 있다.

집을 구입하는 시점(Timing)은 비쌀 때가 아니다. 집값이 상투에 있을 때 매수하면 낭패다. 가장 비싼 값에 집을 구입한 후 집값이 뚝뚝 떨어지는 모습을 보노라면 엄청 속상하기 때문이다. 따라서 지금 당장은 집을 사지 말자! '전세 품귀현상·전셋값 고공행진·월세 대세·청약열기 후끈' 따위의 말을 들으면 마음이 흔들리겠지만 인내심을 갖고 기다리라고 당부한다. 적게는 수천만 원에서 많게는 수억 원까지 싸게 구입할 수 있으니 참아내야 한다. 다만 무작정 기다리라는 말이 아니다. 그동안 '안목'과 '종잣돈'을 준비해야 한다. 물론 가장 필수적인 요소는 '안목'이다. 안목이 없으면 주변 얘기에 쉽게 흔들려 잘못된 선택을 할 수 있기 때문이다. '종잣돈'은 기다리는 2년 동안 최대한 많이 마련하자. 무리하게 빚을 내지 않고 집을 매수하는 게 중요하다. 무리할 경우 국내외 변수 10가지 때문에 집을 산 후 하루하루 노심초사하며 불안하게 살지도 모른다.

5. '어디에' 집을 사는가?

결론부터 말하면 '도심'이다. 도심을 벗어난 지역일수록 점점 빈집이 늘어날 공산이 크다. 당장은 아니더라도 살면서 불편한 일이 점차 늘어나면 서서히 사람들이 그곳을 떠나게 될 것이다. 빈집이 하나 둘 늘어나면 삽시간에 번질 가능성이 다분한데, 방범·편의시설·직장 등이 사라질 것이기 때문이다. 곰곰이 생각해보면 충분히 추측할 수 있는 일이다.

필자가 가끔 방문하는 수목원이 있다. 산림욕하기에 최적의 장소라 스트레스를 풀 겸 종종 찾는다. 서울 도심에서 꽤 먼 곳인데도 집들도 많고 사람들도 제법 다닌다. 이곳을 볼 때마다 선뜻 이해되지 않는 게 있다. 수도권이긴 하지만 위치가 서울과 상당히 떨어져 있는데 주택이 너무 많아 보인다는 점이다. 게다가 교육·교통·편의시설·주변환경 등도 별로 좋지 않다. 앞으로 어떻게 바뀔까를 생각해보면 부정적인 게 먼저 떠오른다. 시간이 흐를수록 사람들이 떠나고 빈집이 늘어나는 그림이 저절로 머릿속을 채운다.

이렇게 수도권이라고 모두 다 같은 수도권이 아니다. 가급적이면 서울 도심과 서울에서 가까운 경기도 도심에서 주택투자를 하라고 당부하는 이유다. 물론 서울과 멀리 떨어졌어도 산업단지가 있어서 사람들이 북적이고 직장까지 근처에 있다면 거기에 주택을 마련할 수도 있다. 하지만 그 직장을 평생 다닐 것도 아니고, 기업도 사람처럼 늙어간다는 것을 알아야 한다. 사람이 병에 걸리면 입원을 하거나 사망에 이를 수 있듯이 기업도 휴업이나 폐업을 할 수 있다. 제아무리 번창하는 기업이라도 언제든 휴업이나 폐업을 하면 사람들이 썰물처럼 빠져나간다. 따라서 직장 때문에 그곳에 살아야 한다면 차라리 전·월세를 권한다. 직장에 대한 패러다임 역시 바뀌었다. 이제 직장은 평생 다니는 게 아니라 잠시 거치는 곳이며, 비정규직이나 계약직 등 임시직이 난무하는 시대다. 직장에 가까운 곳을 내 집 마련 장소로 제한하지 말아야 하며, 집은 직장을 위해 구입하는 공간이 아니다.

집은 '가족 모두'가 편안하게 지낼 수 있어야 한다. 그래서 기본적으로 '4+4 조건'을 만족하는 입지를 찾아야 한다. 이런 장소에 주택을 구입하면 사는 동안 여러모로 편하다. 우선 앞의 4는 '집의 외부조건'인 '교육·교통·편의시설·주변환경'을 말한다. 뒤의 4는 '집의 내부조건'인 '향·동·층·평'이다. 사는 동안 편안하게 지내고, 사정이 생겨 집을 매도하고자 할 때도 잘 팔 수 있는 조건들이다. 물론 이런 집은 별 볼일 없는 주택에 비해 비싸다. 그렇더라도 수억 원을 투자해 장만하는 집이라면 나중 일에 대비해야 하고, 이 정도를 기본으로 잡아야 후회할 일이 생기지 않는다. 모든 조건을 다 만족하면 최상이겠지만, 그렇지 못하다면 나한테 필요한 우선순위를 정하고 최대한 원하는 조건에 부합한 곳을 찾는다.

정리하면 주택투자의 최우선 요건은 '도심'이다. 도심을 벗어난 집은 공실 가능성이 다분하다. 2부의 국내외 변수 10가지를 참조하면 이해할 수 있을 것이다. 가급적이면 서울에서 자기 집을 구입하자! 주택의 종류가 다양한 만큼 자신의 자산·소득·지출 현황을 고려해 선택하면 된다. 그래도 형편보다 더 좋은 주택을 사겠다면 경기도로 눈을 돌릴 수 있다. 다만 서울과 최대한 가까운 지역이어야 한다.

6. '어떻게' 집을 사는가?

'스마트(SMART)'하게 구입하면 된다.

스마트(SMART: Specific·Measurable·Achievable·Relevant·Time-bound)는 내 집 마련을 위한 구체적인 실천방법이다. 우선 목표는 Specific '분명하고 구체적'이어야 한다. 또한 Measurable '진척사항을 측정'할 수 있어야 한다. Achievable '자신의 능력으로 달성 가능'해야 하며, 아울러 Relevant '우선순위로 둘 만큼 가치'가 있어야 한다. 마지막으로 Time-bound '기한'이 있어야 한다. 이처럼 5가지를 미리 정하고 차근차근 진행하면 집을 마련하는 데 실질적인 도움을 받을 수 있다. 물론 '안목과 종잣돈'은 필수다. '스마트'가 총(gun)이라면 '안목·종잣돈'은 총알(bullet)에 비유할 수 있을 정도다.

주택투자에서 가장 먼저 고려해야 할 '총(gun, SMART)'에 대해 알아보자.

첫 번째, 분명하고 구체적인(Specific) 목표를 세운다. 주택의 종류가 워낙 다양해서 어떤 집을 살 것인지 미리 정해야 준비과정에서 헷갈리지 않는다. 쓸데없는 고민을 제거하기 위해 주택 종류·입지·가격·평수·방 수·화장실 수 등 세부적인 주택의 조건을 미리 정하는 게 좋다.

이때 집의 '내·외부 4+4 조건'을 고려해야 하는 것은 물론이다.

두 번째, 목표를 달성하기 위해 진행사항을 측정가능(Measurable)하게 만든다. 물론 측정대상은 '안목과 종잣돈'이다. 옥석을 구분할 정도의 안목은 되었는지, 종잣돈은 얼마나 모았는지를 중간중간 점검해야 한다. 구체적으로 확인할수록 유리하다.

세 번째, 투자할 주택이 자신의 소득·지출·저축 수준으로 감당가능(Achievable)한지를 객관적으로 판단한다. 무리한 대출로 집을 구입하느니 포기하는 게 낫다. 한 순간에 빚더미에 치여 인생 전체를 궁핍하게 만들 수도 있다.

네 번째, 목표주택이 다른 무엇보다 우선순위(Relevant)로 둘 만한 가치가 있는지를 자신에게 물어보고, 포기할 것들은 과감히 버린다.

다섯 번째, 목표주택을 언제까지(Time-bound) 구입할 것인가를 자문한다. 언제 시작해 언제 끝낼지 기한이 있어야 목표를 달성할 확률이 높다.

다음으로 총알, 즉 안목과 종잣돈에 대해 알아보자.

첫 번째, 안목은 종잣돈에 가장 큰 영향력을 미치는 요소다. 종잣돈의 가치를 올려주거나 낮출 수 있는데, 제아무리 돈이 많아도 안목이 부족하면 실패나 시행착오를 겪을 수밖에 없다. 종잣돈을 하루아침에 만들 수 없듯이 안목 또한 꾸준히 만들어 가야 한다. 내 집 마련이든 주택투자든 안목은 성공할 확률을 높이는 중요한 수단이다. 모르면 당하는 세상이라 더욱 그렇다. 호황기에는 주택투자가 쉬웠다. 구입하기만 하면 돈이 되니 '부동산 불패신화'란 말이 나올 정도였다. 하지만 지금은 불황기이자 저성장기다. 사기만 하면 돈이 되는 시대가 아니다. 잘못 투자한 주택은 평생 애물단지가 된다.

두 번째, 종잣돈은 집을 구입하기 위해 가장 필요한 수단이다. 돈이 없으면 그 무엇도 살 수 없으니, 평소 돈을 모으고 쓰는 습관이 중요하다. 종잣돈 모으기를 무시한 채 주택투기에 혈안이 된 사람들이 있는데, 한 순간에 하우스푸어나 렌트푸어로 집거지가 될 부류들이다. 지금은 국내외 경제여건이 매우 좋지 않기 때문에 이렇게 무작정 투기했다간 낭패를 볼 수밖에 없는 시기다. 거듭 말하지만 무엇보다 중요한 게 종잣돈이다. 돈의 많고 적음에 따라 매수할 주택의 수준이나 가치가 결정된다. 이왕이면 애물단지가 아닌 보물단지를 사자!

2단계. 종잣돈 모으기
저축만? 대출, 지출, 기부까지!

돈을 어떻게 관리하는 게 최선일까? 우선 소득의 상당부분을 무조건 떼어내 '저축'한다. 저축할 예정금액은 시뮬레이션을 거친 후 정한다. 저축 못지않게 '대출'도 중요하다. 빚이 있으면 저축금액을 갉아먹기 때문이다. '지출'은 반드시 계획 아래 실행해야 한다. 종잣돈 모으기에서 가장 소중한 항목은 역시 '기부'다. 형편이 어려운 지인과 이웃을 위해 사용하면 돈의 진가는 더욱 발휘된다.

돈이 없으면 먹고 싶은 음식, 입고 싶은 옷, 하고 싶은 일 등 어느 것 하나 할 수가 없다. 물론 그것을 모르는 사람은 없다. 하지만 돈이 중요하다는 걸 알면서도 의외로 돈에 대한 지식이 부족해 낭패를 보는 사람들이 있다. 특히 지금처럼 빚을 조장하는 사회 분위기라면 더욱 그렇다. 돈에 대한 잘못된 인식을 바꾸고 차근차근 돈을 모아야 한다. 언제 어떻게 깜깜한 터널에 들어갈지도 모르는데 쓰고 싶은 대로 썼다간 고생할 게 뻔하다. 필자가 지인들에게 자주 하는 말이 있다. "벌 때 모아!" 벌 수 있을 때 최대한 저축해야 유사시 당황하지 않고 후일을 도모할 수 있다. 돈이 떨어지면 경제적, 심리적 압박에 시달리게 되는데, 소득이 나중에라도 이어질 수 있다면 괜찮겠지만 갑자기 수입이 줄거나 끊기면 당혹스러울 수밖에 없다.

우리나라에 만연한 비정규직, 계약직, 시간제 알바 등 임시직 신세라면 더 말할 나위가 없다. 정규직조차 기업의 이익을 위해 언제든 구조조정이나 정리해고의 대상이 되고, 자영업은 이미 폐업을 염두에 두고 운영해야 할 정도다. 때문에 지금은 소득이 언제 어떻게 줄거나 끊길지 모르는 불안한 시대다. 이렇게 세상이 변해가고 있다. 앞으로도 더하면 더했지 덜할 리 만무한데도, 눈을 감은 채 쓰고 싶은 대로 쓰고, 하고 싶은 대로 하면서 그냥저냥 살 텐가. 지금은 지출에 최대한 신경을 쓰면서 살아남아야 할 때다.

그럼 돈을 어떻게 관리하는 게 최선책일까? 가장 기본이 되는 것은 소득의 상당부분을 무조건 떼어내어 '저축'하는 것이다. 많으면 많을수록 유리하다. 곳간에 재물이 꽉 차 있으면 비상시 그만큼 마음이 든든할 테니 말이다. 필자의 경우 소득의 70%까지 저축을 해본 경험이 있다. 물론 가족과 생활하는 데 크게 지장을 받지는 않았다. 나름 편안하게 살았다. 지나고 보니 새록새록 그 당시의 추억이 떠오른다. 물론 저축할 예정금액은 시뮬레이션을 거친 후 정해야 한다. 평소 얼마나 쓰는지 고려하지 않고 무조건 저축했다간 얼마 못 가서 적금통장을 해지해야 할 수도 있다. 최소한 2개월 정도는 시뮬레이션을 해보는 게 좋다. 최대한 저축금액을 늘리기 위해서 어느 정도 금액이면 사는 데 지장이 없는지 미리 따져보는 데 그 목적이 있다. 이렇게 해서 최소한의 생활비를 정한 후 나머지 금액은 무조건 통장으로 자동이체시킨다.

물론 처한 상황에 따라 몇 개의 통장으로 나누어 저축할 수도 있다.

하나보다는 여러 개의 통장이 유리한 면이 있기 때문인데, 이 내용에 대해서는 뒤에서 자세히 다루기로 하겠다. 우선적으로 머릿속에 각인시켜야 할 것은 '푼돈이 모이면 목돈이 된다!'는 진실이다. 이를 분명히 인식하자! 이런 확신을 가지고 저축해야 종잣돈을 만질 수 있다. 돈 모으는 재미뿐만 아니라 삶의 보람마저 느낄 수 있을 것이다. 월마다 늘어나는 통장의 저축금액이 당신에게 기쁨을 줄 테니 말이다. 백만 원대에서 천만 원대, 천만 원대에서 억 원대로 늘어나는 잔고는 삶의 활력을 제공한다. 아무래도 돈이 있으면 마음이 든든한 게 인지상정이다.

저축 못지않게 중요한 항목이 있다. 그건 바로 '빚'이란 놈이다. 빚이 생기면 저축금액을 갉아먹는다. 자칫 배(저축, 소득)보다 배꼽(빚, 지출)이 더 클 수도 있다. 대출, 융자, 저당 등 용어는 제각각이지만 전부 '빚'이다. 빚은 처음엔 아주 작은 금액으로 시작되었다가 의식하지도 못하는 새 순식간에 큰 금액으로 돌변한다는 점 때문에 무섭다. 카드빚 등으로 신용불량자가 된 사람이라면 충분히 공감할 수 있을 것이다.

지인 중에도 카드빚으로 파산한 분이 있다. 그동안 얼마나 마음고생을 했는지 그 과정을 들어보니 듣는 사람의 마음까지 착잡해졌다. 안타까운 마음에 카드빚 일부를 갚아줬지만 턱없이 부족했다. 카드빚 이외에도 빌린 돈이 더 많았기 때문이다. 물론 지인은 빚내서 나쁜 일에 쓴 것이 아니다. 사업장과 생활비를 위해 어쩔 수 없이 이용한 대출이었다. 카드빚만 수천만 원이었는데, 외상, 일수, 주택담보, 임대료 등 다른 부채까지 합치니 수억 원을 훌쩍 넘었다. 이제는 돌이킬 수 없는 지경에 이르고 말았다.

빚은 저축과 마찬가지로 점점 불어나는 속성을 가지고 있다. 처음엔 별로 대수롭지 않을 정도의 소액이지만 부지불식간에 점차 큰 금액으로 변한다. 이게 바로 '빚의 무서움'이다. 그런데 이를 직시하지 못하고 돈을 허투루 쓰는 사람들이 있다. 당장 빚이라도 내어 뭔가를 사지 않으면 하늘이 두 쪽이라도 날 것처럼 저지르곤 하는데, 소득 대비 지출이 많을 경우 종국에는 파산할 수밖에 없다. 따라서 저축 못지않게 '지출'에 더 많이 신경 써야 한다. 제아무리 저축을 해도 지출이 많으면 아무 소용이 없다.

최대한 생각하면서 지출해야 한다. 상품을 보고 듣고 만지고 맛본다고 마음이 흔들려선 안 된다. 물론 지금 당장 나가는 금액이 적다고 방심해서도 안 된다. 반드시 계획 아래 지출하려고 노력하자. 견물생심은 지출의 최대 적이다. 주의하고 또 주의해야 한다. 어떤 물건을 보게 될 경우 사고 싶은 마음이 생기면 정말로 필요한 것인지 다시 한 번 생각해보자. 만약 이렇게 조절할 수 있는 상태가 아니라고 판단되면 아예 처음부터 보고 듣고 만지고 맛보지 않는 게 상책이다.

'저축·대출·지출'에 대해 일가견이 있다고 해서 다 끝난 것이 아니다. 종잣돈 모으기를 통해 해야 할 가장 중요한 항목이 남아 있다. 돈은 자신과 가족이 편안하게 살기 위한 '최소한의 수단'이지만, '최대한의 도구'로 만들려면 '기부'라는 것을 빼고 생각할 수 없다. 자신만 잘 살기 위해 돈을 모은다면 자린고비나 수전노와 다를 바 없지 않을까. 모은 돈의 일정금액은 형편이 어려운 지인과 이웃을 위해 사용했으면 좋겠다. 결국 자신과 가족을 위해 좋은 일이다. 자, 이제 '돈(저축, 대출,

지출, 기부)'에 대해서 좀 더 구체적으로 살펴보자.

1. '저축'은 어떻게?

주택투자에 있어서 첫걸음은 '종잣돈'이다. 물론 이와 비교할 수 없을 정도로 중요한 '안목'도 있다. 안목에 대해서는 다음 장에서 자세히 살펴보자. 돈에 관한 여정의 첫 단계로서 '저축'은 매우 중요하다. 돈을 모아야 돈이 생길 테니 당연하다. 종잣돈은 '목돈'이다. 목돈은 푼돈이 계속 모여야 한다. 그래서 목돈을 만들기 위한 실질적인 방법을 알아야 주택투자를 할 수 있다. 집은 상당히 많은 돈이 있어야 구입할 수 있는 물건이고, 저축은 가장 기본적인 수단이라 이것을 빼고 목돈을 만들 재간은 없다.

저축은 최대한 많이 하는 게 유리하다. 그만큼 빨리 돈을 모을 수 있고, 목표에 하루빨리 도달할 수 있기 때문에 다소 무리가 되더라도 최대금액을 저축하는 게 좋다. 필자의 경우 '벌 때 모아!'라는 신조로 수년간 소득의 70%까지 저축했었다. 수입의 30%만으로 가족이 생활했는데 조금 빠듯하기는 했지만, 여느 가정과 다름없이 가족 모두가 행복하게 지낼 수 있었다. 생활비 시뮬레이션을 2개월 동안 거친 후 내린 결정이었고, 그대로 실천한 결과 수억 원의 종잣돈이 생겼다. 항상 강조하지만 생각만으론 아무것도 할 수 없다. 다만 무작정 행동했다간 생활비 부족으로 한두 달 하다 그만둘 공산이 크다.

따라서 저축금액 '비율'을 정하고 시작하는 것이 좋다. 마음이 급한 나머지 소득의 상당부분을 저축하겠다고 해놓고선 실행이 지속되지 않으면 부질없는 일이 된다. 반드시 실제 과정을 시험적으로 재현해보는 시뮬레이션을 거쳐 실행 가능 여부를 타진해야 한다. 그런 후에 실행하면 성공할 확률이 높아진다.

시행착오를 줄일 수 있도록 필자의 얘기를 좀 더 해보겠다. 필자도 소싯적에 월급쟁이 생활을 했었다. 다른 직장과 비교해 적지 않은 금액을 받았고, 당시 대학동기들과 비교하자면 필자보다 월급을 더 많이 받는 사람은 없었다. 어느 정도 여유가 있었기 때문에 돈을 펑펑 쓰지는 않았지만 대수롭지 않게 관리했었다. 나름 돈 쓰는 재미도 느끼면서 말이다. 그 결과 월급을 받는 족족 통장의 잔고는 사라졌다. 당시에 수천만 원짜리 마이너스 통장까지 사용하고 있었는데 갈수록 오히려 마이너스 금액이 커질 정도였다. 써본 사람은 알겠지만 마이너스 통장을 만드는 건 쉽지만 없애는 건 정말 힘들다. 하늘의 별 따기만큼 어렵다고 해도 과언이 아니다. 월급을 받는 즉시 통장의 잔액이 한 푼도 안 남는데 어떻게 마이너스 통장을 없앨 수 있을까. 그러다 보니 월급이 많은데도 불구하고 마이너스 인생을 살았다.

어느 날 갑자기 '이렇게 살아선 안 되겠다'는 생각이 들었다. 당시 부모님 용돈, 전업주부인 아내, 아이 교육비 등 매월 지출하는 비용이 상당했는데, 그 상황을 바꿀 수 없는 한 돈 모으기가 쉽지 않겠다는 자각이 들었다. 그런 생각이 들면서 가장 먼저 한 일이 '목표'를 세우는 것이었다. 목표가 없으면 돈을 모을 이유가 없고, 돈 쓸 기회만 있을 거라는 위기감에서 한 행동이었다. 2개월의 시뮬레이션을 거쳐 생활비로 최소의 금액을 정했고, 그 달부터 나머지 금액 전부를 저축하기 시작했다. 이전에 했던 소비행태를 확 바꿨음은 물론이다. 처음 한동안은 생각보다 힘들었지만 몇 달이 지나자 서서히 성과가 나타나기 시작했다. 무엇보다 마이너스 통장의 금액이 점점 줄어들었다. 덕분에 20대에 내 집을 마련하고, 30대에 집을 또 구입하고, 40대에 갈아탔다. 현재는 가족과 함께 아주 편안하게 내 집에서 살고 있다. 이것을 가능케 한 수단은 단연코 '저축'이다. 저축이 없었다면 도저히 실현할 수 없는 일이었다. 그래서 필자의 저축실천 방법을 소개한다. 직접 시행착오를 거쳐 '성공한 노하우'를 정리한 것이니 따라해보면 유익할 것이다.

저축 금액 ▶ 앞서 언급한 대로 최소한의 생활비를 제외하고 나머지 금액은 모두 저축한다.

통장 나누기 ▶ 유사시에 대비해 통장을 여러 개로 나눠 저축한다. 혹시 중도 해지할 경우가 생기더라도 통장 전체를 해지할 필요가 없기 때문에 중단 없이 계속할 수 있다. 팁을 하나 더 주자면 일정금액 이상이면 은행 이자나 세금 혜택을 받지 못한다. 은행이 정한 한도 내에서만 저축하고, 통장을 나누는 게 유리하다고 말하는 이유가 이것 때문이다. 한도액을 넘는 추가금액은 또 다른 통장을 이용하면 혜택을 동시에 누릴 수 있다. 소소한 정보지만 유용할 것이다. 이렇게 1년, 2년, 3년 진행하다 보면 저축금액은 차츰 불어나 목표로 삼은 목돈으로 바뀐다.

자동이체 ▶ 자동이체하면 더 쉽게 목돈을 만들 수 있다. 돈이 들어오는 날 바로 자동이체로 저축으로 빠져나가게 만들면 이런저런 사정에 망설일 것도 아쉬울 것도 없어 좋다. 그렇게 몇 년이 지나면 드디어 돈 모으는 재미를 느끼는 순간이 찾아온다. 시간이 지나면 저축금액이 점점 불어나 자동으로 목돈이 모아진다. 그 재미에 저축하는 자체가 보람이 되고 기쁨이 된다.

5천만 원이 넘으면 은행 바꾸기 ▶ 한 가지 더 기억할 것이 있다. 불어난 돈이 5천만 원 이상이면 은행을 바꿔야 한다. 한 개의 은행에서 예금자 보호를 받을 수 있는 최대 금액이 5천만 원이기 때문이다. 이렇게 하면 된다. 예를 들어 A 은행에서 통장을 3개(a·b·c) 만들어 각각의 통장에 매달 1백만 원씩 저축한다고 가정하자. 1년이 지나면 a 통장에 1200만 원, b 통장에 1200만 원, c 통장에 1200만 원이 모인다. 총합계 금액은 3600만 원이다. 그러면 전체 금액인 3600만 원을 찾아 한꺼번에 또 다른 상품에 예금한다. 물론 A 은행에 한다. 이때부터는 a 통장만 A 은행에 계속 저축하고, b·c 통장은 다른 은행을 이용한다. 이렇게 1년이 지나면 A 은행에 입금한 전체 금액은 4800만 원(3600+1200)이 되는데, 이자까지 포함하면 5000만 원에 육박하게 된다. 예금자보호를 받을 수 없으니 b·c 통장은 A 은행이 아닌 다른 은행을 이용하라고 말했던 것이다.

그렇게 몇 년을 거치면 수천만 원, 많게는 수억 원으로 변해 목돈이 되어 주택투자를 할 수 있을 정도의 돈이 모아진다. 이때가 바로 평소

갈고 닦은 '안목'으로 내 집 마련의 '시점'을 저울질할 때다. 전세를 끼고 살 수도 있고, 무리하지 않는 범위 내에서 대출을 이용할 수도 있다. 온전히 자기 돈으로만 주택투자를 하는 게 능사는 아니다. 자산, 소득, 지출, 저축 등 자신의 형편을 모두 고려한 후 어느 정도의 대출은 필요악이다.

2. '대출'은 어떻게?

앞에서도 말했지만 주택투자에 있어서 대출은 '필요악'이다. 없는 것이 바람직하지만 어쩔 수 없이 어느 정도 수용해야 할 일이 생길 수 있다. 그러나 대출을 받아도 소비재가 아닌 투자재일 경우에만 적용되어야 한다. 자동차를 구입하기 위해서가 아니라 주택투자를 위해서 하라는 말이다. 물론 가능한 한 안 받는 게 상책이다. 대출은 대체로 득보다 독이 될 공산이 크다. 여기까지 말하면 이렇게 묻고 싶은 사람이 있을 것이다. "대출 없이 어떻게 집을 사나요?" 이런 말부터 나온다면 집을 사지 마라! 그런 마음으로 집을 구입하려면 차라리 가만히 있는 게 더 낫다. 한 순간에 큰 낭패를 당할 가능성이 많은 시기다.

　과거에는 무리한 대출도 괜찮았다. 흔히 말하는 레버리지 효과 덕분에 대출금액의 원금과 이자를 합한 것보다 집값이 더 올랐기 때문이다. 하지만 지금은 그런 시기가 아니다. 시대가 확 바뀌었다. 대출은 결코 대출자를 위한 상품이 아니라는 것을 깨달아야 한다. 대출은 근본적으로 돈을 빌린 사람보다 돈을 빌려준 기업이 더 이익을 보는 구조다. 금융권의 마케팅과 광고에 속아 본인을 위해 기업이 도와주는 것처럼 착각하면 안 된다. 반드시 짚고 넘어가자. '대출은 당신을 위한 것이 아니라 기업의 이익을 위해 판매하는 상품일 뿐이다!' 잘못된 상식을 진실인양 받아들이면 위험하다.

파산자가 늘어나는 이유가 바로 여기에 있다. 빚으로 뭔가 해보려고 하다가 빚에 치여 망하게 되는 것이 빚의 민낯이다. 따라서 대출에 대한 잘못된 신념을 버리고 제대로 된 진실에 입각해 행동하자. 정도를 벗어난 빚이 불어나는 모습을 보면 가히 살인적이다. 원금을 갚는 게 문제가 아니라 상당한 이자를 부담해야 한다. 물론 처음 대출을 받을 때는 별 부담이 아닐 수도 있다. 그럭저럭 장사도 되고 꼬박꼬박 월급도 나오니 별 거 아니라고 생각할 수도 있을 것이다. 그러나 사람 일이란 아무도 모른다. 갑자기 어떤 일이 벌어질지 모르는데 앞으로도 계속 소득이 안정적일 것이라는 확신은 너무나 위험하다. 지금 당장 괜찮다고 무작정 대출을 감행하는 것은 자살행위나 다름없다. 특히 2부에서 언급한 '국내외 변수 10가지'에 대한 경고가 상존하는 현시점에서는 더욱 그렇다. 대출은 신중에 신중을 기해야 한다.

이렇게까지 말하는데도 아직도 착각하는 사람들이 있다. 은행이 싼 이자로 돈을 빌려주는데 대출이 무섭다고 주택투자를 하지 않으면 큰 손해라고 생각하는 부류다. 분명히 말하지만 정부와 대출기관의 꼼수와 마케팅을 제대로 인식하지 못한 오판이다. 아울러 '남들 따라 하면 중간은 간다'는 세상 편하게 살고 싶은 안일한 마음의 결과이기도 하다. 남들이 대출받아 집을 사니 나도 빚내서 집을 사야겠다고 하는 사람들이 많아서 하는 말이다.

2014년부터 정부의 저금리정책과 LTV·DTI 규제완화로 가계대출이 폭증한 사례는 이를 잘 보여주고 있다. 물론 저금리로 이자 부담이 한결 가벼워졌고, 세입자로 사는 게 진절머리 날 수는 있다. 가뜩이나 집 없는 설움에 치이던 차에 저렴하게 돈을 빌릴 수 있다니 이참에 집을 사는 게 낫겠다는 생각을 할 수는 있다. 게다가 원금을 수십 년간 나눠서 갚으면 된다고 하니 더더욱 이 기회를 놓치기가 아까울 것이다. 정부는 빚내서 집을 사라고 주택 정책으로 부추기기까지 한다. 여기저기서 돈 빌려 쓰라고 광고까지 하며 야단법석이다. 건설회사는 이때를 놓칠세라 한꺼번에 공급물량을 쏟아낸다. 기업 입장에서야 전에 못 팔고 가지고 있던 집들과 앞으로 어떻게 될지 불안했던 땅에 지었던 주택까지 이 기회에 팔아 치우고 싶을 것이다. 사람들은 이렇게 정부, 금융기관, 건설회사의 홍보에 휘둘리고, 거짓정보를 제공하는 언론에 휘말린다.

결국 먼저 앞장선 대출자가 돈을 빌려 집을 구입하고, 뒤따르는 사람들도 대출을 받아 주택을 매입한다. 싼 이자로 돈을 빌릴 수 있으니 전셋값이 오르고 월셋값도 덩달아 오른다. 이에 떠밀려서 집값마저 상승한다. 그러나 현실을 냉정히 따져보자. 이런 현상이 언제까지 지속될 수 있는지를 말이다. 돈을 무한정 빌릴 수는 없다. 오래지 않아 더 이상 돈을 빌리기가 어려워질 것이다. 이런 상황에서 저렴했던 이자마저 상승하면 질주하던 전·월셋값과 집값은 떨어질 수밖에 없다. 무리한 대출의 종착지가 눈에 선하지 않은가? 지금은 주택담보대출, 신용카드, 마이너스 통장, 자동차 할부 등 모든 외상을 최소로 유지할 때지 빚을 더 낼 때가 아니다. 우리 뒤에 웅크리고 있는 국내외 변수 10가지가 언제 갑자기 상수로 돌변해 우리 삶을 덮칠지는 아무도 모른다. '빚'은 '빛'이 아니라 당신을 '어둠'으로 떨어뜨릴 수 있는 매개체라는 것을 잊지 말자.

3. '지출'은 어떻게?

돈에 대한 글을 쓰면서 제일 먼저 공유하고 싶었던 내용은 사실 '지출'이었다. 지출을 어떻게 하느냐에 따라 삶의 수준이 확 달라질 수 있기 때문이다. 제아무리 저축을 열심히 한들 흥청망청 돈을 쓴다면 아무 소용이 없다. 이런 소비를 유지하려면 결국 대출에 다시 손을 댈 공산이 크다. 그래서 저축이나 대출 못지않게 중요한 것이 지출 관리다. 지출 관리가 주택투자를 위한 전제조건인 셈이다. 종잣돈이 만들어져야 내 집 마련을 하든 주택투자를 하든 할 수 있으니 말이다.

일반적으로 가장 큰 소비재는 '자동차'다. 욕망을 충족시키기 위해 많은 돈을 소모시키는 품목 중 하나인데, 자동차 값은 최소 수천에서 수억 원까지 한다. 집값보다 비싼 경우도 있다. 그런데 이런 차를 집보다 중요하게 생각하고 큰돈을 지출하는 사람들이 주변에 꼭 있다. 어떻게 생각하는가? 답변은 제각각 다르겠지만 필자는 참으로 안타깝고 속상하다. 집 없이 차를 구입하는 행위는 주객전도이기 때문이다. 집은 베이스캠프다. 사회생활을 유지하기 위한 근거지이면서, 자신뿐 아니라 가족 모두가 편안하게 지낼 수 있는 재충전 공간이기도 하다. 이런 소중한 집을 제쳐두고 비싼 차부터 먼저 구매하는 행위는 순서가 바뀌어도 한참 바뀐 것이다. 차는 투자재가 아닌 '소비재'다. 구입하는 즉시 가격이 떨어지며, 시간이 흐를수록 가파르게 하락하는 것이 소비재의 특성이자 치명적인 단점이다. 반면에 '투자재'는 대개 차처럼 급격한 가격 하락을 동반하지 않는다. 주변환경이 급변하지 않는 한 가격이 떨어질 확률은 낮다. 따라서 지출항목은 소비재보다 투자재에 집중되어야 한다. 사자마자 가격이 하락하는 상품에 돈을 쓰는 일은 알면서 손해를 보는 거나 다름없다. 감당할 만한 충분한 자산이 있다면 비싼 자동차를 구매해도 괜찮겠지만, 아니라면 자동차 구입에 신중해야 한다. 차를 구입하는 순간 주택투자는 기약 없이 밀릴 게 뻔하다.

이런 일을 막기 위한 좋은 습관을 소개한다. 지출할 때마다 우선순위를 정한 후 소비하는 것이다. '과연 이 시점에서 저 상품을 구입하는 게 맞나?'를 스스로에게 물어보고 확인하면 된다. 조금이라도 아니라는 생각이 든다면 과감하게 포기하자. 구매하고 나서 후회할 가능성이 많다.

비싼 자동차는 당연히 누가 봐도 좋다. 비싼 만큼 성능이나 외관이 훌륭할 테니, 그 차를 구입하는 순간 다른 사람들의 시선에 으쓱해지는 기분이 들면서 정말 좋을 것이다. 하지만 냉정해지자. 만약 그 차를 빚이나 할부로 샀다면 그 기분은 지속될 수 없다. 어느 정도 시간이 지나면 자동차 값을 갚을 일이 걱정되기 시작할 것이고, 경제적 정신적 스트레스를 점점 가중시키면서 잘못된 지출의 폐해가 서서히 본 모습을 드러낼 것이다. 다른 사람들이 보기 좋다고 하는 그 자동차를, 빚까지 내서 무리하게 구입한 결과 자신에게 남은 것이 무엇인지를 생각할 수 있어야 한다.

지인 중에 고가의 자동차를 갖고 있는 사람이 있다. 차만 보면 어마어마하게 좋은 집에 살 거라 생각될 정도다. 예상하겠지만 실제로는 정반대다. 사는 집은 형편없다. 필자는 지금도 집보다 차를 우선시하는 지인의 행동을 이해할 수 없다. 물론 원하는 차를 타고 다니며 정신적 만족을 만끽할 수는 있겠지만, 그 시간이 얼마나 오래가겠는가. 소득 대비 지출이 부담스러운 시점이 곧 올 텐데 말이다. 차는 구입비용을 빼고도 자동차세, 보험료, 검사비, 유류비, 유지관리비 등 기본적으로 돈이 많이 든다. 오히려 집보다 비쌀 정도다. 남의 눈을 의식하면서 사는 것은 자신의 삶을 고달프게 만들 뿐이다.

이처럼 배(수입)보다 배꼽(지출)이 큰 소비는 반드시 지양하자. 분수에 맞게 사는 게 장기적으론 더 큰 이득이다. 자동차를 예로 든 이유가 여기에 있다. 지출의 가장 큰 문제는 소비재에 과감히 돈을 쓰면서 발생한다. 물론 자동차 이외에도 소비재는 도처에 널려 있다. 어찌나 많은지 소비재에 치여서 살고 있을 정도다. 게다가 여기저기서 소비와 지출을 부추긴다. TV, 라디오, 신문, 잡지, 책, 인터넷 등 소비를 조장하는 광고수단 매체는 아주 많다. 돈이 없거나 부족하면 신용카드, 소액대출, 담보대출 등 빚내서 사라고 곳곳에서 선동하기까지 한다. 외상으로 사서 마음껏 즐기라는 식이다. 여기에 현혹된 상당수의 사람들은 신용불량자나 개인파산자로 전락할 수밖에 없다. 자신의 의지보다 상품을 파는 기업에 휘둘린 결과다.

따라서 앞으로는 의식주에 해당되는 물건을 구입할 때도 신중하길 당부한다. 필수품이라도 지금 당장 꼭 필요한 것이 아니라면 지출에 냉정해지자. 불필요한 소비는 종잣돈을 만드는 데 가장 큰 걸림돌이다. 목돈은 푼돈이 모여야 만들어진다는 것을 알면서도, 푼돈은 고사하고 목돈까지 꼭 필요하지도 않은 뭔가를 사느라 지출한다면 주택투자는 영원히 남의 일이 될 수밖에 없다.

참고로 필자의 지출 노하우를 소개한다. 활용하면 상당금액을 절약할 수 있으리라 확신한다. 우선 빚이 있다면 가장 먼저 갚아라. 시간이 걸리더라도 대출을 먼저 갚는 게 순리다. '지출 관리'와 '빚 청산'이 동시에 진행되어야 원하는 목표에 다가갈 수 있다. 안 그래도 소비와 지출을 절제하느라 힘든데 빚 때문에 한 번 써보지도 못한 상당액의 돈이 이자로 꼬박꼬박 나가면 누구라도 의욕을 잃게 될 것이다. 따라서 빚을 우선적으로 없애거나 줄이는 게 절대적이다. 당장은 어렵더라도 꾸준히 갚아나가야 한다. 그래야 대출로 인한 비용을 줄이고 신중한 소비로 푼돈을 저축할 수 있다. 언제 되려나 싶겠지만 그러다 보면 푼돈은 점점 불어나 스스로 주택투자를 할 수 있을 만한 종잣돈이 될 것이다. 첫걸음을 내딛게 되는 것이다. 이를 위해 소소한 실천사항이지만 3가지를 당부한다.

첫째 '가계부 쓰기'를 권한다. 포털 사이트에서 운영하는 전자가계부를 활용하면 편리하다. 한 달 동안 사용한 금액을 일목요연하게 확인할 수 있다. 식비·주거/통신·생활용품·의복/미용·건강/문화·교육/육아·교통/차량·경조사/회비·세금/이자·용돈 기타 등등 항목별로 사용 금액과 비중을 표나 그래프로 보여주기 때문이다. 게다가 입력할 때마다 자동으로 항목을 분류해줘 별도의 구분 작업이 필요 없다. 한 달 동안 지출했던 이용대금명세서와 전자가계부를 비교하면 내역비교가 아주 쉽다. 더구나 일목요연한 시각디자인으로 보여주기 때문에 자신의 지출패턴에 대해 생각해보고 고쳐나갈 수도 있다. 전자가계부를 써보니 여러모로 편리해서 필자는 지금도 여전히 애용하고 있다.

둘째, 신용카드는 1장만 남기고 나머지는 모두 해지하자. 아예 없애면 좋겠지만 그게 힘들다면 1장만 사용하자. 많으면 많을수록 관리하기가 어렵기 때문이다. 연회비나 비용도 많이 든다. 제아무리 포인트를 받아 이익이라고 해도 배(소득)보다 배꼽(소비)이 더 큰 문제가 생길 수밖에 없다. 포인트 역시 소비를 해야 생기기 때문이다. 현명한 관리를 위해 과감히 신용카드를 1장 이내로 줄이자.

셋째, 굳이 필요하지 않은 것들은 애초에 생각하지도 말자. 목돈을 만드는 데 지출은 대출만큼 큰 방해물이며, 결단이 필요하다. 자칫 조금이라도 흔들려 질질 끌려가다 보면 이것저것 아무것도 할 수 없다. 이런 상황과 맞닥뜨리지 않아야 종잣돈을 더 빨리 모을 수 있다.

4. '기부'는 어떻게?

돈은 우리가 사는 데 반드시 필요한 수단이다. 돈으로 해결할 수 있는 일들이 많으니 당연하다. 돈은 우리가 살아 숨 쉬는 동안 떼려야 뗄 수 없는 필수품이다. 그렇다면 돈이 많을수록 좋을까? 물론이다. 입고 싶은 옷, 먹고 싶은 음식, 사고 싶은 상품 등 웬만하면 하고 싶은 일들을 다 할 수 있다. 반면에 돈이 없으면 아무것도 구매할 수가 없다. 하물며 '기부'는 엄두도 나지 않는다.

다시 생각해보자. 그렇다면 돈이 많으면 기부를 많이 할 수 있을까? 이 기회에 '기부'에 대해 고민해보길 바란다. 필자는 혼자만 잘 먹고 잘 산다고 마냥 행복할 것이라 생각하지 않는다. 사람은 태생적으로 더불어 살기 위해 태어난 존재다. 제아무리 개인주의가 팽배한 사회라도 사람들은 남에게 배려하고 싶어 한다. 자선이나 봉사를 하면 행복해진다. 무더운 여름날에 땀을 뻘뻘 흘리는 지인에게 건네는 시원한 음료는 받는 사람이나 주는 사람 모두를 즐겁게 한다. 돈으로 따지면 별 거 아닌 적은 금액이지만 주는 사람의 마음은 흐뭇하다. 자신이 베푼 작은 배려에 기분이 좋아진다. 이처럼 기부는 나 아닌 다른 누군가를 돕기 위해 돈이나 값나가는 물건을 무상으로 내주는 행위다. 그래서 기부에는 돈이 필요하다. 돈으로 하는 기부는 받는 사람에게 꼭 필요한 것을 즉시 제공할 수 있어 직접적인 영향을 미친다.

그래서 돈을 버는 목적에 어려운 이웃을 돕는 '기부'를 챙겨 넣어야 할 필요가 있다. 당신 수중에 있는 1천 원, 1만 원, 10만 원이 누군가에게는 생존을 좌우할 만큼 큰 금액일 수 있다. 지금 돈이 없어 굶고 있는 사람에게 1천 원, 1만 원은 당장 끼니를 해결할 수 있는 돈이다. 추위와 더위, 눈보라와 비바람을 피할 수 없는 사람에게 1만 원, 10만 원은 꿈같은 잠자리를 제공할 수 있는 돈이다. 당신의 호주머니나 서랍 안에 꼬깃꼬깃 접혀 있는 그 적은 돈이 누군가에게는 밥과 안식처가 될 수 있는 것이다. 그래서 돈은 남을 위해 사용할 때 그 가치를 유감 없이 발휘한다.

무심코 지나치던 주변을 한 번 꼼꼼히 둘러보자. 당신의 기부를 필요로 하는 사람들이 보일 것이다. 그들은 당신과 함께 같은 지역에서 살고 있는 이웃일 수도 아닐 수도 있다. 하지만 조금만 관심을 가지고 들여다보면 남이라고 무시하기에는 마음이 아리다. 그들이 겪고 있는 생활고가 느껴지기 때문이다. 돈은 그들에게 생명줄이나 다름없다. 물론 내가 번 돈으로 자신과 가족이 편안하게 지내는 것은 좋은 일이다. 그러나 그 돈으로 자신뿐 아니라 이웃까지 돌볼 수 있다면 더욱 좋다. 그들뿐만 아니라 나 역시 기부를 통해 더 많이 행복해진다. 받는 사람도 주는 사람도 서로가 기쁨과 만족감으로 흐뭇해지는데 기부하지 않을 이유가 없다.

기부라고 하면 재벌가의 그것을 떠올리는 사람이 많지만, 너무 많은 돈으로 하는 기부만을 고민하지 말자. 적은 돈으로 야채를 사서 노점에서 일하는 할머니를 기쁘게 할 수 있고, 파지나 고물을 주우러 다니는 할아버지를 도울 수도 있으니 말이다. 비록 소액이지만 누군가에게는 아주 소중한 생활비로 쓰일 것이다. 자신과 가족만을 위해 돈을 사용하는 건 너무 아쉽다. '저축·대출·지출'을 넘어 '기부'에 대한 고민을 진지하게 해보자. 당신 자신과 그 돈을 매우 귀중하게 사용할 그들을 위해서 말이다.

필자는 자주 생각한다. 그리고 머릿속에 그려본다. 어렵게 사시는 노인들을 위해 의식주를 제공하는 일에 관해서다. 사실 젊을 때야 어떻게든 살아갈 수 있다. 하지만 나이가 들면 생존하는 것 자체가 어렵다. 과연 일하지도 못하는 노인들이 그냥 살아간다면 생계를 꾸려나갈 수 있을까? 질문에 대한 결론은 '노(No)!'였다. 중·장년도 일자리가 없어 생계가 막막한 요즘 노년은 두말할 나위가 없다. 최소한의 생계비가 노인에게 제공되어야 하는 이유다. 기본적이나마 음식과 옷, 쉴 곳을 제공하고 싶다. 물론 이를 위해 지금도 열심히 일하고 있다.

결론적으로 당신에게 기부를 추천한다. 그래서 가장 먼저 실천할 수 있는 일부터 제안하자면, 우선 가까운 친인척이나 지인부터 도와주자. 아주 적은 금액이라도 형편이 어려운 사람부터 챙겨보자. 생필품을 보내줘도 좋고, 소액을 계좌로 이체해도 좋고, 방법은 여러 가지다. 일단 생각나면 실천하자. 그냥 도와주면 되니 뜸들이지 말자. 도움을 받는 지인들에겐 뜻밖의 숨통이 되고, 당신도 삶의 보람을 느낄 것이다. 물론 기관을 통해 도움의 손길을 주는 것도 좋다. 하지만 필자가 해보니 직접 지원하는 게 더 좋았다. 필요한 곳에 직접적인 혜택을 제공하고 그 결과를 즉시 확인할 수 있으니, 내 돈이 엉뚱한 곳에 쓰이지 않는다는 확신이 들어 기부를 지속할 수 있기 때문이다.

이저럼 논은 매우 유용하다. 자근자근 저축한 논은 유사시 비상금으로 요긴하게 쓰인다. 더구나 남을 배려하는 데 사용했을 때 그 진가가 유감없이 발휘된다. 돈이란 얼마나 훌륭한가? 결국 돈에 대한 무지(저축·대출·지출·기부)에서 탈출하면 당신도 지인도 이웃도 그 기쁨을 함께 공유할 수 있다. 마지막으로 거듭 강조하지만 당신이 남을 의식하는 소비에서 하루빨리 벗어나길 진심으로 응원한다.

3단계. 안목 키우기
4+4 조건과 분양아파트 보는 법

안목을 키우려면 어떻게 해야 할까? 정답은 '공부'다. 우선 '책을 보자!' 물론 옥석을 구분해야 한다. 거짓을 담은 책에 넘어가면 경제적 정신적으로 큰 손실을 입는다. 두 번째, '온라인카페에 가입하자!' 그곳에서 사람들의 의견을 예의 주시하자. 세 번째, 언론을 '무조건' 믿지는 말자! 기업은 이익이 있어야만 움직인다. 구체적으로 제시한 21개(내 · 외부조건 8개, 팁 7개, 신규분양 체크항목 6개)를 반드시 기억하자!

종잣돈이 없으면 집을 구입할 수 없다. 물론 빚내서 집을 살 수는 있지만 무리할 경우 그 결과는 참담해질 수 있기 때문에 목돈은 꼭 필요한 핵심요소다. 이 종잣돈 못지않게 중요한 것이 하나 더 있는데 바로 '안목'이다. 제아무리 많은 목돈을 모았더라도 안목 없는 주택투자는 실패로 이어질 가능성이 다분하며, 어떤 면에서는 종잣돈보다 더 절실하다고 말해도 과언은 아닐 것이다. 안목 없는 출발은 목적지를 벗어날 개연성이 많다. 사방이 깜깜한 바다 위에 떠 있는 조각배가 나침반 없이 항해하는 것과 다름없으니 속도보다 방향이 우선이 되어야 하는 것과 같은 이유다.

일례로 신규아파트 분양을 위해 건설회사가 꾸며 놓은 모델하우스에 방문한다고 가정해보자. 모처럼 시간을 내어 가족과 함께 미래의 집을 구경하러 그곳을 찾는다. 분양을 받지 않더라도 견본주택 방문은 왠지 마음을 설레게 한다. 신상품이 좋은 것도 있지만 그곳에서 살면 행복할 것 같은 막연한 느낌 때문이다. 모델하우스에 들어서자마자 분양 직원이 친절하게 맞이한다. 구석구석 당신을 수행하며 자세히 설명한다. 이제 다음의 3가지 질문에 '솔직하게' 대답해보자.

① 당신은 분양 직원의 말을 대부분 알아듣는가?
② 그 말에서 옥석을 구분할 수 있는가?
③ 분양 직원의 말을 어느 정도 믿는가?

이 질문들은 아주 중요하다. 그중에서도 두 번째 질문에 대한 진솔한 답변이 핵심이다. 만약 이 질문에 거짓으로 답한다면 주택투자에서 실패할 확률은 높다. 수억 원이나 하는 집을 사는 데 남의 얘기만 듣고 결정할 가능성이 많기 때문이다. 따라서 당신의 전 재산을 투자해야 하는 내 집 마련은 다른 사람의 말에 전적으로 의지하면 안 된다. 누군가 하는 말의 진위 여부를 확인할 수 있는 능력, 즉 안목으로 자신과 가족, 그리고 재산을 지켜야 한다.

안목을 키우는 방법

그렇다면 안목을 키우려면 어떻게 해야 할까? 정답은 '공부'다. 구체적인 방법은 다음과 같다.

첫 번째, 가장 먼저 '책을 보자!' 수많은 책 중에서 옥석을 구분해야 한다. 자칫 거짓을 담은 책에 현혹되면 경제적 정신적으로 더 큰 손실을 입게 된다. 물론 처음부터 좋은 책과 나쁜 책을 구분하기란 쉽지 않으니 시간을 갖고 천천히 여러 책을 두루 보자. 어느 정도 시간이 지나면 옥석을 구분하는 경지에 이르게 된다. 수억 원이나 하는 주택투자에 이 정도의 수고는 기본이다. 아무리 바빠도 바늘허리 매어 쓰지는 못한다. 차근차근 한 단계 한 단계 자신의 수준을 높여나가자. 그러면 보이기 시작하고 마침내 구분할 수 있게 된다. 이 집을 살지 저 집을 살지 선택할 수 있는 안목이 생기고, 손해보다 이익을 볼 확률이 높아진다.

두 번째, '온라인카페에 가입하자!' 특히 주택투자에 관련된 카페가 필요하다. 오만가지 부동산을 다 취급하는 곳보다 집중적으로 집에 관한 정보를 접할 수 있는 카페를 찾아라. 그곳에서 사람들의 의견을 예의 주시하자. 거짓정보로 피해를 입을 수 있으니 이곳에서도 옳고 그름을 구분해야 한다. 그러면서 내공을 쌓아나가자. 일부러 시간을 내어 자주 방문하고, 글을 쓰는 게 어려우면 눈팅이라도 하자. 그렇게 시간이 쌓이다 보면 댓글을 달거나 자신의 생각을 글로 표현하고 싶을 때가 온다. 누군가가 올린 글이 마음에 들거나 안들 때, 또 궁금한 사항이나 전달하고픈 내용이 생겼을 때 직접 글을 쓰기 시작하는데 이때가 내공이 쌓이는 중요한 순간이다. 그냥 지나치지 말고 꾸준히 자기의견을 어필하자. 그러면 상대방도 거기에 응답한다. 질의응답을 주거니 받거니 하면서 수준은 점차 높아지고 어느 순간 충분히 주택을 고를 안목이 생겼다고 느껴진다. 바로 이때가 집을 살지 말지를 제대로 판단할 수 있는 시점이다. 드디어 그 시기가 당신에게도 찾아오는 것이다. 그렇게 때를 정하고 주택투자에 나서면 실패할 확률은 상당히 낮아진다. 어설픈 실수나 시행착오조차 사전에 차단할 안목을 갖췄기 때문이다.

세 번째, 신문·잡지·방송·인터넷 등 언론은 '무조건' 믿지 마라! 왜냐면 그들은 기업이기 때문이다. 기업은 이익을 목적으로 한다. 경제적으로 이롭고 보탬이 되는 일이 아니면 사업에 나서지 않는 것이 기업의 속성이다. 언론의 상품은 정보이며, 언론은 광고료로 운영된다. 광고료를 지불하는 광고주의 눈치를 보며 정보를 만들 수밖에 없다. 을의 입장에서 갑의 눈치를 보는 것이 세상사 아니던가. 이런 속성을 이해한다면 앞으로는 언론에서 제공하는 정보의 '저의'를 파악하기 위해 노력해야 한다. 숨겨진 의도가 무엇인지를 간파해야 거짓정보에 속지 않을 테니 말이다. 물론 모든 언론이 다 그렇다는 것은 아니다. 보통은 객관적인 사실을 보도하지만, 광고주로부터 자유로울 수 없는 한계가 있다. 보도나 기사를 접할 때는 반드시 곱씹어봐야 한다. 의외로 일부 편향된 언론조차도 가끔씩은 올바른 정보를 내보내는데, 어느 정도는 객관적인 모습을 보여줘야 왜곡된 정보를 섞었을 때 대중들을 믿게 만들 수 있기 때문이다. 따라서 언론이 제공하는 정보에 대해 무조건 엉뚱한 보도를 할 거라고 배척해서도 안 되고, 반드시 사실만을 전달할 것이라고 믿어서도 안 된다. 가장 좋은 것은 옥석을 구분해 성공적으로 활용하는 것이다. 안목을 키우는 것이 절실하다.

안목을 키워 4+4 조건에 맞는 곳을 찾아라!

이제 안목을 키울 수 있는 세부항목을 살펴보자. 책·온라인카페·언론 등을 통해 알아내야 하는 '구체적인 내용'이다. 이를 모르고 주택투자에 나선다면 총알 없는 총을 들고 전쟁에 나서는 것과 다를 바 없다. 때문에 총알을 잘 장전하고 전쟁에 나가자. 그래야 유사시 당신을 보호할 수 있다.

우선적으로 해야 할 일은 '구입할 집의 종류를 정하는 것'이다. 아파트·다세대·다가구·단독·상가주택·전원주택·주상복합·오피스텔·아파텔·도시형생활주택 등 주택의 종류는 다양하다. 여기서는 이 모든 주택 유형의 대표주자인 아파트를 기준으로 살펴보겠다.

다음으로 '투자할 집의 위치를 정하는 것'이다. 지역 선정은 대단히 중요하다. 집의 내부야 어떻게든 꾸며 바꿀 수 있지만 주택의 입지는 마음대로 할 수가 없기 때문이다. 한 번 정해지면 팔지 않는 이상 절대로 바꿀 수 없다. 주택투자에서 가장 중요한 항목인 만큼 신중을 기해 심사숙고해야 한다. 입지는 사람에 따라 선호하는 지역이 다를 수 있는데, 여기서는 수익성·환금성 측면에서 위치를 찾아보자. 결론부터 말하면 입지는 '도심'이 여러모로 유리하다. 나중에 인구가 줄더라도 빈집으로 전락할 확률이 낮기 때문인데, 출산율 저하로 점점 감소하는 인구는 외곽지역의 집을 차차 공실로 만들 개연성이 다분하다. 과거처럼 출산율이 높으면 걱정하지 않을 문제가 현재는 염두에 둬야 할 숙제가 되었다. 앞으로는 매수보다 매도가 더 힘들어질 것이다. 대부분의 집들이 한동안 매입 때보다 집값이 더 떨어질 확률이 높으니 처음부터

'제대로 된 위치'의 집을 사야 한다. 그래야 살고 싶을 때까지 살 수 있고, 팔고 싶을 때 걱정이 덜할 것이다.

이제 '집을 고르는 4+4 조건'에 대해 알아보자. 안목을 키우기 위한 기준인 만큼 반드시 이해하고 기억하자! '4+4 조건'은 주택투자를 성공시키기 위해 꼭 알아야 하는 핵심요소다. 앞의 4는 '집의 외부조건 4가지', 뒤의 4는 '집의 내부조건 4가지'다. 꼼꼼히 정독한 후 집을 선택하는 데 활용하자.

외부조건 4가지

먼저 집의 외부조건인 앞의 4가지, 즉 '교통·교육·편의시설·주변환경'부터 살펴보자. 한 번 정해진 외부조건을 바꾸기는 매우 어렵기 때문에 사전에 자세히 따져봐야 한다. 먼저 인터넷 지도를 활용해 대략적인 확인을 한다. 어느 시설이 어디에 있는지 대충 파악해보는 것이다. 다음으로 나중에 들어설 시설이 있는지 인터넷 검색으로 확인한다. 지금은 없지만 계획 중에 있는 시설이 있을 수 있으니 기사나 보도내용에서 찾아보고, 의심 가는 부분이 있으면 반드시 관할관청에 문의해 사실 여부를 확인한다. 그래야 나중에 후회하지 않는다. 마지막으로 자동차와 도보로 직접 가서 점검한다. 손품으로 시작해 발품으로 마무리해야 보다 정확하게 판단할 수 있다.

① **교통**

먼저 교통을 보자. 자신뿐 아니라 가족 모두가 교통편을 이용해야 하니 가장 먼저 살펴봐야 할 항목이다. 지하철이나 버스 등 교통편은 당연히 이용하기가 쉬울수록 좋다. 외곽순환도로·간선도로·고속도로·일반도로 등 도로진입이 수월하면 더 좋다. 역세권 아파트라도 직접 걸어서 체크하는 건 기본이다. 누구의 말보다 직접 확인하는 게 가장 확실하다. '도보로 10분'이라는 말을 듣고 말 것이 아니라 직접 걸어 보면서 시간을 체크한다. 버스정류장까지의 거리도 마찬가지다. 배차 간격은 다음으로 확인할 항목이다. 한참 만에 오는 지하철이나 버스는 사는 내내 불편하다. 아울러 자동차로 오가는 도로도 출입경로나 교통 체증을 고려해야 한다. 당장은 차가 없더라도 나중에 매도할 때를 생각해서 점검하자. 매도인에게 꼭 필요한 조건일 수 있기 때문이다. 반면에 교통이 편리하더라도 '소음·진동·먼지·악취'로 고생할 게 뻔하니 도로에 인접한 아파트는 제외시키는 게 낫다. 도로가 지척인 아파트의 경우 소음으로 밤에 잠을 제대로 못 잘 수 있으며, 버스·트럭·중장비·폭주족 등이 지나가면 진동에 시달릴 수도 있다. 더구나 먼지 때문에 밤낮으로 창문을 못 여는 경우가 많다. 차량에서 나오는 미세먼지는 발암물질을 함유하고 있어 건강에 치명적이고, 차량의 매연은 악취마저 심하다. 차량통행이 많지 않은 도로라면 예외일 수 있지만 나중에 차량이 많아질 수도 있다는 것을 기억하자.

② 교육

교육환경은 대체로 초·중·고등학교가 가까우면 유리하다. 자녀의 통학이 안전하고 오가는 수고가 덜어지며 비용도 덜 소요된다. 여러모로 이익이다. 하지만 집에서 너무 가까운 거리에 있다면 좀 신중해야 한다. 사는 동안 불편사항이 수시로 발생해 혐오시설이나 다름없을 수 있다. 일례로 조회나 운동회 등 행사가 있는 시기에는 소음·진동·먼지·악취 등으로 고생할 수 있다. 게다가 학교시설이 고장 나거나 수명을 다해 수선이나 교체가 필요할 때는 아주 시끄럽다. 화장실·도서관·교무실·교실 등 노후화된 학교시설을 리모델링할 때는 공사판이나 다름없다. 규모만 작을 뿐 건설현장과 동일한 공해물질을 유발한다. 학교가 너무 가깝다면 한 번 더 생각할 일이다.

③ 편의시설

언제든 도보로 이용할 수 있는 생활편의시설이 집 근처에 있으면 편하다. 특히 대형마트는 선호하는 시설 중 하나다. 이외에도 백화점·아울렛·전통시장·스트리트상가·근린상가·식당가·극장 등도 마찬가지다. 하지만 교통이나 교육과 마찬가지로 너무 가까우면 불편하다. 소음·진동·먼지·악취 등 공해물질로 피해를 입을 수 있기 때문이다.

④ 주변환경

주변환경은 자연친화적일수록 좋다. 시멘트공장·하수처리장·쓰레기처리장·농수산물시장 등 혐오시설이 주변에 있다면 당연히 피하는 게 상책이다. 혐오시설이란 공해물질을 발생시키거나 그것이 예상되는 설비·장치·구조물을 말한다. 특히 시멘트공장처럼 발암물질을 발생시킬 수 있는 시설은 무조건 피해야 한다. 굳이 건강에 치명적인 장소에 들어가 살 이유가 없다. 손품과 발품을 팔아 반드시 주변을 꼼꼼히 확인해야 한다. 집 자체가 아무리 좋아도 이런 위치에 있는 주택을 구입해 살게 된다면 사는 내내 경제적 정신적 피해를 보게 되고, 나중에 팔 때도 매우 어렵다. 혐오시설은 누구나 싫어하기 때문이다. 반면에 공원·산·강 등은 자연을 만끽할 수 있는 선호시설이다. 물론 근처에 '소음·진동·먼지·악취'를 유발하는 시설이 없어야 한다. 이 네 가지는 주변환경을 결정하는 아주 기본적인 전제조건이다. 주변환경을 점검할 때 '계절별, 시간별, 공간별 등'을 달리하며 소음·진동·먼지·악취 여부를 꼼꼼히 체크해야 한다. 일례로 악취의 경우 '여름에, 낮에, 저층에서' 심해진다.

내부조건 4가지

이제 집의 내부조건인 뒤의 4가지, 즉 '향·동·층·평'을 살펴보자.

① 향

향은 '방향'을 말한다. 집의 방향에는 동서남북이 있다. 이 중에서 어디를 향하는 게 좋은지 판단할 줄 알아야 한다. 좋아하는 방향은 사람에 따라 다를 수 있지만 일반적으로 남향이나 남동향을 선호한다.

햇빛을 가장 오랫동안 누릴 수 있기 때문이다. 북쪽이나 서쪽은 해질 녘에 잠깐 햇빛이 들기 때문에 기왕이면 일조권이 확보된 남향이나 남동향이 유리하다. 이를 무시하고 다른 조건이 좋다고 아무 생각 없이 계약할 경우 사는 동안 햇빛을 받지 못하는 불편을 감수해야 한다. 게다가 나중에 집을 팔 때도 제값을 못 받을 공산이 크다.

② 동

일조권을 확보하기 위해 방향 못지않게 중요한 항목이 있다. 바로 '동'이다. '동간 거리'와 '동 모양'을 체크해야 한다.

먼저 '동간 거리'부터 점검하자. 각 동이 다닥다닥 붙어 있으면 햇빛을 차단하고, 사생활을 침해받기 쉽다. 바로 앞·뒤·옆에 다른 동이 떡하니 버티고 있으면 창문을 닫거나 블라인드로 가리고 살아야 하며, 누가 자기 집을 들여다볼 수 있을 정도의 근거리라면 불편할 수밖에 없다. 이를 인식하지 못하고 판매자의 말에 휘둘리면 낭패를 면치 못한다. 계약 건에 따라 수입이 결정되는 중개인의 말을 곱씹어봐야 한다. '동간 거리'가 얼마나 떨어져 있는지를 확인한 후 다른 동과 너무 가깝다면 매수에 신중하자. 가격이 저렴하더라도 사는 동안 불편하고 나중에 매도할 때 힘들어진다.

현실적으로는 동간 거리가 가까운 집을 쉽게 볼 수 있는데, 건설회사 입장에서는 한 부지에 많은 집을 지어야만 이익이 많아지기 때문에 최대한 용적률을 높이기 위해 동간 거리를 좁게 잡아 집을 짓는다. 그러다 보니 답답할 정도로 앞·뒤·옆으로 다닥다닥 붙게 된다. 사람에 따라 느끼는 차이는 다를 수 있지만 기본적으로 동간 거리가 멀찍이 있어야 앞뒤가 탁 트여서 넓고 시원스럽다. 직접 들어가 살아보면 동간 거리가 얼마나 소중한지를 알 수 있다. 간접경험으로 미리 알 수 있으면 그만큼 이익이다.

'동간 거리' 못지않게 '동 모양'도 체크해야 한다. 동 모양은 일자(ㅡ)·기역자(ㄱ)·디귿자(ㄷ)·미음자(ㅁ) 등이 있는데, 각 모양에 따라 주거권(일조권·조망권·환기권·사생활권)이 좌우될 정도로 중요하다.

동 모양에 따라 햇빛이 들어오는 시간대가 다르다. 어떤 동은 일조권을 많이 누리는 반면에 다른 동은 상당히 적다. 어떤 동은 뻥 뚫려 시야가 탁 트인 반면에 다른 동은 또 다른 동에 가려져 답답하다. 당연히 앞뒤가 막히지 않아야 바람이나 맑은 공기가 잘 통하고, 집 안의 곰팡이나 습기, 냄새 등을 제거하기 쉽다. 더구나 동 모양이 불리해 사생활이 다른 사람에게 노출될 수도 있다. 프라이버시가 보장되지 않아서 사는 내내 다른 사람을 의식하며 생활해야 한다면 얼마나 불편하겠는가. 따라서 '동 모양'을 꼼꼼히 따져봐야 한다. 구입할 집에 들어가 살든 세를 주든 말이다. 가장 좋은 동 모양은 이 모든 주거권을 만족시키는 '일자형(ㅡ)'이다. 가급적 동 모양이 일자형인 아파트를 선택하자. 사는 내내 확실히 좋다. 그러나 일자형이라도 동 배치가 일정하지 않거나 다른 단지의 동이 침범할 경우 주거권을 방해받을 수 있으니 동 배치도 같이 확인한다. 물론 다른 동들뿐만 아니라 주변에 특정한 건물이 있는지도 점검해야 한다.

층도 매우 중요하다. 층에 따라 앞서 언급한 주거권을 누리지 못할 수도 있다. 제아무리 '동간 거리·동 모양·동 배치'가 유리한들 저층에 위치한 세대는 고층보다 불리할 수밖에 없다. 나무에 가리거나 다른 동이나 주변건물에 가려질 수 있다. 상황에 따라 저층을 선호할 수도 있지만 일반적이지는 않다. 따라서 보편적인 내용을 중심으로 층에 대해 설명하려 한다. 각 층에 대해 장단점을 살펴보자.

1층 ▶ 장점보다 단점이 많다. 소음·진동·먼지·악취 등 일상생활 면에서 가장 취약하다. 전체 층수의 모든 사람들이 오가는 현관에 위치해 아주 시끄럽다. 특히 어린이집처럼 주거가 아닌 다른 용도로 사용하는 세대가 있을 경우 북새통일 수 있다. 그게 아니라도 대체로 소음이 다른 층에 비해 심한 편이다. 요즘은 금연에 대한 생각이 확고해 대부분 실외에서 담배를 피우는데 주로 1층 주변이고, 지나다니면서 담배를 피우는 사람까지 있어 상대적으로 1층이 담배연기에서 자유로울 수 없다. 더구나 음식물·재활용 등 쓰레기를 보관하는 공간이 가까이 있을 경우 악취에 시달리게 된다. 다른 층에 비해 방범이 미흡해 도둑이 침입하기에 수월하니 별도로 방범 창을 설치하는 건 필수다. 또 1층 아래에는 다른 세대가 없어 여름에는 습기로 습하고, 겨울에는 냉기 때문에 난방비를 더 부담해야 한다. 이 모든 것을 제쳐두고도 지상과 가장 가까워 사생활 보호가 어렵다. 이런 이유로 1층은 불편하다고 말하는 것이다.

물론 장점도 있기는 하다. 아이가 있어 층간 소음을 걱정하는 처지라면 1층이 유리하다. 노인이 있다면 계단으로 오르내릴 필요가 없고 엘리베이터 탈 일이 없어 괜찮다. 하지만 1층은 선호하는 사람이 적다는 게 문제다. 집을 살 때는 평생 살 것 같지만 언젠가는 팔아야 한다. 따라서 1층을 구입할 마음이 들었다면 반드시 팔 때를 염두에 두어야 한다. 그렇지 않을 경우 곤경에 처할 수도 있다. 이런 1층의 단점을 보완하기 위해 나온 구조가 바로 '필로티(piloti)'다. 1층은 기둥만 세우고, 2층부터 세대를 짓는다. 기존 1층보다 조금 나아진 면은 있지만 필로티라고 별반 차이는 없으니 신중하자.

꼭대기층 ▶ 꼭대기층은 1층보다 낫지만 다른 층에 비한다면 그다지 유리하지 않다. 우선 꼭대기층 위에는 다른 세대가 없다. 홀로 일사와 한기에 노출되어 여름에 더 덥고 겨울에 더 춥다. 게다가 집은 제아무리 완벽시공을 해도 시간이 흐를수록 노후화되며 하자가 발생한다. 건물도 사람처럼 점점 낡고 약해지기 때문인데, 옥상방수에 문제가 생기면 꼭대기층은 온전히 누수를 감당해야 한다. 위층에 세대가 있어서 생기는 하자와는 비교가 안 될 정도다. 꼭대기층 위에는 어떤 세대도 존재하지 않아 갑자기 큰 하자로 돌변할 수 있다. 물론 시공기술이 발전해 이와 같은 일이 발생할 개연성은 적지만 혹시라도 문제가 생긴다면 집 안에 있는 가구·가전·인테리어 등의 살림살이에 큰 피해를 입을 수 있다. 물론 장점도 있다. 일조·조망·환기·사생활보호 측면에서 다른 층에 비해 유리하다. 위층세대가 없으니 층간소음 역시 남의 일이다. 꼭대기층도 1층과 마찬가지로 장단점을 면밀히 검토한 후 신중하게 선택하자.

로열층 ▶ 이제 로열층에 대해 살펴보자. 저층과 고층의 내용은 생략하는데, 로열층에 대한 개념을 이해하면 다른 층에 대한 판단력이 생길 것이다. 물론 저층보다 고층에 로열층이 존재할 확률이 높다. 일반적으로 로열층은 햇볕이 잘 들고 너무 높지도 낮지도 않아 살기에 가장 좋은 층을 말한다. 로열층의 조건을 구체적으로 살펴보면 앞서 설명한 4개의 권리 즉 일조권·조망권·환기권·사생활권을 만족시키는 '주거권'이 확보되는 층이다. 이를 보장할 수 없다면 로열층이 아니다. 로열층을 정확히 몇 층이라고 단정할 수 없는 것이, 아파트의 '향·동·층'에 따라 주거권이 달라지기 때문이다. 이 4개의 권리를 확보할 수 있는 로열층을 찾아 후회 없는 선택을 하자. 다만 현실적으로 주거권이 모두 갖춰진 집을 구입하는 게 어려울 수 있다. 그럴 때는 우선순위를 두어 제일 중요한 것부터 챙기면 된다. 절대로 양보할 수 없는 권리부터 챙기면 어느 정도 만족하면서 무리하지 않을 수 있다. 다시 강조하지만 무리한 대출은 패망의 지름길이다.

④ 평면

'평면'은 '향·동·층'과 더불어 집의 내부조건 4가지 중 마지막 핵심요소다. 평면은 직접 생활하는 데 필요한 공간이며, 실제로 거주하는 곳이다. 따라서 평면은 세세한 장소까지 꼼꼼히 체크해야 한다.

화장실 ▶ 우선 화장실 2개를 목표로 삼자. 무리하지 않는 범위 내에서 말이다. 아침에 출근이나 등교 준비를 할 때 화장실 1개에 가족이 몰리면 여간 불편한 게 아니다. 누가 먼저 볼일을 봐야 할지 가족끼리 소동이 일어난다. 가장 급한 사람이 들어가겠지만 바쁜 아침에는 순서 정하기도 곤란하다. 이를 사전에 차단하기 위해 화장실은 2개가 적당하다. 물론 2개의 화장실은 떨어져 있어야 한다. 건설회사가 시간이나 비용을 덜 들이기 위해 화장실 2개를 붙여서 공사하는 경우가 많은데, 화장실이 너무 가까우면 다른 사람의 볼일 보는 소리까지 들어야 한다. 가족끼리도 프라이버시가 있으니 각각 멀찌감치 떨어져 있는 게 좋다.

발코니와 서비스면적 ▶ 발코니는 넓을수록 좋다. 발코니는 '서비스면적'이라 건설회사가 임의대로 정한다. 즉 건설회사가 마음대로 제공 가능한 면적인 것이다. 건설회사나 아파트에 따라 차이가 많기 때문에 무작정 집을 사면 상당한 생활공간을 잃을 수도 있다. 좀 더 넓게 쓸 수 있는 면적을 놓쳐버리는 것이다. 따라서 서비스인 발코니면적을 반드시 따져봐야 한다. 요즘은 발코니를 확장하는 게 기본인 것처럼 말들 하지만 무작정 확장하는 게 능사는 아니다. 발코니는 여름에 덜 덥고 겨울에 덜 춥게 하는 단열과 보냉 기능을 가지고 있으나 확장하는 순간 그 기능은 사라진다. 게다가 비나 눈이 오면 무조건 창문을 닫아야 하는 불편함도 있다. 발코니가 있으면 실내와 실외의 중간공간으로 카페, 운동, 독서 등 다양한 용도로 사용할 수도 있으니 확장 전에 한 번 더 생각해보자.

평면 ▶ '앞뒤 발코니가 마주보는 평면'이 통풍에 유리하다. 맞바람이 불어 환기가 잘 되기 때문이다. 앞뒤 발코니가 어긋난, 즉 정면으로 마주하지 않은 평면이라면 바람이 잘 통할 리 없다. 더러운 공기를 빼고 깨끗한 공기로 바꾸기가 어려우니 건강에도 좋을 리 없다. 다음으로 '반듯한 평면'이 기형적으로 구부러진 평면보다 유리하다. 동선이 더 편리하기 때문이다. 보기 싫은 평면은 한 부지 위에 주택을 더 많이 짓기 위한 건설회사의 꼼수다. 그래서 길쭉하거나 한곳에 치우치는 평면이 나온다. 당연히 동선은 불편하다. 집 안 내부는 대부분의 시간을 보내는 공간이니 동선은 무조건 편리해야 한다. 마지막으로 '혁신평면'이라고 무조건 유리한 것은 아니다. 알파룸·드레스룸·팬트리·4베이 등 새로운 용어를 접하면 꼼꼼히 따져봐야 한다. 판매자가 이런 용어를 사용하면서 '공간활용'이라고 선전하지만 실속이 없는 경우도 많다. 이 새로운 공간이 평면설계에 잘못 반영될 경우 오히려 답답하거나 동선을 불편하게 만든다. 따라서 신조어에 현혹되지 말고 '활동반경과 시야확보'란 점에서 동선을 같이 확인해야 한다. 주방은 환기를 위해 외부와 직접 접해 있는 것이 유리하다. 배기용 주방후드가 있지만 자연환기에 비할 바는 아니다. 주방이 세대 중앙에 있다면 이런 평면은 선택에서 무조건 제외시켜라.

나머지 7가지 팁 – 정부 정책, 세대수, 계단식, 개별난방, 건폐율, 주차장, 평지!

팁으로 7가지를 더 소개한다. 물론 이외에도 안목을 위한 지식과 정보는 많다. 스스로 좀 더 파악해 공부하길 기대한다. 사람마다 처한 환경과 형편은 다르지만 이 책에서 소개한 내용을 기본으로 집을 구입하길 권한다. 돈이 부족할 경우 본인이 가장 중요하게 생각하는 조건을 가지고 우선순위를 정한다. 양보할 수 없는 조건을 미리 정해두면 투자에 성공할 확률이 높아진다. 거듭 강조하지만 좋은 집을 욕심내어 무리한 대출로 구입하면 '절대로' 안 된다. 대출은 무리가 되지 않는 범위 내에서 활용할 수도 있다는 가능성만 열어두면 된다. 이제 7가지 팁을 하나하나 알아보자.

1. 정부 정책의 '저의'를 반드시 파악해야 한다. 정부가 무엇을 위해 정책을 발표하는지 속내를 알아야 휘둘리지 않는다. 정부가 올바른 정책을 추진하지 않으면 서민과 중산층의 생활은 더 힘들어진다. 일례로 행복주택은 당초 계획대로 추진되지 않고 있다. 대통령 공약사항임에도 불구하고 매우 지지부진하다. 정부가 지정한 행복주택 지구였던 목동의 지구지정 취소를 시작으로 잠실, 송파 등마저 취소일로다. 정부의 행복주택 정책을 믿고 기다린 국민들만 피해를 보는 모양새다. 더구나 '분양가상한제 폐지, 기준금리인하, LTV·DTI 규제완화, 신규분양 집단대출 허용, 저리대출상품 출시 등'의 정책은 새 아파트 분양가와 기존주택의 집값을 올리는 데 크게 일조했다.

그 이유를 살펴보자. 우선 2014년 12월 '분양가상한제 폐지'는 분양가를 올리는 단초가 되었다. 실제로 분양가가 상승했고, 기존주택의 집값마저 끌어올렸다. 향후 분양가가 기존주택의 집값을 더 상승시키지 않을까 우려되는 대목이다. 더욱이 '기준금리인하 LTV·DTI 규제완화, 신규분양 집단대출 허용, 저리대출상품 출시 등'은 더 싼 이자로 더 많은 돈을 빌릴 수 있게 만들었다. 결국 빚내기가 쉬워져 집값과 전·월셋값을 올리는 결과를 초래했다. '정부의 과다한 신규주택 인허가 승인'은 2년 후 주택공급물량 과잉을 걱정할 처지에 놓이게 만들었다. 수요보다 많은 공급은 상당한 후유증을 유발할 게 뻔하다. 거기다 '동시다발적인 재건축'은 이주수요까지 몰리게 해서 전·월세대란인 시기를 설상가상으로 내몰았다. 심지어 정부는 '100만 원대 기업형임대주택'을 내놓기 위해 건설회사에게 토지·세금·기금·금융을 지원하고 나섰다. 전세의 월세 가속화로 서민과 중산층이 임대료로 고통받고 있는 형편인데 말이다. 비싼 기업형임대주택은 기존 임대주택에 영향을 끼칠 수밖에 없다. 임대인 입장에서는 임대료를 비교해 월셋값을 올리려고 할 게 분명하기 때문인데, 분양가상한제 폐지가 분양가를 오르게 해 기존주택의 집값마저 상승하게 만든 이치와 같다. 상황이 이런데도 정부가 정책을 내놓으면 무조건 믿고 따르려는 사람들이 있다. 제발 그러지 말자. 정부 정책이 오히려 부작용을 일으킬 가능성이 많은 시기다. 앞서 언급한 정책들만 봐도 충분히 알 수 있지 않은가.

2. 세대수는 기본적으로 1000가구 이상이 좋다. 단지가 크면 그만큼

관리비가 적게 들어 사는 동안 비용이 줄고 나중에 팔 때도 유리하다.

3. 복도식은 복도에 오가는 사람들 때문에 사생활을 침해받는다. 게다가 베란다가 앞쪽에만 있어 계단식보다 전용면적이 좁다.

4. 중앙난방은 본인의 의지와 상관없이 난방을 하고 비용을 부담한다. 난방이 필요할 때 따로 할 수도 없어 여러 가지 난방방식 중 가장 불편하다.

5. 건폐율이 크다는 말은 부지에 건물이 꽉 차 있다는 말이다. 용적률도 의미는 비슷하다. 따라서 건폐율과 용적률이 큰 아파트단지는 대지가 좁고 건물이 높아 답답하다. 반면에 건폐율과 용적률이 작은 단지는 대지가 넓고 건물이 낮아 여유가 있다.

6. 주차장 동선과 주차대수를 확인하자. 차가 없더라도 나중에 집을 팔 때를 고려해 챙겨야 한다.

7. 평지와 경사지 중 어느 것이 더 좋으냐고 묻는 사람들이 있다. 무조건 평지가 좋다.

신규분양 아파트 보는 법

선분양제의 신규분양 아파트는 분명한 한계를 가지고 있다. 집의 상태 (4+4 조건)를 보지 못하고 먼저 계약부터 하기 때문이다. 실물이 아닌 모형만 본 후 거금을 지불하는 것이다. 어떻게 판매자의 말만 믿고 실제로 존재하지도 않는 집을 구입할 수 있는가. 전 재산이나 다름없는 거액을 모델하우스만 보고 구매한다는 것 자체가 어처구니없다. 물론 선분양제는 정부가 허용한 사항이다. 그러나 선분양제 아파트에서 생긴 문제는 고스란히 분양받은 사람들의 몫이다. 입주할 시점에 모형과 다른 아파트가 나와도 정부는 뒷짐을 지는 경우가 다반사다. 따라서 부득이 선분양제 아파트를 구입할 경우 '사진촬영·녹취·카탈로그 보관 등' 사전에 대비를 해야 한다. 나중에 피해를 당하지 않으려면 말이다.

건설회사 입장에서 보면 미리 돈을 받고 집을 팔 수 있어 이득이다. 반면에 분양받는 사람은 먼저 돈을 지불하고 수년 후에 집을 볼 수 있으니 손해다. 계약시점에 확인할 수 있는 건 모형이 전부라서 더욱 그렇다. 입주 시점이 되었을 때 완성도가 떨어진 집을 받더라도 물릴 수가 없다. 다른 상품과 달리 반품할 수가 없기 때문이다. 판매회사에 부탁해 하자를 고치는 수밖에 없는데, 여기에도 문제는 있다. A/S가 적기에 이뤄질지 제대로 고쳐질지는 그때 가봐야 알 수 있기 때문이다. 집이 고쳐지기까지 피분양자는 심리적·경제적 스트레스와 손해를 감수하면서 기다리는 수밖에 없다. 물론 소송이라는 대안은 있지만 오랜 시간이 걸리고 승소 역시 장담할 수 없다. 개인이 기업을 이기는 일은 사실상 무모하다. 이처럼 선분양제는 피분양자보다 분양자인 건설사를 위한 제도임을 명심하자. 직접 보고 집을 사는 게 당연히 유리하다.

그렇다고 모델하우스에 가보는 것마저 꺼릴 필요는 없다. 견물생심을 우려해 아예 모델하우스를 배척하지는 말자. 나름 이득도 있는 것이 모델하우스를 방문하면 최근 아파트의 평면·인테리어·가구·가전 등의 트렌드를 파악할 수 있다. 게다가 단지배치도를 통해 최근 동별 모양·동간 거리도 확인할 수 있다. 아울러 벽에 걸린 대형지도를 통해 단지 외부의 계획시설·도로 등 주변현황도 체크할 수 있다. 그러나 딱 거기까지다. 모델하우스에서 얻을 수 있는 것은 최근 트렌드와 계획시설을 파악하는 것 이상은 아무것도 없다.

물론 과거에는 선분양제라 할지라도 분양받는 위험을 감수하는 경우가 일반적이었다. 리스크를 떠안아도 수천만 원에서 수억 원의 시세차익을 얻을 수 있었다. 하지만 시대는 변했고 그런 식의 투자는 위험해졌다. 어느 정도의 이익을 기대할 수도 있겠지만 감당해야 할 리스크가 훨씬 더 큰데, 지금은 국내외 변수 10가지가 상존하고 언제든 발발할 수 있는 상황이기 때문이다. 선분양제를 도박으로 간주하는 근거다. 그럼에도 불구하고 신규분양 아파트를 분양받겠다면 다음의 내용만큼은 반드시 체크하자.

1. '모델하우스'는 모형이다. 모형은 실물을 본떠서 만든 '샘플'이다. 즉 모델하우스는 실제로 들어가 살 수 있는 집이 아니다. 직설적으로 말하면 '그림'에 불과하다. 물론 그림대로 지을 수도 있을 것이다. 모형대로 공사할 수도 있겠지만 공급자 사정상 얼마든지 바뀔 수 있다. 분

양 카탈로그에 작은 글씨로 적혀 있는 내용들을 반드시 기억하자. "본 이미지는 고객의 이해를 돕기 위해 제작하였으며 실제와 상이할 수 있으므로 참고용으로만 사용하시기 바랍니다. (법적 책임을 지지 않습니다.)"

2. '분양자의 계획'은 예정이다. 예정은 앞으로 하려는 일의 '구상'일 뿐이다. 물론 판매자의 계획이 실제로 이뤄질 가능성은 있다. 하지만 그렇지 못할 공산도 크다. 특히 집의 외부조건(교육·교통·편의시설·주변환경)은 더욱 그렇다. 공급자의 공사범위가 아니기 때문이다. 집의 내부조건(향·동·층·평)도 마찬가지다. 따라서 이 사실을 반드시 직시해야 한다. 선분양제 아파트는 이미 존재하는 집을 파는 게 아니다. 앞으로 만들어질 집을 광고를 통해 판매하기 때문에 과장광고가 나올 수밖에 없다. 그래서 분양자는 카탈로그에 이런 문구를 꼭 집어넣는다. "상기 이미지는 인허가 과정 중 변경될 수 있으며, 소비자의 이해를 돕기 위한 것으로 실제와 다를 수 있습니다." 또는 "상기 이미지는 이해를 돕기 위한 이미지 컷으로 실제와 다를 수 있습니다." 그것도 잘 보이지 않게 깨알 같은 글씨로 구석에 기재한다. 카탈로그 귀퉁이의 작은 글씨까지 자세히 읽고 나중에 제시할 수 있는 입증서류를 꼼꼼히 챙기라고 다시 한 번 강조한다.

3. '발코니면적'은 분양자에 따라 다르다. 서비스로 제공하는 면적이라 아파트에 따라 차이가 많으니 다른 주택과 비교해 평형별로 적정면적을 확인해두는 것이 필수다. 요즘 새 아파트는 대체로 발코니를 확

장하기 때문에 서비스면적을 파악하는 게 어렵다. 확장 전에 발코니면적이 어느 정도의 크기였는지 계산하기가 어렵기 때문이다. 그나마 모델하우스가 있는 경우라면 이 면적을 산출할 수 있다. 세대 내부가 확장되었더라도 바닥을 보면 구분할 수 있는 선이 있다. 하얀색으로 두 줄 그어져 있는 선을 보면 방과 발코니를 구별할 수 있다. 최근에 지어진 아파트의 발코니면적은 직접 계산해 산출하는 수밖에 없다. 따라서 모델하우스에 가기 전에 기존주택의 평형별 발코니면적을 알아두고 줄자를 준비하자. 기존아파트 서비스면적을 알아야 새로 구입할 아파트의 발코니면적과 비교할 수 있을 테니 말이다. 발코니면적은 아파트에 따라 5~6평이나 차이가 나는 경우도 있다. 서비스면적인 발코니를 꼼꼼히 따져야 하는 이유다. 그래야 더 큰 공간을 무상으로 누릴 수 있다. 권리 위에 잠든 자는 그 권리를 누릴 수 없다.

4. 새 아파트에 '운동·공원·분수대·첨단시스템·신재생에너지·가구가전 등 여러 시설이 있다'고 무조건 유익한 건 아니다. 물론 시설 자체로는 유용할 수 있다. 하지만 모든 시설에는 비용부담이 따른다는 것을 기억하자. 처음에 만들 때는 '시설비'가 들고, 나중에는 '유지관리비'가 든다. 모두 다 입주자가 부담하는 시설이라 분양가와 관리비를 상승시키는 원인이 된다. 꼭 필요하거나 자주 이용하는 시설이 아니라면 매우 아까운 지출일 수 있다. 본인의 의지와 상관없이 비용을 부담하게 될 테니 말이다.

5. '분양광고'는 말 그대로 광고다. 광고는 판매를 목적으로 상품에 대한 정보를 알리는 의도적인 활동이다. 좀 더 직설적으로 말하면 분양광고는 '집을 팔아 이익을 만들기 위해 기업이 주택이라는 상품을 선전하는 행동'이다. 이게 사실이고 진실이다. 따라서 분양광고는 빈틈없이 따져봐야 한다. 뭐 하나라도 피해 볼 가능성이 있다 싶으면 계약서에 명시하고, 사진 찍고, 녹음하고, 카탈로그 등은 입주 때까지 반드시 보관해야 한다. 나중에 분쟁이 생기면 법적인 보호를 받을 수 있는 유일한 방법이기 때문이다. 광고는 구매자를 위한 게 아니라 판매자가 주택을 팔기 위해 하는 행위임을 잊지 말자.

6. 마지막으로 경기 침체기에는 공급자(시행사·시공사)의 생존을 보장할 수 없다. 언제든 해당 기업이 어려워지거나 망할 수 있다. 즉 선분양제 아파트는 언제든 공사가 중지되거나 해당 기업이 부도 처리될 수 있음을 염두에 둬야 한다. 우리는 이미 1998년, 2008년에 있었던 건설사의 구조조정과 인수합병을 경험했다. 경험은 실패를 차단할 수 있는 소중한 자산임을 명심하자.

4단계. 집 고르기
손품부터 발품까지 실전 따라하기

집 고르기의 핵심은 '언제(when), 어디에(where), 집값(price)'이다. 물론 제일 중요한 항목은 '집값(Price)'이다. 제아무리 '타이밍(Timing)'과 '입지(Location)'를 잘 선택하더라도 비싼 가격으로 집을 구입하면 손해기 때문이다. 따라서 주택투자에 성공하려면 '거래량'과 '실거래가'를 분석할 줄 알아야 한다. 최소 10년간의 '시세(매매·전·월세)'를 포함해서 말이다.

옛이야기에 '화룡점정(畵龍點睛)'이란 말이 있다. 용을 그린 후 마지막으로 눈동자를 그려 넣었더니 그 용이 홀연히 구름을 타고 하늘로 올라갔다는 고사에서 나온 얘기다. 무슨 일을 하든지 가장 중요한 부분을 완성시켜야 일을 제대로 마무리한 것이라는 의미일 것이다. 때문에 이번 장인 '4단계. 집 고르기'와 다음 장 '5단계. 집 계약하기'가 이 책의 화룡점정인 셈이다. 제아무리 좋은 '계획'을 세우고(1단계) 많은 '돈'을 모으고(2단계) 탁월한 '안목'을 키웠어도(3단계) 가치가 있는 집을 고르지(4단계) 못하거나 올바르게 계약하지(5단계) 않는다면 아무 소용이 없다. 앞서 살펴본 '1단계. 계획 세우기'에서 6개의 원칙으로 계획을 세웠다면 이제는 제대로 '실행'에 옮겨야 할 때다. 그래야 애물단지를 제외하고 보물단지를 고를 수 있다. 이번 장이 그 보물을 찾아낼 수 있도록 안내할 것이다.

실제 행동으로 옮기기 전에 재확인해야 할 '3개의 원칙'이 있다. 누가·왜·어떻게·무엇을·언제·어디에 중 '무엇을·언제·어디에'가 재검토 대상이다. 대체로 누가(who)는 당신이고, 왜(why)는 투자하기 위해서이며, 어떻게(how)는 돈을 모아서' 집을 구입할 테니 따로 설명할 필요가 없을 것이다. 여기에 하나 더 추가할 항목이 있는데, 바로 '가격(price)'이다. 이 책의 목적이 '제대로 된 집을 싸게 사는 것'에 있기 때문이다.

1. 무엇을(what)? 2. 언제(when)?

주택의 종류는 다양하다. 아파트·단독·다가구·다세대·전원·상가주택·주상복합·오피스텔·아파텔·도시형생활주택·고시원·쪽방 등 많지만, 이 모든 주택 유형 중 선호도가 가장 높은 것은 역시 '아파트'다. 대부분의 사람들이 이곳에서 생활하고 있고 다른 집에 비해 편리하기 때문이다. 따라서 what(무엇을)에 해당하는 집을 '아파트'로 전제하면, 이번 장의 핵심은 '언제·어디에·가격(타이밍·입지·집값)'으로 정리할 수 있다. 물론 이 중에서 '언제(when) 사느냐'가 가장 중요하다. '타이밍(timing)'에 따라 싸게도 비싸게도 매입할 수도 있다. 집을 매수하면서 수천만 원 이상을 아낄 수 있는 방법은 매수시점뿐이다.

3. 어디에(where)?

다음으로 '어디에(where) 사느냐'가 중요하다. '입지(location)'에 따라 투자의 성패가 갈린다. '위치'가 좋지 않을 경우 집값하락은 물론 나중에 매도조차 어려울 수 있다. 최악의 경우 빈집이 되지나 않을까 걱정해야 할 처지에 놓일 수도 있다. 우선적으로 고려할 지역은 '서울도심'이다. 하지만 서울도심의 집값은 비싸다는 게 문제다. 웬만한 돈으로는 쾌적한 집은 엄두도 내지 못한다. 이제 고민이 시작된다. '주변환경이 미흡하더라도 서울도심에서 살까? 아니면 쾌적한 환경을 위해 외곽지역으로 이사할까?' 이 질문에 곧바로 답할 수 있는 사람은 드물 것이다. 살던 곳이 익숙하니 이사 가는 게 내키지 않고, 그렇다고 빚까지 내어 살던 곳에서 계속 살자니 비용부담이 늘어 지금보다 더 팍팍해지니 그것도 싫다. 고민은 깊어진다.

이때 당신이 '우물 밖의 개구리'라면 의외로 쉽게 결정할 수 있다. 살던 곳 이외에도 다른 지역에 대해 알고 있다면 판단하기가 수월하다. 서울도심이 아니더라도 살던 집과 최대한 가까운 곳의 정보를 자세히 알면 그만큼 선택하기가 쉽다. 반면에 다른 지역에 대해 잘 모른다면 서울도심 또는 외곽지역의 집을 선택하기는 어렵다. 필자가 안타깝게 생각하는 부분이다. 쾌적한 집에서 편안하게 살 수 있는데 무지해서 불편하게 생활할 모습이 선하다. 앞서 배운 '4+4 조건'에 적합한 주택을 적극적으로 찾아 나서야 한다. 물론 형편이 된다면 가급적 서울도심에서 집을 구입하자. 하지만 여건이 안 된다면 서울도심만 고집하지는 말자. 쾌적하지도 않은데 서울도심이라는 이유만으로 그곳에서 살아야 할 이유는 없을 테니 말이다. 그래도 굳이 서울도심에서 살겠다면 말리지는 않겠다. 하지만 하루 이틀 거주할 공간도 아니고 수년에서 수십 년을 생활할 집이라면 좀 더 쾌적한 곳에서 고르는 게 낫다. 단 서울도심과 너무 멀리 떨어진 곳은 배제한다. 집값하락이나 빈집이 될 가능성이 있다.

당신의 재정상태가 녹록하지 않아서 서울을 제외시킨다면 지금이나 나중에 걱정 없이 편안하게 살 만한 집을 찾을 수 있을까? 물론 있다. 적극적으로 나서면 반드시 구할 수 있다. 뭐든 적극적으로 달려들면 구해지는 게 세상사 이치다. 적극적인 손품과 발품이라면 해결이 가능하다. 다만 이 책을 통해 안목을 필수조건으로 미리 갖춘 경우라면 말이다.

일단 주택을 매입하면 반품이나 교환이 불가능하다. 집을 사는 과정에 들이는 시간과 노력도 적지 않으니 이왕 할 거면 제대로 한 번에 끝내는 게 유익하다. 물론 주택투자는 힘들고 어렵다. 다른 상품에 비해 아주 비싸서 신경 쓸 일도 매우 많다. 그렇더라도 후회하지 않기 위해 '어디에(where)' 집을 매수할지를 결정해야 한다. 아무 생각 없이 지내다가 임박해서야 여기저기 알아보면 좋은 집 찾기가 쉽지 않으니 지금 당장 집을 찾아나서야 한다. 집을 선택할 때 언제(when)와 어디에(where)는 핵심이다. '타이밍(timing)'과 '입지(location)'에 따라 구입하는 '집값(price)'이 달라지기 때문이다.

손품 팔기 첫 번째: 지역 선정

주택투자는 지역(숲)부터 살핀 후 해당 집(나무)을 선택하는 게 순서다. 먼저 숲을 확인하고 나서 괜찮다 싶으면 나무를 골라라. 나무부터 선택한 후 나중에 숲을 보면 낭패 당하기 쉽다. 나무가 아무리 멀쩡해도 오염된 숲에 있다면 나중에 상태가 좋을 리 없기 때문이다. 집도 마찬가지다. 집만 보면 너무 좋은데 주변환경이 별로면 집의 가치가 하락할 수밖에 없다. 물론 사는 동안 불편할 공산도 크다. 따라서 '지역 선정'에 신중해야 한다. 이 책에서는 수도권 지역을 중심으로 설명한다. 지방도 지역만 다를 뿐 선정 방법은 같으니 책을 정독한 후 그대로 적용하면 된다.

수도권을 대상으로 할 경우 '서울도심'과 서울에 가까운 '경기도도심'이 1순위다. '저출산'이라는 사회적 현상을 염두에 두었을 때 서울과 먼 경기도 외곽의 주택들이 빈집으로 바뀔 확률은 높다. 점차 인구가 감소하는 상황에서 지속적으로 늘어나는 서울의 주택공급물량을 생각해 보면 상식적으로 충분히 예측가능하다. 점차 환금성이 떨어질 집을 매수할 필요가 없다. 향후 경기도 외곽지역의 집은 깡통주식과 다를 바 없는 처지가 될 것이다. 따라서 내 집 마련의 최우선 순위는 무조건 '서울도심'이다. 거주든 투자든 기본 조건은 '환금성'이며, 나중 일을 생각하지 않고 구입했다간 매도조차 불가능해질 것이다.

이 책에서는 좀 더 폭을 넓혀 경기도 안에서 집을 고르는 방법을 설명한다. 상대적으로 면적이 좁은 서울에서 집을 고르는 것은 이보다 쉬우니 선택과정을 참조하자. 이제 경기도에서 어떤 지역의 집을 선정해야 하는지 그 과정을 알아보자. 다시 말하지만 무조건 서울과 가장 가까운 경기도의 '시·군'에서 집을 선택하는 게 유리하다. 서울보다 좀 더 쾌적하고 저렴한 집을 구할 수 있다. 경기도 중에서도 어느 지역을 선정해야 할까? 경기도 31개 시·군 중 12곳으로 축약할 수 있다. 이 12곳은 서울과 붙어 있는 지역들이며, 나머지 19곳은 서울에서 출발해 가려고 할 때 반드시 경기도의 다른 시나 군을 통과해야만 도착할 수 있다. 때문에 거리상 서울과 좀 더 떨어져 있으니 투자지역에서 제외시키는 게 유리하다. 물론 제외시킨 19개 지역이 지금은 더 좋은 곳일 수도 있지만, 서울과 멀리 떨어져 있어 집값하락이나 공실가능성이 많으니 제외시키는 게 낫다. 시간이 흐를수록 빈집으로 바뀔 확률이 높다.

|그림 1| 서울과 붙은 경기도의 '시' – 12개 ⓒDaum

그림 1에서 북쪽을 중심으로 서울과 접한 '경기도의 시'는 ① 의정부시 ② 남양주시 ③ 구리시 ④ 하남시 ⑤ 성남시 ⑥ 과천시 ⑦ 안양시 ⑧ 광명시 ⑨ 부천시 ⑩ 김포시 ⑪ 고양시 ⑫ 양주시 등 12곳이다. 가급적 이 지역에서의 주택투자를 권한다. 물론 현재 본인이 살고 있는 지역에서 가까울수록 좋다. 살던 지역과 가까우면 심리적 부담이 덜하기 때문이다. 12개 지역 중 한 곳을 선정한 후 동네를 선택할 때도 최대한 서울과 가까운 위치가 유리하다. 같은 시라도 서울과 멀리 떨어질수록 불리해질 가능성이 많다. 예를 들어 남양주에는 20개의 동이 있고, 그중 5개 동이 서울과 근거리에 있다. 만약 남양주에 집을 구입할 생각이라면 이 5개 동 중 고르라는 말이다. 이것은 경기도의 다른 시에서도 마찬가지다.

경기도에 있는 시·군 중 원하는 지역을 선정했다면 '아파트시세'를 비교할 차례다. 포털 사이트 Daum의 '부동산 – 매물·시세'에 들어가면 '시세, 단지, 뉴스, 핫이슈' 탭이 있는데 각 탭을 클릭해 상세내용을 확인한다. 그림 2에서 첫 번째 탭 '시세'를 누르면 자신이 선택한 시의 '아파트 1㎡당 시세'가 나타난다. 선정한 지역의 시세가 다른 시와 비교해 어느 정도인지를 보고, 해당 지역의 '1㎡당 매매가·전세가 추이'와 '지역개발이슈(뉴타운·보금자리·택지지구·신도시·교통 등)'를 확인할 수 있다.

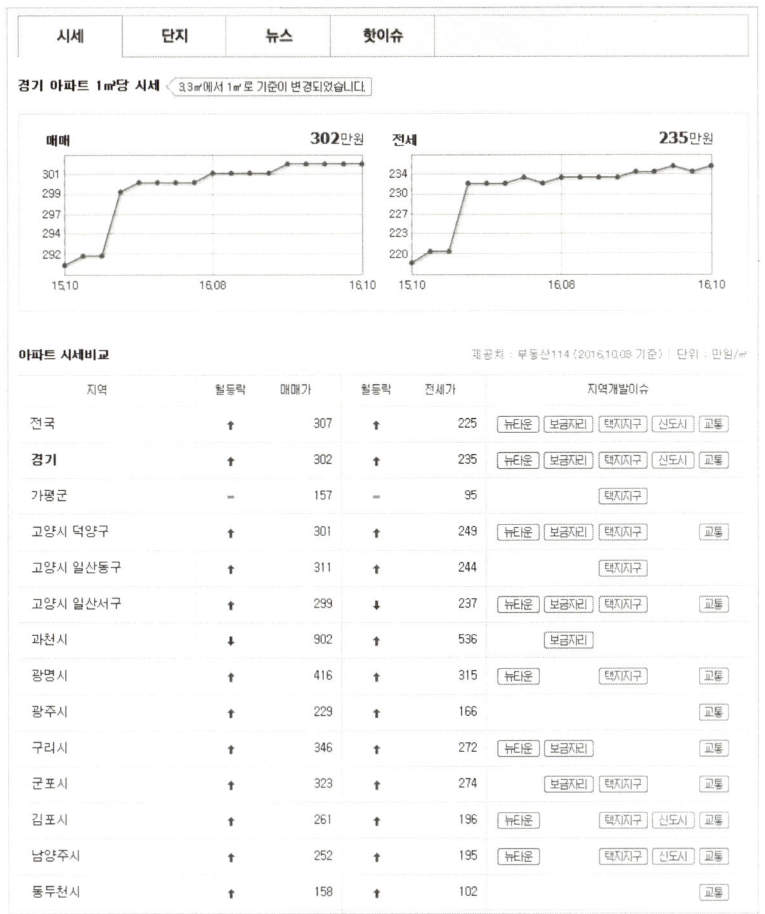

지역	월등락	매매가	월등락	전세가	지역개발이슈
전국	↑	307	↑	225	뉴타운 보금자리 택지지구 신도시 교통
경기	↑	302	↑	235	뉴타운 보금자리 택지지구 신도시 교통
가평군	=	157	=	95	택지지구
고양시 덕양구	↑	301	↑	249	뉴타운 보금자리 택지지구 교통
고양시 일산동구	↑	311	↑	244	택지지구
고양시 일산서구	↑	299	↓	237	뉴타운 보금자리 택지지구 교통
과천시	↓	902	↑	536	보금자리
광명시	↑	416	↑	315	뉴타운 택지지구 교통
광주시	↑	229	↑	166	교통
구리시	↑	346	↑	272	뉴타운 보금자리 교통
군포시	↑	323	↑	274	보금자리 택지지구 교통
김포시	↑	261	↑	196	뉴타운 택지지구 신도시 교통
남양주시	↑	252	↑	195	뉴타운 택지지구 신도시 교통
동두천시	↑	158	↑	102	교통

|그림 2| 경기도의 시·군 31개 – 아파트 시세비교 ⓒDaum

　　두 번째 탭인 '단지'를 클릭하면 그림 3의 화면이 나타난다. 여기에서는 기존아파트와 신규아파트 단지를 구분해 확인할 수 있다. 이 책에서는 모형만 있고 직접 눈으로 확인할 수 없는 신규아파트 '분양단지(선분양아파트)'에 대한 내용은 건너뛴다. 직접 눈으로 보고·귀로 듣고·

코로 맡고·손으로 만지고·피부로 느낄 수 없는 집을 사는 데 전 재산을 걸고 도박할 필요는 없기 때문이다. 물론 분양단지 중 이미 공사가 끝나 입주할 수 있는 아파트인 경우 주택투자 대상에 포함시킨다. 오감을 활용해 집의 내·외부를 직접 확인할 수 있다면 투자대상의 조건은 갖췄으니 말이다.

시세	단지	뉴스	핫이슈

단지 | **분양단지**

☑ 아파트　☐ 주상복합　☐ 재건축

○ 테마 전체　○ 신축　● 대단지　○ 역세권　○ 매매가 5% 상승　○ 매매가 5% 하락　○ 전세 비율 높은단지

단지명▲ | 새아파트순▼ | 세대수▼ | 인기순▼

명칭	이미지	상세정보
아파트 KCC스위첸		경기 안성시 공도읍 만정리 877 2010.05 입주, 케이씨씨건설, 총 1,101세대 매매 **20** | 전세 **2** | 월세 **1** | 경매 **1**
아파트 LH수원센트럴타운3단지		경기 수원시 권선구 세류동 1280 서울지하철 1호선 수원 782m 2015.08 입주, 삼호, 총 1,019세대 매매 **29** | 전세 **7** | 월세 **7** | 경매 **0**
아파트 LH옥길브리즈힐		경기 부천시 옥길동 751-1 2016.07 입주, 티이씨건설, 총 1,304세대 매매 **7** | 전세 **18** | 월세 **28** | 경매 **0**
아파트 SK뷰		경기 수원시 권선구 권선동 1035 📍 분당선 수원시청 542m 2008.11 입주, SK건설, 총 1,018세대 매매 **13** | 전세 **1** | 월세 **2** | 경매 **0**
아파트 SK뷰파크		경기 화성시 반월동 944 2015.02 입주, 에스케이건설, 총 1,967세대 매매 **0** | 전세 **0** | 월세 **0** | 경매 **0**

|그림 3| 기존 아파트 비교 – 신축 대단지 역세권, 매매가, 전세비율 ⓒDaum

그림 3에서 '단지 – 단지' 탭을 클릭하면 기존 아파트를 '테마별'로 볼 수 있다. 테마는 그림에서 보는 것처럼 '신축, 대단지, 역세권, 매매가 5% 상승, 매매가 5% 하락, 전세비율 높은 단지' 등 6개로 구분되어 있다. 각 테마에 따라 '단지명, 새아파트순, 세대수, 인기순' 등을 일목요연하게 볼 수 있다. 또한 '매매, 전세, 월세' 등 실제 매물도 확인할 수 있다. 단, 이 정보의 사실 여부는 해당 공인중개사무소를 통해 직접 점검해야 한다. 인터넷상에서는 허위매물과 가격조작으로 미끼를 던지는 경우가 많다. 그림 3에서 파란색 글씨 중 어느 것이든 클릭하면 해당 아파트의 상세내용을 볼 수 있다. '매물(매매·전세·월세), 시세(추이·주변단지 비교), 단지(정보·주변), 사진, 평면/동호수, 세금, 뉴스' 등을 확인할 수 있다. 그림 4는 파란색 글씨를 클릭했을 때 나타나는 화면 중 하나다. 여기서 해당 아파트 매물을 클릭해 상세 내용을 꼼꼼하게 살펴보자. 마음에 드는 집이 있을 경우 중개업소에 전화해 확인하고 현장에 가서 비교분석하면 된다. 동일한 방법으로 선정지역의 매물을 하나하나 클릭하면 투자할 만한 아파트를 찾기 위한 상세한 내용을 파악할 수 있다. 물론 가성비가 좋은 집을 찾는 게 목표다.

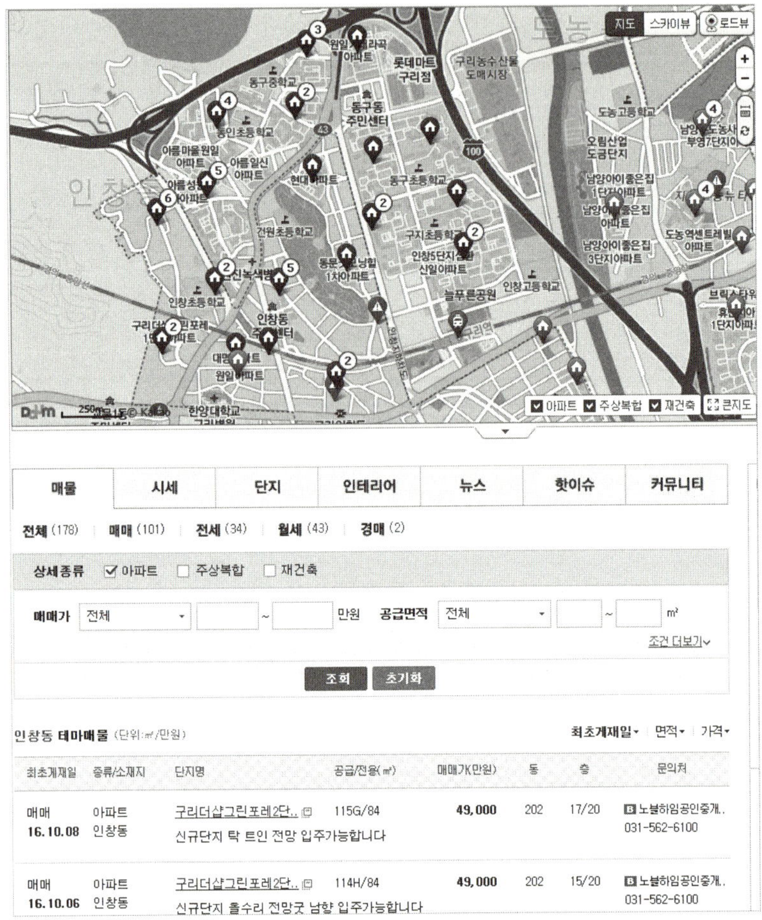

|그림 4| 해당 아파트 샘플 – 매물 시세 단지 뉴스 핫이슈 ⓒDaum

손품 팔기 두 번째: 4+4 조건에 딱 맞는 내 집 찾기

이제 숲에 해당하는 '지역 선정'을 마쳤다고 가정해보자. 선정한 지역은 경기도 31개 시·군 중 서울에 가까운 12개(그림 1 참고) 시다. 그중 하나인 '구리시'를 예로 들어 설명하는데, 다른 11개 시에 대해서도 동일한 과정을 적용하면 된다. 구리시의 위치는 서쪽이며 광진구, 중랑구와 붙어 있다. 남쪽으로는 한강을 두고 강동구, 송파구와 마주보고 있어 서울과의 접근성이 양호한 편이다.

'숲(지역: 구리시)'을 정했다면 다음으로 '나무(해당 아파트: 동·층·호수)'를 정할 차례다. 먼저 앞에서 살펴본 '집을 고르는 4+4 조건'의 핵심만 복습하고 넘어가자. 앞의 4는 아파트의 외부조건(교통·교육·편의시설·주변환경)이고, 뒤의 4는 내부조건(향·동·층·평면)이다. 물론 이외에도 다른 조건들(팁 7개, 신규분양 체크항목 6개)도 있었다. 잘 생각나지 않는다면 '3단계. 안목 키우기'를 다시 참조하자.

지금부터 설명할 '경기도·구리시·K 아파트'는 4+4 조건에 적합한 주택이다. 다만 같은 K 아파트라 하더라도 내부조건 모두를 만족하지 못하는 세대가 있으니 주의를 기울여야 한다. 같은 단지에 있는 아파트라도 모두가 구입할 만한 가치가 있는 집은 아니다.

우선 K 아파트의 입지가 왜 좋은지부터 살펴보자. 4+4 조건 중 외부조건이 양호하다.

① 교통여건이 편리하다. 지하철(중앙선·8호선 예정)·도로(강변북로·북부간선·외곽순환·올림픽대로)·대교(구리암사·강동)·버스(일반·좌석·공항) 등이 충분해 서울 접근성이 좋다.

② 교육환경이 양호하다. 초·중·고 학교와 학원이 가까운 곳에 있다.

③ 편의시설을 도보로 이용할 수 있다. 백화점·대형마트·극장·아울렛·전통시장·대학병원·공공시설(도서관·등기소·우체국·주민센터·파출

소·소방서) 등이 근거리에 있다.

④ 주변환경을 보면 중앙공원(약 2만 3천 평)·소공원(구리역·늘푸른·동구하늘)·광장·왕숙천·동구릉(세계문화유산) 등을 도보로 이용할 수 있다.

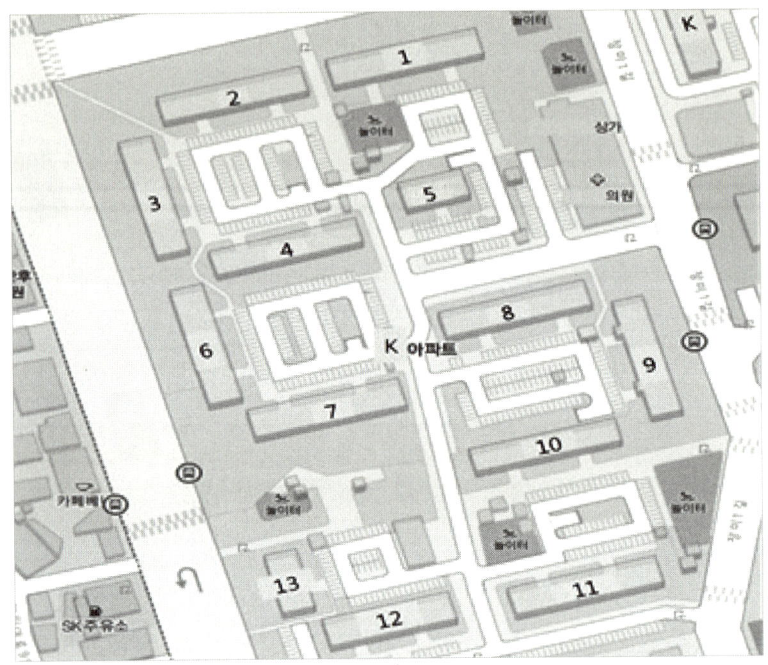

|그림 5| K 아파트 단지배치도 – 향·동·층·평 ⓒDaum

K 아파트는 내부조건도 양호하다. 다만 세대별 차이가 크다는 점에 유의하자. 내부조건을 살펴보려면 단지배치도(그림 5)부터 봐야 한다.

① 첫 번째는 내부조건 중 가장 중요한 항목인 '방향'을 확인한다. 햇빛이 잘 드느냐 안 드느냐를 결정짓는 핵심요소이기 때문에 먼저 체크한다. 그림 5를 보면 아래쪽은 남향, 오른쪽은 동향이다. 물

론 북향과 서향은 그 반대쪽이다. 13개의 동 중 대부분의 사람들이 선호하는 남향을 찾아보자. 하나하나 점검하면 13개 동 중에 9개(1·2·4·5·7·8·10·11·12)가 남향이라는 것을 알 수 있다. 그리고 나머지 동은 모두 동향이다. '북동향'이라고도 부를 수 있지만 동향으로 치우쳐 있으니 동향으로 간주한다. 따라서 방향을 기준으로 투자에서 탈락되는 동은 4개(3·6·9·13)다. 이제 대상은 4개 동을 제외한 9개 동으로 좁혀졌다. 9개 동은 엄밀히 말하면 남동향이지만 남향에 치우쳐 있으니 남향으로 간주한다.

② 두 번째로 확인하는 항목은 '동'이다. 동별 모양과 동간 거리가 세부 체크사항이다.

'동별 모양'은 일자형(―)이 주거권(일조권·조망권·환기권·사생활권)에 유리하다. 그다음엔 ㄱ형 → ㄷ형 → ㅁ형 순으로 불리해진다. 가능하면 일자형을 선택하고, 나머지는 투자대상에서 제외시키자. 일자형 외에 다른 동 모양은 사는 동안 불편하다. K 아파트의 경우 동 모양이 모두 일자형이므로 앞서 살펴본 결과를 반영해 9개 동을 그대로 매입 대상으로 둔다.

이제 '동간 거리'를 확인하자. 동간 거리는 Daum 지도 사이트에 들어가면 측정할 수 있다. 'Daum 지도' 사이트에 들어간 후 화면 오른쪽 상단에 있는 '거리측정 자'를 이용하면 동간 거리를 잴 수 있다. 먼저 해당 동을 클릭한 후 다른 동을 찍으면 된다. 그 결과 동간 거리가 가장 양호한 동은 4개(2·4·7·10)다. 따라서 9개 동 중 동간 거리가 짧은 5개 동(1·5·8·11·12)은 투자대상에서 제외한다. 여기서 동간 거리가 가장 멀찍이 떨어진 동은 '7동'이다. 앞 베란다에서 보면 맞은편 12동과 약 80m 떨어져 있어 다른 동에 비해 동간 거리가 가장 멀다. 반면 2·4·10동은 각각 56m·57m·50m다. 7동과 비교하면 24~30m나 차이가 난다.

게다가 2동은 2개의 대로변에 가까이 위치해 있다. 소음·진동·먼지·악취에 노출될 공산이 크다. 다른 동에 비해 차량통행이 빈번할 테니 말이다. 창문을 열어두는 게 신경 쓰일 것이다. 물론 7동도 1개의 대로변에서 약 26m밖에 떨어져 있지 않다. 따라서 7동 중에서도 대로변에서 조금이라도 더 떨어진 '라인'을 선택하는 게 유리하다. 최대한 소음·진동·먼지·악취로부터 영향을 적게 받는 라인을 고르는 것이다. K 아파트 7동의 경우 1호부터 4호까지 4개의 라인으로 구성되어 있다. 이럴 경우 대로변에 바짝 접한 1호 라인보다는 약 80m 정도 멀리 떨어진 4호 라인이 더 낫다. 동간 거리 측면에서 7동 다음으로 양호한 동은 10동이다. 물론 2동이 좀 더 떨어져 있기는 하지만 2개의 대로변에 접하고 있어 주거권이 불리하다.

이처럼 '방향과 동(동별 모양·동간 거리)'의 기준으로 좋은 동을 선택하면 '7동 → 10동 → 4동' 순이다. 여기까지 살펴보면 K 아파트의 13개 동 중 투자할 만한 곳은 3개(7·10·4)로 좁혀진다. 이 중에서 소음·진동·먼지·악취에서 조금이라도 벗어날 수 있는 양호한 '라인'을 찾아라. 7동과 4동은 오른쪽으로 갈수록, 즉 1·2호보다 3·4호 라인이 낫다. 반면에 10동은 왼쪽으로 갈수록 유리하다. 도로와 떨어질수록 주거권이 양호해지기 때문이다.

③ 세 번째는 '층'이다. 7동과 4동은 최고층이 20층이다. 10동은 17층이다. 여기서 1층과 꼭대기층은 제외시킨다. '3단계. 안목 키우기' 내용을 참조하면 제외시킨 이유를 자세히 알 수 있을 것이다. 또한 기본 층에서 주거권(일조권·조망권·환기권·사생활권)이 불리한 층도 배제한다. 그러면 남게 되는 층, 즉 생활하기에 편한 로열층을 간추릴 수 있다. 물론 주거권 4개를 모두 만족하는 층은 저층보다 고층일 가능성이 많다.

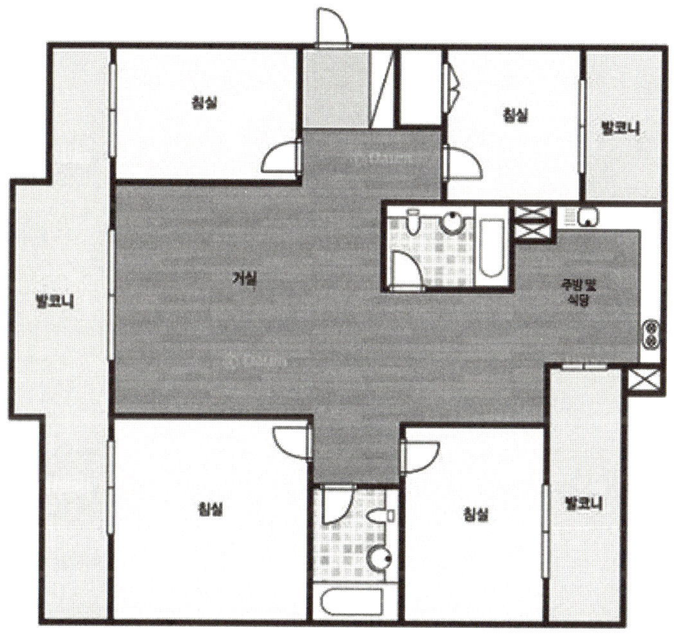

|그림 6| 세대평면도 샘플 – 3Bay 화장실 2개 발코니 중형 ⓒDaum

④ 마지막으로 '평면'을 볼 차례다. 평면은 그림 6처럼 반듯한 게 좋다. 한쪽으로 기울어지지 않고 가운데를 기준으로 동선이 편한 평면이 살기에 편하다. 평면에 대한 자세한 내용 역시 '3단계. 안목 키우기'를 참조하고 본론으로 넘어가자. K 아파트의 경우 평수가 다를 뿐 평면은 대동소이하다. 평수는 7동이 중대형이고, 10동과 4동이 중소형이다. 평면을 보면 침실·거실·주방·발코니에서 조금씩 면적에 차이가 있다.

아파트 전면부(거실쪽) 공간을 'Bay'라고 한다. Bay는 거실·방으로 구성되는데 많으면 많을수록 평면은 한쪽으로 치우친다. 반면 Bay가 적으면 적을수록 햇빛을 접하는 공간이 줄어든다. 그래서 적당한 Bay가 중요한데 보통 3Bay를 선택하는 게 좋다. 즉 전면부에 3개의 공간이 있는 구조다. 그림 6처럼 거실 1개에 방 2개를 위치시킨 평면이다.

화장실이 2개 있을 경우 각각 멀리 떨어져 있는 것이 좋다. 붙어 있으면 프라이버시가 침해된다.

발코니가 있으면 여러모로 유용하다. 우선 보냉·단열 역할을 하기 때문에 냉·난방비를 줄여준다. 외부창문과 내부창문이 이중창 역할을 해서 외부공기와 직접 접하지 않는다. 또 침실·거실·주방과 분리해 별도의 공간으로 사용할 수도 있다. 스카이라운지·카페·운동·독서·작은 정원·앞마당·뒤뜰·수납공간 등 여러모로 활용할 수 있다.

평수는 중형에 사는 게 편안하다. 소형보다 중형 이상이 편하고 좋기 때문이다. 형편에 맞춰 소형을 구입할 수밖에 없다면 어쩔 수 없지만, 가능하다면 중형을 구입하는 게 유리하다. 가급적 30평대를 매입하는 게 나중에 후회하지 않는다. 살아보면 안다.

4. 집값(Price)은?

결론적으로 집 고르기의 핵심요소는 '언제(when), 어디에(where), 집값(price)'으로 요약할 수 있다. 물론 이를 제대로 결정하기 위해선 '안목과 종잣돈'이 필수조건이다. 그러면 주택투자로 성공할 확률을 높일 수 있다. 집 고르기의 핵심요소 중 제일 중요한 항목을 꼽으라면 단연코 '집값(Price)'이다. 아무리 '타이밍(Timing)'과 '입지(Location)'를 잘 선택했더라도 비싼 가격으로 구입하면 손해기 때문이다.

따라서 손실을 사전에 차단하고 주택투자로 성공하려면 '거래량'과 '실거래가(실제로 거래된 집값)'를 분석할 줄 알아야 한다. 최소 10년간의 '시세(매매, 전세, 월세)'를 포함해서 말이다. 이 과정은 '거래량 → 실거래가 → 시세' 순으로 파악하는 게 좋다. 그래야 가성비 좋은 내 집 마련의 기회를 잡을 수 있다. 이를 위해 부록에서 '핵심 정보 사이트 TOP 10'을 소개했다. 투자 적정금액을 정하는 데 유용하니 참고하기 바란다.

5단계. 집 계약하기
계약 전, 계약 시, 계약 후 점검사항

'계약 전 체크사항'으로 확인하는 서류는 등기부등본이다. 대금(계약금, 중도금, 잔금) 지급시기에 따라 반드시 떼어보고 따져봐야 한다. '계약 시 확인사항'은 계약 당일에 이루어지므로 더 신경 써야 한다. 계약서에 날인하는 순간 이후 계약을 취소하면 수천만 원에서 수억 원의 계약금을 날릴 수 있다. '계약 후 점검사항'으로 '신고·등기·세금'이 있다. 물론 기한 내에 처리해야 불이익이 없다.

'계약하기'는 주택투자의 마무리 단계다. 마지막 순서인 만큼 정신을 바짝 차리고 긴장을 늦춰서는 안 된다. 계약을 끝으로 원하는 집을 얻을 수도 있지만, 자칫 사기를 당하거나 잘못된 집을 계약할 수도 있는데 전 재산이나 다름없는 거액을 지출하기 때문에 잘못될 경우 경제적·정신적 충격이 매우 크다. 지금까지 살펴본 내용을 떠올리며 끝까지 집중해야 한다. 이번에 자세히 볼 내용은 3가지, ① 계약 전 체크사항, ② 계약 시 확인사항, ③ 계약 후 점검사항이다. 물론 이 중 가장 중요한 항목은 '계약 전 체크사항'이다. 첫 번째 과정을 어떻게 하느냐에 따라 그 이후의 결과가 달라진다.

1. 계약 전 체크사항

우선 '시세'에 대한 정의부터 이해하고 넘어가자. 시세는 '현재의 집값'을 말한다. 흔히들 사용하는 '매도호가'나 '기준시가'는 시세가 아니다. 매도인이 제시하는 가격(매도호가)이나 정부에서 세금을 부과하기 위해 정하는 가격(기준시가), 중개업소에서 제시하는 가격(중개가격)을 시세로 착각하고 주택 구입에 나서는 사람들이 있는데, 착각하면 안 된다. 정확히 '현재 거래되는 실제가격' 즉 '실거래가'가 시세다. 이참에 '매도호가'와 '중개가격'에 대한 뜻도 명확히 정리해보자.

'매도호가'는 매도인이 받고 싶은 희망가격이다. 실제 거래되는 집값이 아니라 집을 파는 사람이 '받고 싶어 하는 기대가격'이다. 매도호가가 시세와 비교해 비싼 이유다. 희망은 현실보다 부풀려질 가능성이 많으니 당연하다. '중개가격'은 시세가 아니라 거래성사가 가능한 금액이다. 중개업소는 매도인과 매수인 사이에서 둘 다 만족할 수 있는 금액을 판단하고 제시한다. 매도인에겐 더 싸게, 매수인에겐 더 비싸게 부를 확률이 높다. 그래야 계약이 체결되고 거래가 성사될 개연성이 많아져 중개수수료를 받을 가능성이 커지기 때문이다. 결국 매도인과 매수인 입장에서 보면 누군가 한쪽은 중개가격으로 인해 손해를 볼 공산이 크다. 정리하면 매도호가, 기준시가, 중개가격은 참고만 하면 될 뿐 신뢰하지 않는 게 유익하다. '실제로 거래되는 가격'은 아니기 때문이다.

그래서 제대로 된 가격, 즉 '시세(실제거래가격)'를 확실히 아는 것은 중요하다. 최소 10년간의 '실제거래가격(실거래가)' 추세와 함께 파악하면 손해 없이 주택을 매입할 수 있다. '실거래가'를 가장 정확히 파악하는 방법은 국토교통부, 국민은행, 한국감정원 등의 홈페이지를 확인하는 것이다. 기관별로 각각 장단점이 있는 만큼 적합한 사이트를 이용해 '실제거래가격'과 '추세'를 반드시 분석하자. 이를 위해 책 끝에 부록으로 '꼭 알아야 할 사이트'를 첨부했다. 꼭 사이트를 방문해 주택투자가격을 정할 때 적극적으로 활용하자.

단, 실제 거래되었던 이 가격들도 참고용일 뿐이다. 과거는 과거일 뿐 현재나 미래의 가격은 아니기 때문이다. 이처럼 집값에는 정가가 없다. 파는 사람의 형편에 따라 얼마든지 달라질 수 있으니 시세 못지않게 '안목'이 중요하다. 안목 없는 시세파악은 그 가격을 추종할 가능성이 많고, 그만큼 집을 비싸게 매수하게 된다. 잘 모르면 실거래가를 적정가격으로 오판해 상투가격으로 주택을 매입할 수 있다. 반면 안목을 갖고 실거래가를 보면 적정한 투자가격을 예측하고 판단할 수 있다. 나중에 후회하지 않을 구입금액을 산출할 능력이 있기 때문이다. 결국 안목은 좋은 집을 저렴하게 살 수 있도록 도와주는 핵심수단인 것이다.

'3단계. 안목 키우기' 추가! – 주택 내부 점검항목

'3단계. 안목 키우기'에서 나중에 설명하기로 했던 주요 내용을 하나 더 살펴보자. 이번 장에서 보는 게 효과적이라 그냥 넘어갔던 내용이다. 바로 '주택 내부 점검항목'이다.

집의 내·외부(4+4) 조건이 모두 완벽해도 주택 내부에 주요 하자가 있다면 사는 내내 고생할 수밖에 없다. 물론 지내는 동안에도 신경 쓰이고 돈도 들어갈 것이다. 주택 내부를 볼 때는 제일 중요한 것부터 순서대로 체크해야 한다. 우선적으로 점검할 항목은 '누수' 부분이다. 다른 무엇보다 꼼꼼하게 점검해야 한다. 누수 시 예상되는 경제적 정신적 스트레스가 만만치 않다. 다른 하자에 비해 누수는 찾아서 고치는 데 시간과 비용이 많이 소요된다. 집의 어느 부위에 물이 새면 일반적으로 위아래 집과 연결된다. 해당 집의 천정에 누수가 있다면 윗집에 처리해달라고 요청해야 한다. 반면 집의 바닥에서 물이 새면 아랫집 천정에 문제가 생겨 하자를 처리해줘야 한다. 물론 외부에서 물이 타고 들어오는 경우도 있는데, 이것은 본인이 직접 해결해야 한다. 대개 누수의 경우 어디에서 문제가 발생하는지 원인을 찾는 데까지 시간이 오래 걸리고 쉽지도 않다. 게다가 천정, 바닥, 외벽을 깨서 내부를 보수해야 되기 때문에 시간과 돈이 적지 않게 필요하다. 다른 어떤 하자보다 뒤처리가 까다롭다. 따라서 누수 점검이 최우선이다. 계약 시에도 계약조건에 "잔금지급 후 일정기간(6·12개월 등) 내 누수 발생 시 매도인이 전적으로 책임진다."는 조항을 기재하는 게 좋다. 물론 계약 전 비가 많이 내릴 때 방문해서 해당 집과 위아래 집의 누수여부를 확인할 수 있다면 최선일 것이다. 하지만 현실적으로 이렇게까지 할 수 없는 경우가 많기 때문에 집을 둘러볼 때 천정, 바닥, 외벽을 꼼꼼히 살피는 수밖에 없다.

점검할 항목이 누수가 전부는 아니다. '수도·전기·승강기·누수·배수·벽체·마감 등' 집 안 전체를 꼼꼼히 체크해야 한다. 계약 전에 다음 순서로 점검하면 도움이 될 것이다. 이렇게 꼼꼼하게 따져야 나중에 후회하지 않는 집을 성공적으로 장만할 수 있다.

① 도배 · 장판 · 페인트 · 몰딩 · 조명 등 '집의 내부 상태'를 확인한다.
② 싱크대 · 신발장 · 거실장 · 수납장 · 창고 등 '집의 수납공간'을 점검한다.
③ 에어컨 · 전자레인지 · 전기밥솥 · 오디오 등 가전제품을 연결하는 '콘센트 위치와 개수'를 파악한다.
④ '가구배치'도 함께 검토한다.
⑤ 화장실(세면기 · 양변기 · 욕조 · 샤워부스 · 수도꼭지 · 배수 · 급수 · 수압)
⑥ 주방(싱크대 상하부 · 주방수전 · 배수 · 급수 · 수압), 세탁실(공간 사이즈 · 세탁 수전 · 배수 · 급수 · 수압)
⑦ 층간소음 · 층간진동 · 벽간소음
⑧ 관리비
⑨ 세금(취득세 · 재산세 · 종합부동산세)

등기부등본

계약 전 필히 확인해야 하는 서류는 '등기부등본'이다. 주택의 '가족관계증명서'라고 부를 정도로 해당 집의 역사가 고스란히 담긴 문서다. 주택투자 시 반드시 떼어보고 빈틈없이 점검해야 한다. 등기부등본은 표제부, 갑구, 을구 등 3개로 구분되어 있다.

표제부 ▶ 표제부는 해당 주택에 대해 '종류 · 구조 · 면적 · 소재지 등'을 파악할 수 있다. 아파트의 경우 표제부는 '전체건물과 개별호수' 2개로 구성되어 있다. 각각을 살펴 '지번 · 면적 · 층수 · 지목 · 지분 등'을 체크해야 한다.

갑구 ▶ 갑구는 그동안 '소유자가 누구였는지'를 알 수 있는 문서다. 과거에 누가 집주인이었는지도 알 수 있지만, 현재 집을 팔려고 하는 사람이 갑구에 동일인으로 기재되어 있는지 인적사항(이름·주민등록번호·주소)을 확인하는 게 중요하다. 계약 시 갑구에 적힌 소유자가 맞는지 확인하기 위해 주민등록증이나 운전면허증과 실물을 비교해야 한다. 주민등록증이나 운전면허증을 복사해두면 '진위확인 사이트'에서 위조여부를 즉시 확인할 수 있다. 소유자가 맞아도 갑구에 가압류·가처분·가등기 등이 기재되어 있다면 정신을 바짝 차려야 한다. 자칫 제돈다 주고 집을 사고도 소유권을 행사하지 못하고 빼앗길 수도 있다. 물론 제한하는 권리가 있을 경우 구입하지 않는 게 상책이다. 제한 권리에 빨간색 가로줄이 그어져 있다면 말소사항이므로 신경 쓸 필요 없다.

을구 ▶ 을구는 '소유자의 재산상태'를 파악할 수 있는 문서다. 이 부분을 보면 매도인(소유자)의 형편을 판단할 수 있기 때문에 유리한 협상을 이끌어낼 수 있다. 예를 들어 집을 팔려는 사람의 가장 큰 약점은 '빚'이다. 매도인이 대출이 너무 많아 감당하지 못할 처지에 놓인 경우 집을 싸게라도 빨리 팔려고 할 가능성이 많다. 소유자의 이런 상태를 을구(예: 근저당권)를 통해 미리 알 수 있다. 이외에도 서낭권·선세권·시상권·질권·임차권 등 다른 여러 권리도 을구에서 확인할 수 있는 내용이다. 각 권리에 대한 용어는 인터넷을 통해 하나하나 알아보자. 아는 만큼 이득이 될 테니 말이다.

등기부등본으로 알 수 없는 것 ▶ 등기부등본은 주택투자 시 매우 중요한 서류다. 따라서 반드시 등기부등본의 세부내용을 이해해야 한다. 등기부등본을 통해서도 확인하지 못하는 매우 중요한 내용이 있다. 바로 매도인의 세금·관리비·공과금(전기·상하수도·가스 등) 납부 여부다. 만약 매도인의 체납으로 압류가 들어온다면 매수인은 나중에 집주인이 된 후에도 재산상의 권리를 행사하지 못하고 집을 잃을 수도 있다. 따라서 매도인에게 '세금·관리비·공과금 완납증명서'를 필히 요구해야 한다. 불미스러울 수 있는 일은 사전에 차단하는 것이 최선이다.

2. 계약 시 확인사항

'계약 시 확인사항'은 계약 당일에 이루어지므로 더 신경을 써야 한다. 계약서에 날인하는 순간이 지나면 계약취소 시 수천만 원에서 수억 원의 계약금을 날릴 수 있다. 특히 매수인은 계약금을 지급하는 입장이므로 계약 시 더 조심해야 한다. 계약금은 보통 집값의 10%다. 집값이 10억 원이라면 계약금이 1억 원이나 필요하다. 꼼꼼하게 점검하지 않고 후딱 계약하면 안 되는 이유가 여기에 있다. 미처 확인하지 못한 일로 계약을 파기할 경우 계약금 1억 원을 돌려받지 못하기 때문이다. 반드시 계약서에 도장을 찍기 전에 주요내용을 꼼꼼히 점검해야 한다. 도장 한 번 찍는데 1억 원이 달린 중요한 순간인 만큼 긴장을 늦추면 안 된다. 계약 시에는 새로운 것을 점검하기보다 계약 전에 파악한 주요내용을 체크한다. 수정이나 누락된 내용이 있는지를 중점적으로 검토한다. 사전에 매도인에게 요구한 조치사항이나 등기부등본상 변경은 없는지도 빈틈없이 따져봐야 한다. 만에 하나 미흡한 내용이 있다면 계약조건에 추가로 기재해서 나중에 분쟁이 발생하지 않도록 조치해야 한다. 계약서는 크게 부동산의 표시·계약내용·계약당사자·중개대상물 확인설명서 등 4개로 구성된다.

부동산의 표시 ▶ '부동산의 표시'에는 '소재지·대지권비율·구조·용도·면적'이 기재된다. 여기서 해당 주택에 대한 개요(주소·용도·면적)를 확인한다.

계약내용 ▶ '계약내용'에는 일반사항과 특약사항이 기록된다. 일반사항에서 '매매대금(매매대금·계약금·중도금·잔금·융자금) 및 지급시기'를 점검한다. 이외에 '소유권 이전·제한권 등 소멸·제세공과금·부동산의 인도·계약의 해제·채무불이행과 손해배상·중개보수·확인설명서 등의 교부' 내용도 체크한다. 물론 이 내용은 상호협의로 얼마든지 변경할 수 있다. 추가내용이 있으면 특약사항에 언급하면 된다. 향후 다툼의 여지가 있는 내용은 필히 작성해서 발생할 문제를 사전에 원천적으로 차단하자.

계약당사자 ▶ '계약당사자'에는 '매도인·매수인·중개인'의 인적사항이 기록된다. 매도인·매수인의 경우 '주소·주민등록번호·전화·성명·날인'을 작성한다. 중개인의 경우 '사무소 명칭·사무소 소재지·대표·등록번호·전화·소속공인중개사·날인'을 기입한다.

중개대상물 확인설명서 ▶ '중개대상물 확인설명서'에는 집에 관한 상세 내용이 적혀 있다. 다소 긴 내용이지만 수억 원의 돈이 오가니 반드시 점검해야 한다. 아주 꼼꼼히 확인하자. 주요 내용은 13가지로 다음과 같다.

① 대상물건의 표시(전용면적 · 대지지분 · 준공년도 · 방향)
② 권리관계(소유권 · 소유권 외의 권리)
③ 토지이용계획, 공법상 이용제한 및 거래규제(용도지역 · 건폐율 · 용적률 · 도시계획시설 · 투기지역)
④ 입지조건(도로 · 접근성 · 대중교통 · 주차장 · 교육시설 · 판매 및 의료시설)
⑤ 관리(경비실 · 관리방법)
⑥ 비선호시설(1km 이내)
⑦ 거래예정금액
⑧ 부담할 조세종류 및 세율
⑨ 공시되지 않은 권리사항
⑩ 내 · 외부 시설물의 상태(수도 · 전기 · 가스 · 난방방식 · 승강기 · 배수)
⑪ 벽면 및 도배상태
⑫ 환경조건(일조량 · 소음 · 진동)
⑬ 중개보수 및 산출내역

등기부등본 ▶ 계약 시에도 등기부등본을 확인해야 한다. 특히 대금(계약금 · 중도금 · 잔금) 지급 때마다 점검해야 변경사항에 미리 대비할 수 있다. 물론 가장 좋은 건 계약서 특약사항에 다음과 같이 기재하는 것이다. "추후 권리 · 세금 · 공과금 등에 관한 사항의 문제로 매수인에게 소유권 이전에 하자발생 시 매도인은 민 · 형사상 모든 책임을 진다."

이처럼 계약금을 지급하기 전에 핵심조건을 기재하면 안심할 수 있다. 혹시라도 매도인이 수용하지 못한다고 나오면 계약하지 않으면 그만이다. 집이 그것만 있는 건 아니니 말이다. 주변에 구입할 만한 집은 아주 많다. 앞으로는 더욱 많아질 것이다. 매수자 우위시장이 점점 다가오고 있기 때문이다. 향후 입지가 나쁜 집들은 애물단지로 전락할 공산이 크고, 특히 인구가 감소하는 지역의 주택은 빈집으로 바뀔 확률이 높다. 반드시 솎아내어 되도록 매수하지 말아야 한다.

계약하러 가기 전 계약조건에 반영할 만한 내용을 미리 정리해두면 여러모로 유익하다. 계약 중에 생각나지 않아 낭패를 당할 가능성을 사전에 차단할 수 있기 때문이다. 다만 계약조건에 기재해도 문제가 발생하기도 하는데, 그중 하나가 '전세를 끼고 집을 사는 경우'다. 매도인과의 계약 시 세입자 전출을 조건으로 기재했는데도 세입자가 집을 안 빼는 경우가 종종 있다. 임대차계약기간이 남아 있어 법적으로 보장된다는 이유로 세입자가 퇴거를 거부하는 것이다. 이때는 매수인이 임의대로 세입자를 내쫓을 수 없다. 그렇다고 매도인에게 요구해도 아무 소용이 없다. 따라서 이런 일은 사전에 막는 게 상책이다. 계약 전에 매도인에게 세입자를 동석하도록 요청한다. 그리고 그 자리에서 세입자에게 확답을 받는다. 물론 이런 내용은 계약서 특약사항에 기재해야 한다. 말보다 서류로 남기는 게 확실하다. 계약 전에 매도인이 주도적으로 세입자를 설득해야 함은 물론이다. 집을 팔려는 매도인이 현재의 집주인이니 말이다.

3. 계약 후 점검사항

계약 후 진행할 주요 내용은 '신고·등기·세금' 순이다.

신고 ▶ 우선적으로 계약 후 60일 이내에 관할 시·군·구청에 '신고'해야 한다. 직거래가 아닌 경우라면 중개사무소에서 신고하므로 매수자가 별도로 하지 않아도 된다. 기간 내에 신고하지 못할 경우 과태료가 부과되니 신경 써야 한다. 계약 후 60일 이내에 중개사무소가 신고했는지를 확인하자.

등기 ▶ '등기'는 직접 하는 것을 추천한다. 적어도 수십만 원을 절약할 수 있다. 고도의 기술이 필요하다면 위임하는 게 낫지만 등기 과정이 그리 어렵지 않다. 경험상 한 번 시도해보는 것도 좋다. 등기의 정식 명칭은 '소유권이전등기'다. 다시 말해 매도인과 매수인의 매매계약을 통해 집에 대한 소유권을 이전하는 등기다. 이 과정을 거치면 온전하게 매수인의 집이 된다. 등기하지 않으면 여전히 매도인의 집이다. 구체적인 등기과정은 다음과 같다.

① 등기도 신고와 마찬가지로 계약 후 60일 이내에 해야 한다. 다만 주택거래신고지역의 경우 계약 후 15일 이내 주택거래신고를 하고 '신고필증'을 교부받아야 한다. 이외의 지역은 계약 후 60일 이내에 시·군·구청에서 매매계약서에 '검인'을 받는다.

② 이렇게 '신고필증'이나 '검인을 받은 매매계약서 사본'을 지참하고 시·군·구청 세무과를 방문한다. 여기서 취득세 신고서를 접수하고 고

지서를 발급받아 세금을 납부한다.

③ 소정의 국민주택채권과 수입인지는 은행에서 구입한다. 국민주택 채권은 그 자리에서 할인 후 되판다. 수입인지는 계약서에 붙이고 첨부 서류(매도인으로부터 받은 서류, 본인의 주민등록등본 등)를 준비해 관할 등기소에 신청한다. 물론 인터넷 등기소에서 신청서를 다운로드받아 신청할 수도 있다.

등기신청 첨부서류의 상세목록은 다음과 같다.

① 등기신청서
② 검인계약서(또는 주택거래 신고필증)
③ 취득세 영수필증
④ 국민주택채권 매입필증
⑤ 매도자 위임장/인감증명(매수자의 이름 · 주민등록번호 · 주소 기재)
⑥ 등기권리증
⑦ 토지대장
⑧ 건축물관리대장
⑨ 토지가격확인원
⑩ 매도자 주민등록초본
⑪ 매수자 주민등록등본
⑫ 매수자 신분증/도장

세금 ▶ 주택투자에는 수억 원에 이르는 큰 금액이 오간다. 평소에 접하기 어려운 매우 큰 금액이다. 잘못된 선택을 할 경우 적게는 수백만 원에서 많게는 수억 원의 손실을 초래할 수도 있다. 따라서 집을 매입할 계획이라면 항상 과정 하나하나에 집중해야 한다. 인생 최대의 쇼핑이다. 앞서 설명한 내용(신고·등기)과 더불어 '세금'에 대해서도 자세히 알고 점검해야 한다. 세금은 크게 3가지로 '거래세·보유세·양도세'로 구분한다. 우선 '거래세'는 집을 살 때 내는 세금으로 '취득세'가 여기에 속한다. '보유세'는 집을 가지고 있는 동안 부담하는 조세로 '재산세·종합부동산세'가 있다. 마지막으로 집을 팔 때 내는 공세가 '양도세'다. 처음 집을 살 때는 대체로 '거래세·보유세'에 신경 쓴다. 하지만 집을 구입하기 전에는 양도세를 포함해 3가지 세금 모두에 관심을 가져야 한다. 평생 살 집이라 생각하고 장만하지만 살다 보면 사정상 팔아야 할 수도 있으니 그때를 생각해 '양도세 비과세'에 대해서도 알고 있어야 한다. 세금에 대해 좀 더 자세히 살펴보자.

① 거래세인 '취득세'는 집을 살 때 부담하는 세금이다. 보통 집값(실제거래가격)의 2% 내외다. 결코 적은 금액이 아니다. 2%라도 수천만 원이 될 수도 있다. 집값이 수억 원대라 상대적으로 적은 금액으로 느낄 수 있지만, 무시할 수 없는 금액이므로 잘 따져봐야 한다. 과거의 '등록세'는 현재의 취득세에 포함되어 이름 자체가 아예 사라졌다. 그 당시 등록세의 의미는 매도인에서 매수인으로 소유자가 변경됨을 공식적으로 인정받는 데 소요되는 비용이었다. 그래서 취득세와 별도로 납부했다. 등기권리증(등기필정보 및 등기완료통지)의 집주인이 되기 위해 등록세를 부담했던 것이다. 취득세에는 '지방교육세·농어촌특별세'도 포함된다. 지방교육세·농어촌특별세는 취득세의 일정비율(20% 내외)을 곱해

산출한다.

거래세는 취득세 하나지만 세부적으로 따지면 4가지나 되는 셈이다. '취득세·등록세·지방교육세·농어촌특별세'가 포함되었기 때문이다. 취득세는 잔금지급일로부터 30일 이내에 납부해야 한다. 이를 어길 시 과태료가 추가된다. 거래세는 집을 살 때 딱 한 번만 납입한다.

② '보유세'는 집을 가지고 있는 동안 해마다 부담하는 세금이다. 보유세 부담기간은 '보유 시'까지다. 취득세나 양도세처럼 한 번만 납부하는 게 아니라 1년에 1번씩 꼬박꼬박 납입해야 하는 세금이다. 따라서 관심을 갖고 절세할 수 있는 만큼 덜 부담하는 게 이득이다. 보유세에는 재산세와 종합부동산세가 있다. 재산세는 세금을 매길 때의 기준인 과세표준 6억 원 이하의 집에 대해 납부한다. 종합부동산세는 6억 원 이상의 집(1세대 1주택 9억 원 이상)에 대해 납입한다. 둘 다 과세표준 금액에 따라 일정비율을 곱해 산출하는데, '과세표준'은 주택마다 다르다. '적용지수(향·동·층·평)'라는 것을 반영해 주택별로 과세표준을 달리하기 때문이다. 그래서 같은 단지, 같은 동, 같은 라인이라도 층수에 따라 부담하는 보유세가 다르다. 층수가 적용지수 중 하나이기 때문이다. 참고로 적용지수에는 '구조·용도·위치 등'도 포함된다.

'재산세'는 주택소유자가 해마다 납부하는 세금이다. 재산세의 과세기준일은 6월 1일자로 그때 집을 누가 소유하느냐에 따라 부담자가 달라진다. 결국 소유권이전 시점이 6월 1일을 기준으로 누구냐에 따라 납부자가 바뀌는 것이다. 소유권이전 시점은 매매계약서상 잔금청산일과 소유권이전 등기일 중 빠른 날이다. 대개 잔금을 치르고 이전등기를 하므로 잔금을 치르는 날짜에 소유권이 이전된다. 납부횟수와 기간은 2회에 걸쳐 7월과 9월에 반반씩 납입한다. 물론 과세표준에 따라 세금비율(0.1~0.4%)은 다르다.

'종합부동산세'(일명 '종부세')도 해마다 납부한다. 종부세도 재산세와 마찬가지로 매년 6월 1일자의 소유자가 부담한다. 과세표준이 6억 원(1주택자 9억 원)을 초과한 경우에 납입한다. 물론 과세표준에 따라 세금비율(0.5~2%)은 차이가 난다.

③ '양도세'는 집을 팔 때 부담하는 세금이다. 처음에 집을 살 때는 평생 그곳에서 살 것 같다. 하지만 언제든 사정이 생길 수 있고 갑자기 팔아야 될지도 모른다. 이때 어쩔 수 없이 부담하게 되는 세금이 양도세다. 물론 매도적기를 저울질하다가 비싸게 팔 때 내는 세금도 양도세다. 하지만 '양도세'는 거래세나 보유세와 달리 무조건 내야만 하는 세금은 아니다. 양도차익이 발생했을 경우에만 납부하기 때문이다. 집을 샀을 때를 기준으로 팔 때의 집값이 그대로거나 오히려 하락했다면 양도세는 내지 않는다.

또한 양도세는 '비과세'라는 게 있어서 조건을 갖추면 세금을 한 푼도 내지 않는다. 따라서 비과세에 대해 잘 알아둬야 한다. 이왕이면 비과세 기준을 맞춰 세금을 내지 않는 게 이득일 테니 말이다.

비과세 기준은 1세대가 양도일 시점에 국내에 1주택만을 보유하고 있는 경우다. 이때 2년 이상 보유하면 양도세는 과세되지 않는다. 과거에는 지역별로 '보유기간과 거주기간'이라는 조건이 있었다. 하지만 지금은 보유기간이 2년 이상이면 거주기간에 상관없이 비과세다. 다만 9억 원 이하의 주택에 한해서다. 즉 9억 원까지는 비과세고, 9억 원을 초과하는 경우 양도소득에 대해서는 과세한다. 물론 1가구1주택자 외에도 비과세로 인정되는 경우는 여러 가지가 있다. 양도소득세를 납부하기 전에 반드시 알아보고 내지 않아도 될 세금을 아끼자.

반면에 양도세 비과세 요건에 해당되지 않는다면 양도일이 속하는 달의 말일부터 60일 이내에 주소지 관할세무서에 예정 신고/납부를 해야 한다. 예를 들어 2016년 8월 16일 잔금을 지급받았다면 양도소득세 예정 신고/납부 기한은 2016년 10월 30일까지다. 만약 예정 신고/납부를 하지 않을 경우 납부할 세금의 20%가 무신고가산세로 추가되고, 1일 0.03%의 납부불성실가산세가 부과된다. 기간 내에 처리하자.

▶ 취득세 세율 (단위:%)

실거래가	면적	취득세	지방교육세	농어촌특별세	합계
6억 원 이하	85㎡ 이하	1	0.1	비과세	1.1
	85㎡ 초과			0.2	1.3
6~9억 원	85㎡ 이하	2	0.2	비과세	2.2
	85㎡ 초과			0.2	2.4
9억 원 초과	85㎡ 이하	3	0.3	비과세	3.3
	85㎡ 초과			0.2	3.5

▶ 보유세 세율
(단위:%)

구분	과세방법	과세표준	세율	누진공제액
재산세	물건별 과세	6천만 원 이하	0.1	
		6천만~1억 5천만 원	0.15	6만 원
		1억 5천만~3억 원	0.25	19만 5천 원
		3억 원 이상	0.4	57만 원
종합부동산세	세대별 과세	6억 원 이하	0.5	
		6~12억 원	0.75	150만 원
		12~50억 원	1	450만 원
		50~94억 원	1.5	2950만 원
		94억 원 초과	2	7650만 원

▶ 양도세 세율
(단위:%)

구분		세율	
	양도차익	세율	누진공제
2년 이상 소유	1천 2백만 원 이하	6	
	1천 2백만~4천 6백만 원	15	108만 원
	4천 6백만~8천 8백만 원	24	522만 원
	8천 8백만~1억 5천만 원	35	1490만 원
	1억 5천만 원 초과	38	1940만 원
2년 미만 소유		40%	
1년 미만 소유		50%	
1세대 2주택		50%	
1세대 3주택		60%	
미등기 양도		70%	

▶ 세금 과세기준 및 납부시기

구분	종류	과세기준	납부시기	비고
거래세	취득세 · 등록세 · 지방교육세 · 농어촌특별세	실거래가	잔금지급 후 취득세 30일 이내	
보유세	재산세 · 종합부동산세	과세표준	재산세 7월 · 9월 종합부동산세 12월	과세기준: 6월 1일 소유자
양도세	양도세	실거래가	예정신고 60일 이내 확정신고 익년 5월 이내	비과세기준: 1주택자 · 2년 보유

'꼼수'라는 다소 과격한 단어를 사용하는 이유가 있다. 본래의 세금보다 추가로 부담하는 세금이 더 많아서 하는 말이다. 배보다 배꼽이 더 큰 꼴이다. 일례로 재산세를 보면 본래의 세금(① 재산세)보다 추가 세금(② 재산세 도시지역분 + ③ 지역자원시설세 + ④ 지방교육세)이 더 많다. 재산세에 3가지나 되는 세금이 더 부가되다 보니 결국 본세인 재산세보다 부가세 ②+③+④를 합친 금액이 더 많은 게 현실이다. 이게 바로 '정부의 세금 꼼수'가 아니면 무엇이겠는가. 다른 세금들도 마찬가지다.

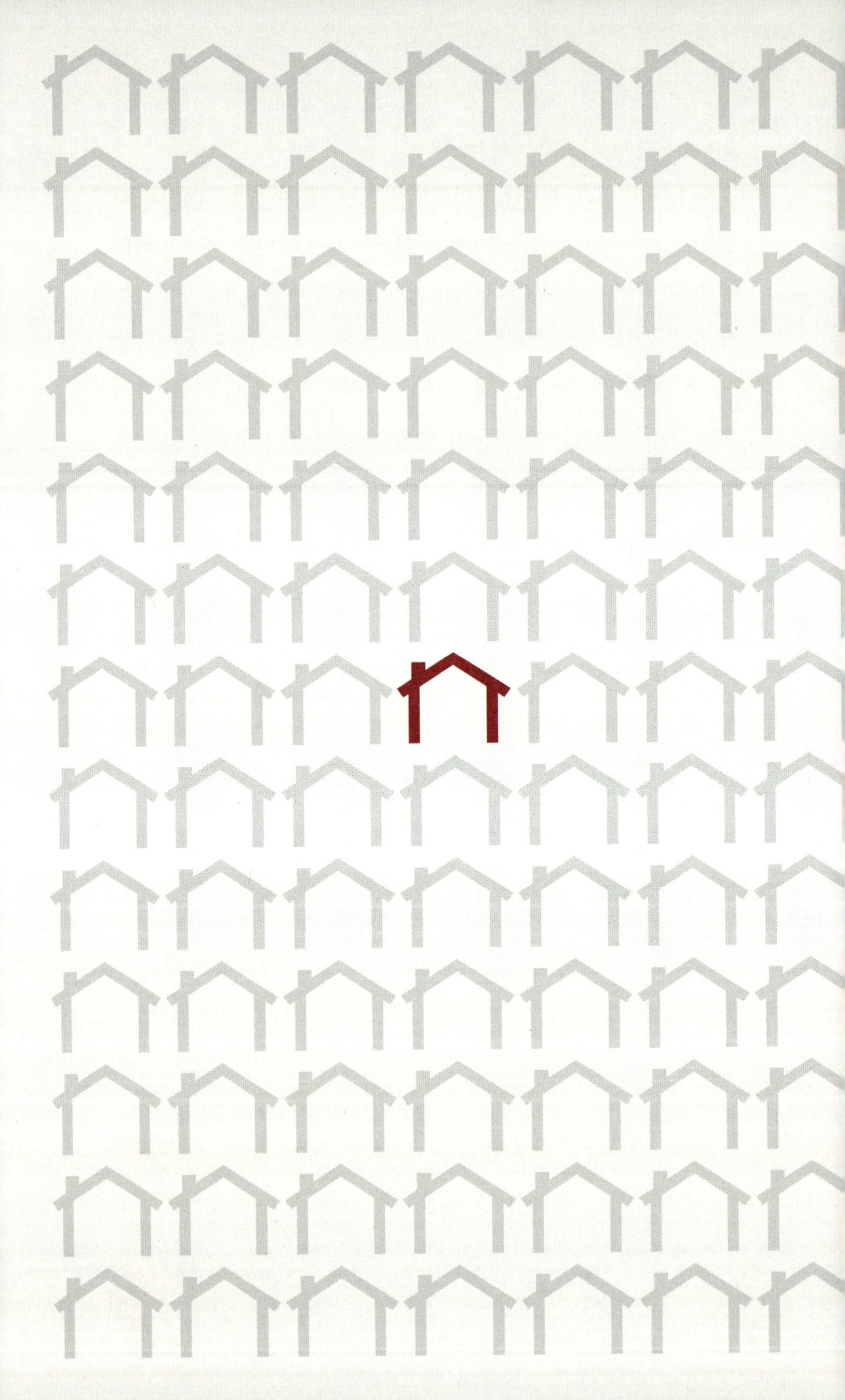

손품은 필수!
핵심 정보 사이트 TOP 10

1. KB국민은행 – 부동산 통계

2. 국토교통부 – 실거래가 공개시스템

3. 한국감정원 – 공동주택 관리시스템

4. 한국감정원 – 부동산 공시가격 알리미

5. LH공사 – 온나라 부동산정보 통합포털

6. 국토교통부 – 국토교통 통계누리

7. 대한민국 법원 – 인터넷등기소

8. 한국은행 – 경제통계시스템

9. 통계청 – 국가통계포털

10. 지자체 – 주택정보포털

인터넷을 보면 매일 엄청난 정보가 말 그대로 '쏟아져' 나온다. 문제는 올바른 정보보다 왜곡된 소식이나 거짓 자료가 많다는 것이다. 이런 허위 정보에 휘둘리면 재산상의 손실은 물론 정신적 경제적 스트레스로 이어질 공산이 크다. 다시 강조하지만 정보를 취사선택할 수 있는 안목은 꼭 필요하다. 이 책을 여기까지 읽고 있다면 무슨 말인지 충분히 공감할 수 있을 것이다.

지금은 가짜가 판치는 세태라 세심한 주의가 요구된다. 인지도 있는 언론이나 공공기관 사이트를 볼 때는 더욱 조심해야 한다. 올바른 정보와 왜곡된 소식이 섞여 있어 아차 하는 순간 거짓을 진실로 착각하기 쉽다. 괜찮은 사이트를 찾았다 싶어도 생각보다 잘못된 자료가 많은 만큼 조작된 정보를 걸러내야 하는데, 구분하는 게 그리 간단하지 않다. 가짜를 진짜로 날조하는 정보제공자의 꼼수가 점점 발전(?)하고 있어서다. 매일 밥 먹고 하는 일이니 치사한 계책이 점차 발달할 수밖에 없다. 어지간한 안목을 가진 전문가들조차 헷갈릴 정도니 말이다. 정보의 저의를 파악하기 위해 수고가 필요하다 보니 일반인들은 잠깐 검색해보다가 그냥 믿어버리곤 한다. 정보검색도 귀찮지만 어떤 게 진실인지 모르니 판단하기가 힘들기 때문이다. 결국 사이트 몇 개를 뒤적거리다 대충 확인한 후 더 이상 의심하지 않고 진실로 받아들인다.

인터넷에는 수많은 사이트가 있다. 너무 많아서 어디서 어떻게 자료를 찾아야 할지 막막할 정도다. 때문에 여기에서 소개하는 '핵심 정보 사이트 TOP 10'은 정보를 찾는 데 상당한 도움이 될 것이다. 각 사이트에 있는 자료의 양 자체도 엄청나기 때문에 꼭 필요한 부분만 찾아

볼 수 있도록 핵심 정보 위주로 소개한다. 그러나 이곳에도 조작된 정보가 있음을 잊으면 안 된다. 정보제공자의 정체(기업, 정부)와 속내(이익, 왜곡)를 파악하면서 자료나 소식을 이용하기를 당부한다.

이 책에서 언급한 사이트 이외에도 좋은 곳을 알고 있다면 공유했으면 좋겠다. 필자가 운영하는 사이트(cafe.daum.net/too-za)에 들어와 메모를 남기면 다른 사람들과 나눌 수 있다. 혼자보다 여럿이 함께하면 더 빨리 더 올바른 정보를 얻을 수 있으니 성공적인 주택투자에 한 발 더 다가갈 수 있을 것이다.

하다 더 팁을 주자면 꼭 필요한 사이트는 '즐겨찾기'로 저장하자. 원하는 정보에 쉽게 접근할 수 있다.

1. KB국민은행 – 부동산 통계

| 그림 1 | 통계 – KB주택 시장동향 ⓒ국민은행

국민은행 사이트에서는 주택에 관한 여러 가지 정보를 접할 수 있다. 자료가 너무 많아서 홍수에 이를 정도란 게 흠이라면 흠이다. 때문에 여기서도 유용한 정보를 따로 찾아야 한다. 중요하지 않은 것까지 보느라 시간과 수고를 들일 필요가 없다. 물론 사람에 따라 다른 정보가 유용할 수도 있으니 한 번쯤 전체를 쭉 훑어보는 것도 나쁘지 않다.

그림 1은 국민은행에서 운영하는 부동산 관련 사이트다. 보는 것처럼 상단에 여러 개의 항목(시세·매물·통계·뉴스·분양·주택청약·경매·공매·KB Houstar·부동산생활정보 등)이 있다. 이 중 소개하고 싶은 항목은 '통계'다. 통계에서도 '[주간] KB주택 시장동향'이 유용한데 아파트에

대한 '시장동향'을 일목요연하게 파악할 수 있다. 이 메뉴를 클릭하면 최근의 '조사결과'를 볼 수 있다. 보고서·통계표·시계열 등 3개의 자료가 나오는데 단연 '보고서'가 유익하다.

이곳에선 '아파트 가격동향'과 '주택동향'을 볼 수 있다. 구체적으로 살펴보면 '아파트 가격동향'에선 지역별·규모별로 '매매가격·전세가격 동향'을 파악할 수 있다. '주택동향'에선 '국내주택 시장·국내주택금융·미국주택 시장'을 확인할 수 있다. 이 정보는 PDF 파일 십여 페이지 분량의 보고서로 꽤 쓸 만한 것이 나무(아파트)와 더불어 숲(아파트 시장)까지 함께 이해할 수 있다. 매매·전세시장 등 추세를 예측하는 데도 도움이 된다. 다만 가격이 '실거래가'가 아니라 가맹중개업소가 제공하는 '매도호가'란 점에 주의해야 한다. 집값을 제대로 알고 싶다면 국토교통부에서 운영하는 '실거래가 공개시스템'을 참고한다.

| 그림 2 | 통계 – 시세 플러스 분석 – 아파트과거시세추이 ©국민은행

하나 더! '시세플러스 분석'도 유용하다. 그림 2 '아파트과거시세추이'에선 약 12년간의 과거시세를 파악할 수 있다. 매매가, 전세가, 월세가 모두 확인할 수 있는데 각각의 '하위·일반·상위 평균가'를 참고하면 좋다. 월세의 경우 2012년 8월 이후부터 시세를 볼 수 있다. 물론 여기서 소개하는 '아파트과거시세'는 실제거래가격은 아니다. 시세추이를 확인하는 정도로만 이용하고, 국토교통부 '실거래가 공개시스템'에서 정확히 비교 분석해야 한다. 그래야 제대로 된 예측을 할 수 있다.

2. 국토교통부 - 실거래가 공개시스템

|그림 3| 실거래가 공개시스템 ⓒ국토부

주택투자에서 참고할 항목은 여러 가지다. 그중 ① 가격 ② 거래량 ③ 전세가율 ④ 주택보급률 ⑤ 자가소유율 등은 중요한 체크사항이다. 앞서 살펴본 국민은행 사이트에서 시장동향과 시세추이 등 전반적인 내용을 확인했더라도 이 주요항목(①~⑤)은 꼼꼼히 다시 분석해야 한다. 정확한 추세를 예측하기 위해서다. 물론 이 중에서도 우선적으로 '가격'부터 비교해야 한다. 제아무리 좋은 집이라도 비싸게 사면 살 때부터 손해인 것이나 다름없다.

시중에는 실제거래가격(실거래가)을 볼 수 있는 사이트가 거의 없다.

'매도호가' 위주로 공개하기 때문에 집을 팔고 싶은 사람이 부르는 가격이나 중개업소가 정한 가격이 대부분이다. 국민은행 사이트도 마찬가지다. 그래서 국토교통부에서 제공하는 '실거래가 공개시스템'은 매우 중요하다. 정확한 실거래가를 파악해 내가 구입하려고 하는 아파트 가격의 적정 여부를 판단할 수 있는 유일한 사이트다.

물론 그림 3에서 보는 것처럼 아파트 이외에도 연립, 다세대, 단독, 다가구 등도 비교할 수 있다. 화면 상단에서 해당 아이콘을 클릭하거나 우측의 '빠른 실거래가 조회'에서 확인하면 된다. '빠른 실거래가 조회'를 클릭하면 매매, 전세, 월세에 대해 '지번(주소)·년도(분기별)·지역(아파트명)·금액·면적(전용)'으로 구분해서 검색할 수 있다.

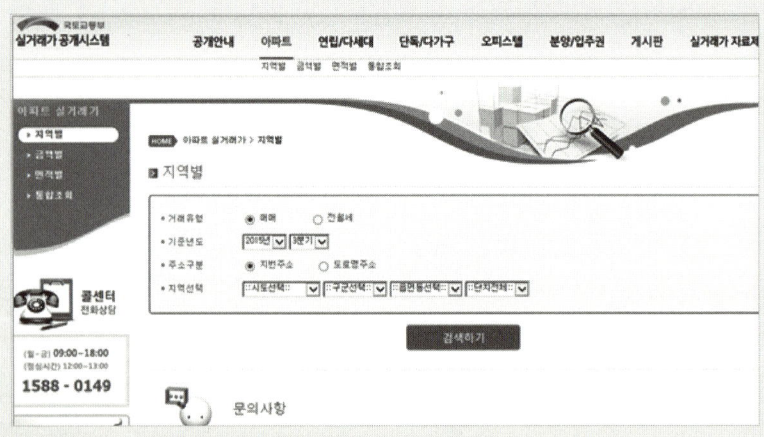

|그림 4| 실거래가 공개시스템 – 아파트 ⓒ국토부

또한 그림 4처럼 상단의 해당 메뉴를 클릭해서 투자대상주택의 지역별, 금액별, 면적별, 통합조회로도 볼 수 있다. 특히 통합조회는 모두

를 한 번에 확인할 수 있어 편리하다. 주택가격 못지않게 중요한 것이 '추세', 즉 집값의 '동향'이다. 현재 가격이 어떤 추세로 진행될지 방향성을 알아야 집값의 향방을 제대로 판단할 수 있기 때문이다. 이런 측면에서 보면 실거래가 공개시스템의 '기준년도-분기별(예: 2015년-3분기)' 화면은 가격흐름까지 판단할 수 있는 정보를 제공한다. 물론 분기뿐 아니라 해당연도의 전체기간(12개월)을 확인할 수도 있다. 직접 클릭해서 투자할 아파트의 가격변화를 살펴보자.

|그림 5| 부동산거래 관리시스템 – 거래신고 · 등기 ⓒ국토부

'부동산거래관리시스템(RTMS: Real estate Trade Management System)'은 거래와 관련한 '거래계약신고부터 등기까지' 거래 제반 업무를 언제 어디서나 처리할 수 있는 사이트다. 직접 시·군·구청을 방문하지 않고 편리하게 거래신고를 할 수 있다. 물론 처리결과를 조회할 수도 있다. 시간 날 때마다 미리 검색해두면 필요 시 유용하게 사용될 것이다. 화면 좌측의 '관련정보'를 클릭하면 '안전한 부동산거래·부동산거래신고·부동산등기·부동산서식'에 대한 자세한 설명을 참고할 수 있다.

① '안전한 부동산거래'에서는 매매관련 절차와 매매 시 주의사항, 필요서류를 확인할 수 있다.

② '부동산 거래신고'에서는 해당 법률 조항을 볼 수 있다. 매매계약 체결일로부터 60일 이내에 관할관청에 신고해야 한다는 조문이 있다.

③ '부동산등기'에서는 매매에 의한 소유권이전등기에 대한 설명과 함께 등기의무기간을 제시하고 있다. 등기의무기간은 잔금지급 후 60일 이내다. 이를 어길 시 과태료가 부과된다.

④ '부동산서식'에서는 5개의 서식을 다운로드받아 사용할 수 있다. 그중 주로 사용하는 것은 부동산거래계약 신고서다.

3. 한국감정원 – 공동주택 관리정보시스템

|그림 6| 공동주택 관리시스템 – 관리비 정보 ⓒ감정원

주택투자 시 쉽게 간과하는 비용이 바로 '관리비'다. 당장 지출하는 돈이 아니라 다소 소홀해지는 데다가 자신이 직접 들어가서 살 집이 아닐 경우 무시하기 일쑤다. 하지만 본인이 들어가 살든 세를 내든 누구나 비용에는 민감하다. 특히 관리비로 매달 수십만 원을 지불하면 내 집에 살면서 월세를 내는 것과 다를 바 없으니 갈수록 예민해질 수밖에 없다. 대출을 받아 집을 구입한 경우라면 매달 대출비용(원금+이자)과 관리비만 합해도 100만 원을 훌쩍 넘을 수 있다. 푼돈이 모여 목돈이 되는 것이니 관리비가 적게 나오는 주택이 여러모로 이득이다.

따라서 구입하고자 마음먹은 집이라면 관리비가 얼마나 나오는지 사전에 확인할 필요가 있다. 아파트에 따라 천차만별인 만큼 직접 비교해야 한다. 이것을 알아볼 수 있는 사이트가 바로 감정원에서 운영하는 '공동주택 관리정보시스템'이다. 그림 6에서 보는 것처럼 '관리비 정보'를 클릭하면 '우리단지관리비, 특정단지와 비교(1:1), 맞춤형 비교 (1:N), 맞춤형 통계, 전국 및 시도 평균 비교' 등 항목별로 검색이 가능하다. 항상 말하는 내용이지만 간접적으로 얘기를 듣거나 책을 본 후엔 반드시 본인이 직접 체크해야 한다. 그래야 자기 것이 되고 필요할 때 제대로 활용할 수 있다.

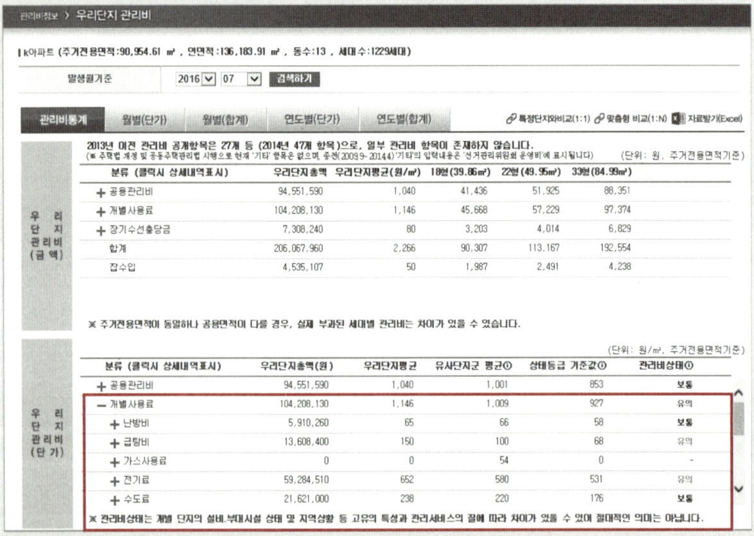

| K아파트 (주거전용면적:90,954.61 ㎡ , 연면적:136,183.91 ㎡ , 동수:13 , 세대수:1229세대) |

발생월기준 2016 07 검색하기

관리비통계 | 월별(단가) | 월별(합계) | 연도별(단가) | 연도별(합계) | 특정단지와비교(1:1) 맞춤형 비교(1:N) 자료받기(Excel)

2013년 이전 관리비 공개항목은 27개 등 (2014년 47개 항목)으로, 일부 관리비 항목이 존재하지 않습니다.
(※ 주택법 개정 및 공동주택관리법 시행으로 현재 '기타' 항목은 없으며, 종전(2009.9~2014.4) '기타'의 입력내용은 '선거관리위원회 운영비'에 표시됩니다)   (단위: 원, 주거전용면적기준)

우리단지관리비 (금액)

분류 (클릭시 상세내역표시)	우리단지총액	우리단지평균(원/㎡)	18형(39.86㎡)	22형(49.95㎡)	33형(84.99㎡)
+ 공용관리비	94,551,590	1,040	41,436	51,925	88,351
+ 개별사용료	104,208,130	1,146	45,668	57,229	97,374
+ 장기수선출당금	7,308,240	80	3,203	4,014	6,829
합계	206,067,960	2,266	90,307	113,167	192,554
잡수입	4,535,107	50	1,987	2,491	4,238

※ 주거전용면적이 동일하나 공용면적이 다를 경우, 실제 부과된 세대별 관리비는 차이가 있을 수 있습니다.

(단위: 원/㎡, 주거전용면적기준)

우리단지관리비 (단가)

분류 (클릭시 상세내역표시)	우리단지총액(원)	우리단지평균	유사단지군 평균ⓘ	상태등급 기준값ⓘ	관리비상태ⓘ
+ 공용관리비	94,551,590	1,040	1,001	853	보통
− 개별사용료	104,208,130	1,146	1,009	927	유의
+ 난방비	5,910,260	65	66	58	보통
+ 급탕비	13,608,400	150	100	68	유의
+ 가스사용료	0	0	54	0	-
+ 전기료	59,284,510	652	580	531	유의
+ 수도료	21,621,000	238	220	176	보통

※ 관리비상태는 개별 단지의 설비·부대시설 상태 및 지역상황 등 고유의 특성과 관리서비스의 질에 따라 차이가 있을 수 있어 절대적인 의미는 아닙니다.

|그림 7| 공동주택 관리정보시스템 – 우리단지관리비 ⓒ감정원

그림 7은 '관리비정보 – 우리단지 관리비'를 클릭했을 때 나타나는 화면이다. 보는 것처럼 K 아파트의 관리비에 대해 파악할 수 있다. '우

리단지 평균'을 보고 '유사단지 평균'과 비교하면 차이점을 발견할 수 있다. K 아파트의 경우 공용관리비는 다른 단지와 비교해 보통이다. 하지만 개별사용료의 관리비 상태가 '유의'로 나타났다. 개별사용료 앞의 파란색 십자 표시를 클릭하면 아래에 숨겨진 세부항목을 볼 수 있다. 결국 문제가 되는 관리비 항목은 '급탕비'와 '전기료'로 보인다. 급탕비를 보면 총액이 13,608,400원인데, 우측 '급탕비'를 보면 '우리단지 평균' 금액이 150원/㎡으로 '유사단지군 평균'인 100원/㎡과 비교했을 때 터무니없이 비싸다는 것을 알 수 있다. 이 아파트의 관리비에 문제가 있음은 두말할 필요가 없다. 스크롤바를 아래쪽으로 드래그하면 개별사용료 중 난방비, 가스사용료, 전기료, 수도료 등 다른 관리비 세부항목도 꼼꼼히 확인할 수 있다. 매달 부담해야 하는 관리비는 결코 소액이 아니다. 때문에 직접 살든 세를 주든 미리 자세히 체크해야 나중에 후회하지 않는다.

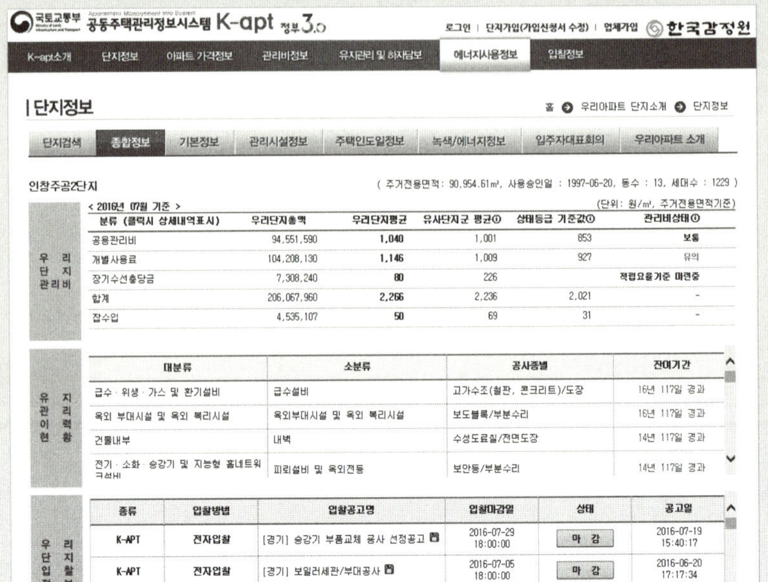

|그림 8| 공동주택 관리정보시스템 – 단지정보 ⓒ감정원

　　관리비 세부항목에 너무 치우치면 전체를 볼 수 없다. 그림 8처럼 '단지정보 – 종합정보'를 살펴보면 우리단지 관리비, 유지관리 이력현황, 우리단지 입찰정보를 한눈에 파악할 수 있다. 구입할 아파트의 관리 상태를 일목요연하게 확인할 수 있는 것이다. 이렇게 해당 아파트의 세부상태를 먼저 인터넷으로 보고 투자 여부를 판단한다. 관리비가 비싸고, 유지 관리한 이력이 많고, 입찰정보가 수시로 뜨는 아파트라면 문제가 있을 가능성이 많은 만큼 신중하게 결정하자. 이 사이트에서도 그렇지만 부동산과 관련된 사이트들은 대부분 많은 정보를 제공한다. 정보가 너무 많아 보는 것조차 번거로울 정도니 자신에게 필요한 페이지 위주로 즐겨찾기를 등록하면 편하다.

4. 한국감정원 - 부동산 공시가격 알리미

|그림 9| 부동산 공시가격 알리미 - 2016년 ⓒ감정원

　　우선 '공동주택가격'에서 헷갈리는 용어부터 정리해보자. 정부가 일관성 있게 한 단어를 사용하면 좋으련만 용어가 제각각이라 혼란스럽다. 특히 관련세금을 납부할 때 제대로 구분할 수 없으면 곤란해진다. '집값'을 표현하는 용어는 4개나 된다. ① 기준시가, ② 공시가격, ③ 시가표준액, ④ 공정시장가액이다. 왜 이렇게나 많은 용어가 남발되는지 이해가 안 될 정도다. 모두 같은 의미를 가지고 있기 때문이다. 이 책은 주택투자에 대해 말하고 있는 만큼 4개 전부를 '정부가 세금을 매기기 위해 만든 가격(이하 공시가격)'이라고 이해하자. 정부에서 세금을 부과하기 위해 기준으로 삼는 주택가격인 셈이다.

여기서 말하는 세금은 보유세, 즉 재산세와 종합부동산세만을 말한다. 거래세나 양도세는 '실제거래가격'을 기준으로 과세한다. 다시 말해 보유세에 대한 '과세주택가격'은 '실제거래가격'을 기준으로 삼지 않고 보다 적은 금액인 '공시가격'을 근거로 세금을 매긴다. 때문에 보유세는 생각보다 적다. 공동주택가격은 그림 9에서 보는 것처럼 매년 1월 1일(추가공시: 매년 6월 1일)을 기준으로 공시하기 때문에, 일반적으로 '공시가격'이라고 부른다. 2016년도 공동주택가격(공시가격) 열람을 위해 화면 중앙의 메뉴를 클릭해보자.

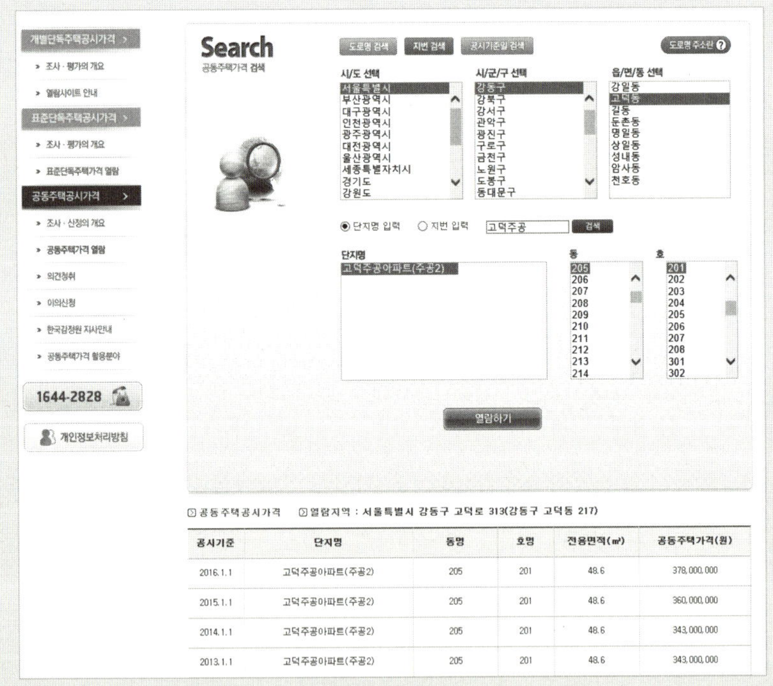

공시기준	단지명	동명	호명	전용면적(㎡)	공동주택가격(원)
2016.1.1	고덕주공아파트(주공2)	205	201	48.6	378,000,000
2015.1.1	고덕주공아파트(주공2)	205	201	48.6	360,000,000
2014.1.1	고덕주공아파트(주공2)	205	201	48.6	343,000,000
2013.1.1	고덕주공아파트(주공2)	205	201	48.6	343,000,000

|그림 10| 부동산 공시가격 알리미 – 공동주택가격열람 ©감정원

그러면 그림 10처럼 공동주택 공시가격을 볼 수 있는 화면으로 이동한다. 여기서 도로명이나 지번 검색으로 원하는 집의 공시가격을 확인할 수 있다.

여기서는 '지번검색'으로 살펴보자. '지번검색'을 클릭하면 시·도를 고를 수 있고 바로 이어서 시·군·구를 선택할 수 있다. 시·도는 서울, 경기, 제주 등 17개로 구분되어 있는데 이 중 '서울특별시'를 클릭한다. 서울에 있는 25개의 구가 나타나면 '강동구'를 클릭한다. 강동구에 있는 9개의 동이 나타나면 '고덕동'을 선택한다. 그리고 아래의 검색창에서 단지명이나 지번을 입력해 검색하면 된다. '지번'은 기억하기가 어려우니 '단지명'으로 검색하는 게 편하다. 검색창에 '주공2'를 입력하면 '고덕주공아파트(주공2)'가 나타난다. 이것을 클릭해 투자대상 아파트의 '동'과 '호수'를 입력하면 공동주택가격, 즉 해당 아파트의 '공시가격'을 볼 수 있다.

이 과정을 모두 거친 결과 화면이 그림 10이다. 2016년 1월 1일 기준 고덕주공아파트의 공시가격은 378,000,000원이다. 물론 공시가격은 실제거래가격이나 시세보다 훨씬 적다. 이 아파트의 실제 시세는 약 670,000,000원이기 때문이다. 시세와 비교하면 시세 대비 공시가격 비율은 약 56%밖에 안 된다. 이렇게 공시가격은 대체로 시세 대비 60% 안팎이다. 공시가격은 세금과 밀접한 만큼 꼭 기억해두자. 향후 공시가격은 지속적으로 오를 공산이 크다. 세금을 확보하는 정부 입장에서는 공시가격을 올리는 게 이익일 테니 말이다.

5. LH공사 – 온나라 부동산정보 통합포털

|그림 11| 부동산통계–통계현황–거래현황 실거래가지수 미분양주택현황 ⓒLH공사

　　LH공사에서 운영하는 '온나라 부동산정보'를 이용하면 많은 자료를 볼 수 있다. 다른 곳과 마찬가지로 너무 많은 소식이 있기 때문에 '옥석'을 구분해야 한다. 물론 '옥'은 주택투자에 관한 정보다. 가장 유익한 3개의 자료만 살펴보자. 그림 11을 참고로 첫 화면에서 '부동산통계 – 통계현황'을 클릭한다. 그러면 '아파트 거래현황'을 볼 수 있다. 같은 경로를 통해 해당 메뉴를 클릭하면 '아파트 실거래가지수'와 '미분양주택현황'도 볼 수 있다. 온나라 부동산정보를 통하면 다음과 같이 주택시장의 '전체적인 흐름'을 파악할 수 있다.

① '거래'가 많은지 · 적은지
② '실거래가격'이 상승하는지 · 하락하는지
③ '미분양주택'이 느는지 · 주는지

　다만 '미분양주택현황'의 경우에는 커다란 한계가 있는데, 건설회사가 미분양주택을 신고하지 않으면 알 수 없다. 바꿔 말하면 '미분양주택현황'은 국토부가 직접 조사해서 산출한 통계치가 아니라는 것이고, 건설회사가 신규분양에 도움이 안 되는 미분양주택은 신고하지 않을 가능성이 다분하다는 점이다. 여기서 파악할 수 있는 미분양주택은 실제 물량보다 그 숫자가 더 많을 공산이 매우 크다.

6. 국토교통부 – 국토교통 통계누리

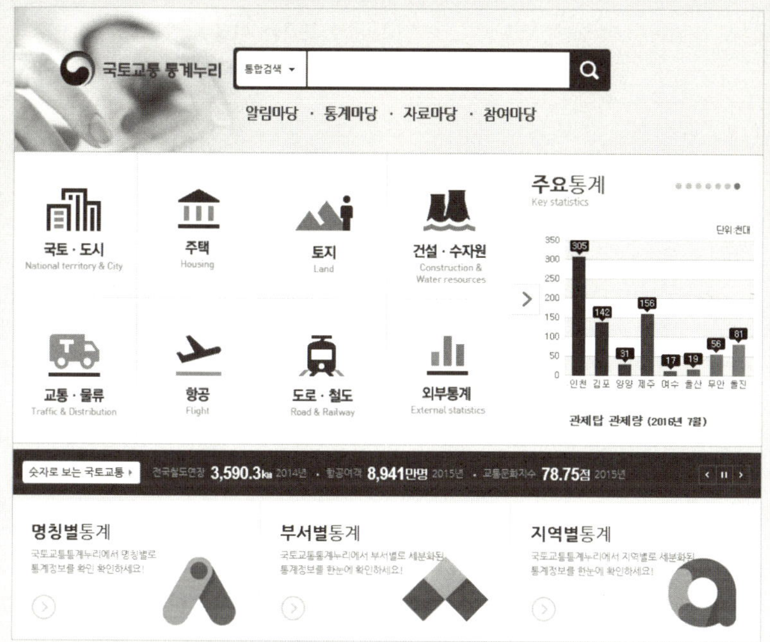

|그림 12| 주택 – 주택건설 실적통계(인허가 · 착공 · 준공) ©국토부

국토부에서 운영하는 사이트는 매우 다양하다. 너무 많아서 헷갈릴 정도다. 게다가 동일한 정보가 여기저기 중복되어 왜 이렇게 관리하는지조차 이해가 안 간다. 세금 절감과 검색 편의를 위해 중복사이트를 하나로 통합하길 기대한다. 많은 사이트 역시 국민의 혈세로 운영되고 있으니 하는 말이다.

'국토교통 통계누리'에서 소개할 항목은 그림 12에서 보여주는 화면이다. 국토부의 다른 사이트에서 되풀이되는 내용과 별로 중요하지 않은 것을 생략하면, 여기서 주목할 것은 '주택건설실적통계(인허가·착공·준공)'다. 이 수치를 이해하면 앞으로 지어질 집, 즉 향후 '주택공급 물량'을 예측할 수 있다. 수요 대비 공급이 많을 경우 투자에 신중을 기해야 한다. 물론 인허가가 났다고 해서 모든 물량이 착공되거나 준공되는 것은 아니다. 공급자 사정상 착공이 지연될 수 있고, 준공 역시 마찬가지다. 그러니 추이를 예측하는 참고용으로 보면 된다. 인허가는 '부문별·규모별·유형별·지역별'로, 착공과 준공은 '면적별·유형별'로 확인할 수 있다.

하나 더 주목할 항목은 '임대주택통계'다. 정부의 공공임대주택 수준을 파악할 수 있는데, 현재 우리나라의 '임대주택 재고현황'은 OECD와 비교해 아주 열악한 형편이다.

7. 대한민국 법원 – 인터넷등기소

|그림 13| 인터넷등기소 – 열람 · 발급 · 전자신청 · e-form ⓒ법원

주택투자에서 제일 먼저 확인하는 서류는 '등기부등본(이하 등본)'이다. 해당 집에 대한 재산상의 하자를 분석해야 투자 여부를 결정할 수 있기 때문이다. 등본에서 확인 가능한 사항은 앞서 소개한 3부의 '5단계. 집 계약하기'에서 자세히 설명했다. 하지만 중요한 내용인 만큼 간단히 복습하고 넘어가자. 첫째, 등본의 '표제부'를 통해 해당 집의 '종류·구조·면적·소재지'를 파악할 수 있다. 둘째, '갑구'를 통해 '소유자가 누구인지'를 체크할 수 있다. 셋째, '을구'를 통해 '소유자의 재산상태'를 점검할 수 있다.

다만 등본을 봐도 세금·관리비·공과금 등의 체납상태는 확인할 수가 없으니 집을 파는 매도인에게 반드시 '국세·지방세 완납증명서'를 요구해야 한다. 그래야 해당 집을 구입한 후 소유권 행사에 지장이 있는 부분을 원천적으로 제거할 수 있다. 과거에는 직접 등기소를 방문해서 등기부등본을 열람하거나 발급받았으나 현재는 인터넷에서 열람·발급뿐 아니라 e-form(전자표준양식)을 통해 등기신청까지 가능하다.

등기신청을 하려면 인터넷으로 신청서를 작성한 후 등기소에 직접 제출해야 해서 번거로웠지만, 이제 사전에 '전자신청'을 하면 '신청서 작성·수수료 전자결제·신청서 제출 등'을 모두 인터넷으로 할 수 있게 되었다. 다만 전자신청에 앞서 직접 등기소에 방문해 '사용자 등록절차'를 거쳐야 이용할 수 있다. 결국 '등기신청'은 등기소에 한 번은 방문해야 가능한 일이다. 공인인증서나 다른 수단을 통해 인터넷으로도 가능한 업무가 되도록 개선되길 기대한다. 그림 13은 앞서 설명한 내용을 파악할 수 있는 화면이다.

8. 한국은행 - 경제통계시스템

|그림 14| 경제통계시스템 – 경기 · 소비 · 가계 · 금리 · 물가 ⓒ한국은행

지금까지 살펴본 사이트들의 통계치를 총망라한 곳이 있다. 엑셀로 다운로드받을 수도 있는 이곳은 한국은행에서 운영하는 '경제통계시스템'이다. 한국은행 및 다른 기관에서 작성한 통계 중 '정책수립 및 동향분석'에 유용한 100개 항목을 다루고 있다. 이용자가 빠르고 편리하게 통계를 열람할 수 있도록 그래프와 함께 속보로 정보를 제공한다. '100대 통계지표'가 최근 수치와 함께 한 화면에 정리되어 있어 보기에도 편하다.

또한 '시각화 통계'를 통해 세계 속의 한국경제, 국민소득, 국제수지, 물가, 기업경영 분석지표 등이 링크되어 있어 관련 자료를 한 번에 파악할 수도 있다. '구슬이 서 말이라도 꿰어야 보배'란 말이 있다. 아무리 훌륭하고 좋은 데이터라도 다듬고 정리해서 쓸모 있게 만들어 놓아야 가치가 있을 것이다. 한국은행 경제통계시스템에서 제공하는 정보는 구슬임이 분명하다. 때문에 이 구슬(정보)을 가지고 꿰어야 보배(성과)가 될 수 있다. 정보를 활용하지 못한다면 무의미한 숫자에 불과할 테니 말이다. 물론 성과로 만들 수 있는 장본인은 다름 아닌 '당신'이다. 메뉴 하나하나를 클릭해 살펴보는 수고를 통해 자신에게 유용한 자료를 찾아 활용하자.

|그림 15| 국가통계포털 – 국내통계(인구 · 고용 · 물가 · 가계 · 주택) ©통계청

지금까지 살펴본 사이트가 각각의 '나무'였다면, 이들을 한데 모은 '숲' 이 있다. 바로 통계청에서 운영하는 '국가통계포털'이다. 여기서는 '기관별 통계'를 모두 볼 수 있다. 컴퓨터에 익숙하지 않아서 여기저기 헤매기 일쑤인 사람이라면 통계청만 이용해도 괜찮다. 다만 개별 사이트에 따라 장단점이 있는 만큼 자신에게 맞는 사이트를 골라 활용하는 게 제일 좋다. 그림 15는 '국내통계포털 – 국내통계 – 주제별통계'를 순서대로 클릭하면 나타나는 화면이다. 주제별 통계는 16개로 구분되어 있는데 각각을 클릭하면 하부 폴더가 나오고 또 클릭하면 또 다른 하부 폴더 가 나타난다. 관심 있는 폴더를 선택해 해당 자료를 살펴보면 된다. 자

료가 방대해 클릭한 후 다음 화면이 나타나는 데 시간이 조금 걸릴 수 있다.

이용방법을 간단히 설명하면 다음과 같다. 그림 15에서 '인구·가구 – 인구총조사 – 인구부문 – 총조사인구 총괄'을 차례차례 클릭하면 항목(인구·남자·여자·성비)에 따라 '행정구역별·연령별·시점별'로 일목요연하게 볼 수 있다. 일일이 클릭해 투자지역의 인구특성을 먼저 살펴보길 권한다.

그림 15에서 주택과 관련된 주요항목을 소개하면 다음과 같다. ① 인구·가구, ② 고용·노동·임금, ③ 물가·가계, ④ 건설·주택·토지, ⑤ 경기·기업경영 등이다. 그중 관심을 가져야 할 1순위는 당연히 '④ 건설·주택·토지' 항목이다.

10. 지자체 – 주택정보포털

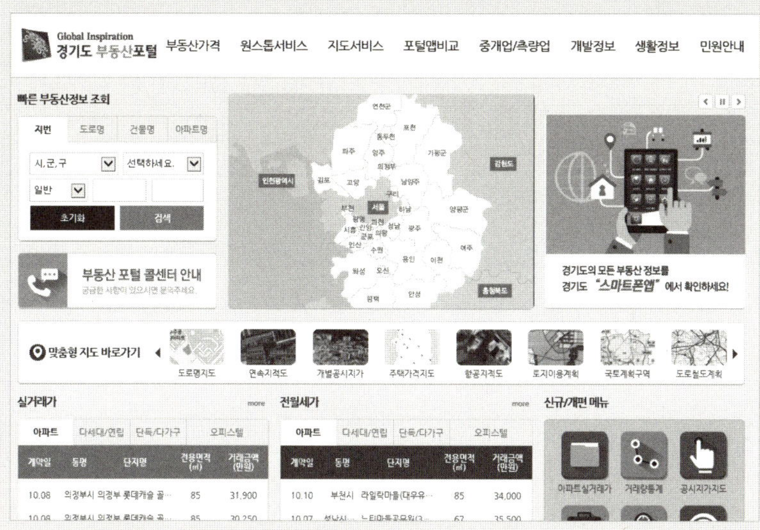

|그림 16| 수도권 주택정보 – 경기도·서울시·인천시 ⓒ지자체

지자체가 운영하는 사이트 3개(경기도·서울시·인천시)를 소개한다. 다른 사이트에 비해 해당 지역의 주택정보를 좀 더 빠르게 접할 수 있다. 뭐든 속도가 중요한 시기인 만큼 적극적으로 활용하기 바란다. 신속하고 다양한 속보로 도움을 받을 수 있다. 모쪼록 부록으로 소개한 '핵심정보 사이트 TOP 10'을 애용하기 바란다. 발품 전에 손품으로 상당한 시간과 노력, 돈을 줄여줄 테니 말이다. 건투를 빈다!

이제라도 정신 바짝 차리자!

책을 정독한 후 이 에필로그를 읽고 있는 독자에게 한 말씀 드리고 싶다. 여기까지 읽느라 정말 수고 많았다. 한 줄 한 줄 읽느라 시간과 노력을 들인 당신을 진심으로 응원한다. 책의 내용을 활용해 주택투자에 낭패를 당하지 않고 성공하길 바라는 마음뿐이다. 이 책의 내용에 공감하고 실행에 옮기려는 독자에게 다시 한 번 응원의 메시지를 전한다. "인내심을 가지고 안목과 종잣돈을 쌓으면 반드시 좋은 기회를 만날 수 있습니다!"라고 말이다.

필자의 경험을 통해 고민하고 연구했던 지식들에 공감하길 바란다. 그래야 진정으로 도움이 될 것이다. 반면에 동감하지 못하는 부분에 대해선 좀 더 깊이 생각하길 부탁한다. 시간과 노력을 들인 만큼 객관적인 판단을 할 수 있을 것이다. 내공을 쌓기 위해선 심도 있는 공부가 필요하다. 제아무리 먹고 사는 게 바쁘고 힘들더라도 짚고 넘어갈 일은 필히 확인해야 한다. 그렇지 않으면 한 순간에 공든 탑이 무너질 수 있다. 또 아무리 정신이 없어도 바늘허리에 실 매어 쓰지는 못한다. 분주하고 겨를이 없더라도 응당 갖추어야 할 것을 준비하지 않고선 어떠한 일도 제대로 할 수 없다. 주택투자도 마찬가지다.

제아무리 주변에서 당신을 현혹한들 안목과 종잣돈이 있다면 올바른 집을 구입할 수 있다. '소 뒷걸음질 치다 쥐 잡기'처럼 운 좋게 좋은 주택을 매입할 수도 있겠지만, 평생 동안 한두 번만 집을 사고파는 것이 아닌 만큼 이런 우연은 오히려 독이 될 수 있다. 요행으로 집을 사고파는 것에 적응하면 남들(정치, 정부, 언론, 전문가, 기업)에게 휘둘릴 공산이 커지기 때문이다. 자칫 잘못되면 한동안 피땀 흘려 모았던 전 재산에 치명적인 피해를 입을 수도 있다. 따라서 주택투자만큼은 남이 아닌 자신의 안목으로 판단하는 게 최선이다.

물론 전문가에게 의뢰할 수도 있다. 하지만 본인에게 분별력이 없다면 전문가의 말이 진실인지 아닌지도 구분할 수 없고, 이럴 경우 낭패를 당할 가능성이 다분하다. 기업을 회원사로 두고 그들에게 회비를 받아 운영되는 '협회소속 연구소'를 알고 있는가? 정부 정책을 대변하기 위해 존재하는 '국책연구소'는? 게다가 유명한 대학교수·학자·연구원·전문가라며 매스컴을 제집 드나들 듯하면서 기업이나 정부를 옹호하는 '그들'에 대해서는 얼마나 알고 있는가? 잘 모르겠다면 '이제라도 정신 바짝 차려야 한다!' 단순한 무지가 감당조차 불가능한 실패를 초래할 수도 있다. 그들이 당신을 위해 정보를 제공할 가능성은 매우 낮으며, 오히려 해당 조직을 위한 자료나 소식을 전달할 확률이 높다. 따라서 반드시 '안목'을 갖춰야 한다. 그렇지 않으면 이권에 얽힌 거짓 정보와 허위 자료, 왜곡된 소식에 속아 넘어갈 수밖에 없다. 당신의 전 재산과 가족관계에 회복할 수 없을 정도의 손해를 입게 되는 것은 물론이다. 모쪼록 이렇게 마무리하는 필자의 마음을 헤아려주길 바란다. 안목과 종잣돈을 갖추고 현명한 선택을 하라고 당부하고 싶다.

2016년 가을 녘, 연구소에서

고.현.철 Dream

한 번 더 강조하고픈 말!

당장 집을 사려는 당신에게 다시 한 번 더 강조하고픈 말이 있다. "지금 집 사지 마라!" 앞으로 집값이 더 떨어질 가능성이 다분하다. 당장은 살고 있는 집이 불편해 새집을 사고 싶을 수 있지만 수천만 원에서 수억 원 이상을 아낄 수 있는데 지금 집을 구입하는 건 너무 안타깝다. 이 책을 통해 시장과 주택을 보는 안목이 생긴다면 2018년 전후로 후회하지 않을 집을 매입할 수 있다.

그렇다고 책의 내용을 오해해 후년까지 기다렸다가 반드시 그해에 집을 살 필요는 없다. 이 책은 현재 시점에 쓴 만큼 국내외 변수에 따라 구입 시기가 조정될 수 있기 때문이다. 모든 일이 그렇듯 남을 의지해 따라 하는 건 쉽고 편하다. 하지만 다른 사람만 믿고 의지하다 보면 정작 중요한 결정조차 스스로 판단하지 못하게 된다. 치명적인 실수를 동반할 수 있음은 물론이다. 신이 아닌 이상 누구도 미래를 정확히 맞출 수는 없다. 제아무리 믿을 수 있는 전문가라도 당신이 잘 알지 못한 채 무작정 따르는 것은 위험하다. 따라서 스스로 판단할 수 있을 정도의 '안목'은 필수다. 그래야 전 재산과 사랑하는 가족을 지킬 수 있다.

반복은 거짓조차 진실로 오인!

이렇게까지 얘기했는데도 안목을 갖추지 못한 채 섣불리 주택투자에 나서겠다면 더 이상 말리지는 않겠다. 당신 스스로 선택한 인생살이라면 어쩌겠는가. 그러나 운명이라도 피할 수 있는 길이 있다면 피하는 게 상책이다. 이 책이 그 피할 길을 안내할 것이다. 이 책을 통해 안목을 갖춘 만큼 피할 길이 보일 것이다. 그동안 볼 수 없었던 길, 성공으로 통하는 그 길이 안목을 통해 당신 앞에 나타날 것이다.

쉽게 돈을 벌 수 있는 방법은 없다. 혹시 그런 방법이 있어도 당신 차지가 될 확률은 지극히 낮다. 안목 있는 사람들이 먼저 챙겨갈 테니 말이다. 더구나 알짜 돈벌이 방식은 공개적으로 드러나지 않는다. 누구나 아는 정보라면 이미 돈을 벌 수 있는 수단이 아니며, 도리어 돈을 잃을 공산이 크다. 거짓 정보는 당신을 잡고 흔들어댄다. 안목 없는 상태의 당신은 동요한다. 특히 공신력 있는 일부 언론이나 연구소가 방송·신문 등을 통해 거짓을 지속적으로 보도하면 조작된 정보조차 진실로 받아들인다. 바로 이것이라고, 반드시 이것을 사야만 한다고 세뇌된다.

지금은? 집을 팔 때다!

하지만 곰곰이 생각해보자. 과연 그럴까? 당신 앞에 나타난 쉽게 돈을 벌 수 있는 그 길이, 남의 눈에 안 보일 리 없다. 때문에 그런 정보라면 그만큼 위험이 도사리고 있을 가능성이 많다. 이를 간파하지 못하고 무모하게 배팅을 하는 사람들이 있는데, 옆에서 보면 거의 도박수준이다. 혹시 당신도 이런 부류에 속하지는 않는지 신중하게 생각해보길 바란다. 특히 스스로 판단하기에 아직 제대로 된 안목이 없다면 더욱 곱씹어보길 당부한다. 따라서 결론은 이것이다. "지금은 집 사지 마라! 오히려 집을 팔 때다!" 사는 순간 손해 볼 확률이 높은 시기다.

고.현.철 고투(GOTO)연구소

고투(GOTO)와 함께하는 '주택투자학교'를 소개합니다

살다 보면 주택을 구입할 때가 있습니다. 자신뿐 아니라 가족 모두가 편안히 지내기 위한 선택입니다. 하지만 한순간의 잘못된 판단으로 돌이킬 수 없는 나락으로 떨어질 수도 있습니다. 믿었던 정부, 정치권, 언론, 전문가, 기업 등에게 속아 애물단지 집을 매입한 경우로, 이로 인한 정신적 경제적 스트레스는 상상을 초월합니다. 전 재산인 거액을 쓴 결과로 형편없는 주택을 매수했으니 누군들 제정신을 유지할 수 있겠습니까. 한두 푼 하는 상품이 아니다 보니 처리도 쉽지 않은데, 가뜩이나 지금 같은 불황기라면 더욱 힘듭니다. 결국 집을 싸게 팔거나 불편하더라도 그곳에서 살 수밖에 없고, 나중에 팔거나 임대를 주려 해도 매수인이나 임차인을 구하기가 어렵습니다.

주택투자학교에서는 '편안하고 환금성 있는 집을 좀 더 저렴하게 구입하는 방법'을 공유합니다. 혼자 집을 매입하기가 어렵거나 후회하지 않는 집을 매수하기 위해 필요한 노하우를 배울 수 있습니다. '① 초·중·고급반'을 두어 형편에 따라 '핵심지식 습득·투자지역 파악·실제매매 진행'을 함께할 수 있습니다. '② 홈닥터서비스'를 통해 매매하고 싶은 지역의 아파트 '분석보고서'를 받아볼 수도 있습니다. 물론 저와 만나 '1:1 상담'을 받고, 저와 '동행'해 안전하게 매매계약을 함께할 수도 있습니다. 앞으로는 '저성장, 저출산, 고령화'가 대세입니다. 일자리는 불안해지고 소득은 줄거나 끊길 확률이 높습니다. 이런 때 주택투자마저 실패한다면 회복 자체가 어렵습니다. 주택투자학교를 통해 보물단지처럼 가성비 좋은 집을 만날 수 있기를 응원합니다!

주택투자학교 고.현.철 Dream

고투(GOTO)와 함께하는
'주택투자학교'를 소개합니다